DAVID ENRICH
大衛·恩里奇——著
劉道捷——譯

黑暗巨塔

德意志銀行／川普、納粹背後的金主，資本主義下的金融巨獸

Dark Towers:

Deutsche Bank, Donald Trump, and an Epic Trail of Destruction

獻給每個與心理健康問題對抗的人——以及那些幫助過他們的人。
謹紀念Letty與Henry，他們的人生激勵著我。
還有Madelyn，他的女兒啟發了我。

目錄

第二部

前言

寫作本書時，主要是依據我跟將近兩百人進行的訪談、以及從他們手中收到的素材，這些人包括德意志銀行過去和現在的職員，他們的職位從最高階經理人、董事到低層員工；還包括他們的家人、朋友、律師和競爭對手、在該行工作的顧問和承包商、現任和前任主管官員、檢察官和其他政府官員；以及直接了解本書所探討事件的其他人。其中有些人跟我分享電子郵件、信件、相片、銀行文件、影音紀錄和其他第一手材料；大部分人都在我不點明他們是消息來源的條件下，同意協助我。面對互相衝突的特定事件記述時，我會根據包括不同來源信用程度之類的因素，採用我認為最可信的說法。但在某些情況中，我會把對立的說法，放在注釋中。

我也利用和德意志銀行、銀行業與書中角色有關的數十年新聞學和學術研究、以及法院檔案、政府文件、銀行檔案、談話錄音和文字紀錄。這些消息來源和資料都詳列在書後。

序曲

下午一點前不久，一位身材結實的美國人走出倫敦地鐵站，走進毛毛細雨中，就是這種陰鬱的一月天，使倫敦在漫長的冬季裡，變成令人憂鬱的地方。這個人環顧著史隆廣場，即使在這種鬱悶的季節裡，這段街區通常還是很漂亮，購物人潮熙來攘往。但二〇一四年初的這個星期天，這裡卻顯的相當荒涼。

華爾·布羅克斯密特（Val Broeksmit）覺得身體不舒服，前一天晚上，他和他的樂團在麻醉品的助興下，進行一場即興爵士樂音樂會後，醒來時覺得昏昏沉沉。然後，他搭著擁擠的地鐵，前來切爾西這裡時，感到一股陰暗的力量湧出，像黑暗精靈掃過他的身心百骸一樣。他點起一支菸，拖著沈重的腳步，向薩奇美術館大門走去。他低著頭，希望不打濕，卻徒勞無功。他原訂要在畫廊的咖啡廳裡，跟父母共進早午餐，他上次見到父母，已經是一個月前、二〇一三年十二月的事情了，當時他們出發，先去加勒比海，再到阿曼去度假。華爾剛滿三十八歲，是才華橫溢的音樂家，出過三十四張專輯（可惜沒有一張登上排行榜），他依靠爸爸的接濟過日子。爸爸名叫比爾·布羅克斯密特，多年來，一直在世界最大金融機構之一的德意志銀行裡，擔任高階經理人。

華爾長的高大纖瘦，留著一頭亂髮，朋友偶爾會告訴他，說他像流浪漢，因此他決定，這個星期天不要讓媽媽一直嘮叨他不修邊幅，特地穿了休閒褲、藍色運動外套，戴著黑色呢帽。

一點整，華爾來到圍繞著薩奇美術館的拱形圍牆，他在全家人當中，以從來沒有準時過聞名，現在卻準時出現，但他極為準時的雙親卻無影無蹤。「你們在哪？」他發簡訊給媽媽，媽媽沒有回應。

華爾閒步走過一排精品店和訂價過高的商店，來到塔森書店（Taschen），這家書店專賣茶几上擺設的藝術文化書籍。過去幾年裡，華爾一直在搜集第一版的珍罕書籍——書籍愈古老、作者愈有名愈好。他極為沈迷於自己的嗜好，甚至為一個組織當義工，協助他們收集遺產拍賣中沒有人要的書籍，再分發給有需要的兒童。他會篩檢書堆，尋找埋藏在書堆中的寶石，再據為己有，充實他自己小小的圖書館。

塔森書店裡幾乎空無一人，華爾瀏覽著書架，看到一樣吸引他的東西：一部超大型巨冊、銀色封面閃閃發亮、訂價六百英鎊（大約一千美元）的大書，是哈利．班森拍攝，限量版披頭四合唱團經典照片合集，其中包括披頭四在巴黎旅館房間枕頭大戰的照片。書中有攝影者的簽名，書頁散發著極為貴氣的金屬光澤，以致於華爾可以從書頁上看到自己的反影。他開始幻想說服雙親替他買下這本書，當作遲來的生日禮物。

華爾的蘋果手機響了起來，打斷了他的遐想，是一個未顯示號碼打來的。華爾接聽電話，電話裡響起口音很重的女聲，華爾相當確定是他爸媽的管家貝兒打來的。

「緊急事故、緊急事故！」她吼著說：「你爸爸！你爸爸！」

華爾問她在說什麼，卻得不到條理分明的答案，只想到他必須去雙親所住，離他大約一公里半，位於肯辛頓豪宅社區的公寓。他把披頭四的攝影集放下，衝到外面，叫了一輛黑色計程車，告訴司機，「到艾芙林花園（Evelyn Gardens）大道二十一號。」

十分鐘的車程似乎永無止盡，計程車恍若在倫敦擁擠的街道上爬行，開過宏偉的市區透天豪宅、磚造公寓住宅、高檔餐廳和有機食品雜貨店。本地的路人行色匆匆，快步走在雨水打濕的人行道上，速度幾乎可以趕上計程車。華爾反覆思考自己到達時可能看到的景象。是他父親可能受傷了嗎？是家裡人可能大吵一番過嗎？或者只是老爸的電腦遭到封鎖，需要精通科技的兒子救援？

計程車開到艾芙林花園道上，這條寬闊、安靜的街道沒有分隔島，汽車可以停在路中間或兩旁。現在路旁除了寶馬、奧迪和輕型機車外，還停了一輛救護車。華爾付了車資，就衝過馬路。

他父母住在貼了白色裝飾的紅磚建築公寓三樓，公寓的黑色大門十分厚重，通常要有人按鈴才會打開，這時卻大門敞開。華爾衝上樓梯，一步跨過兩級，看到他爸媽住的公寓門戶洞開。

他爸爸躺在走道中間，兩眼緊閉，頭部支架造成他的頭部向後傾斜，形成不自然的角度。從他嘴裡伸出一條護理人員用的塑膠管。他媽媽伏在深色木製地板上，捲曲成胎兒般的姿勢，頭靠在丈夫臉旁的枕頭上，低聲嗚咽，貝兒跪在她旁邊，撫摸著她的頭髮。

「到底是怎麼回事？」華爾尖叫道。

「他自殺了，」媽媽氣喘吁吁的說：「他用牽黛西的狗皮帶自殺。」

兩年後的二〇一六年一月，傑克・布蘭德（Jacques Brand）前往下曼哈頓，來到華爾街上的德意志銀行美國總部。布蘭德曾經在雷曼兄弟公司任職多年，擔任顧問和投資銀行家，現在是德意志銀行美國事業的執行長。他的任務是在長久以來一直以魯莽、混亂和貪婪作為組織原則的公司裡，灌輸紀律、倫理和控制。如果說多年來他在雷曼學到過什麼事情，那一定是如果你不了解、不控制你所冒的風險，那麼創造再多營收也毫無意義。德意志銀行就是沒有這樣做，因此，早在二〇一二年他接任前不久，他就聘用比爾・布羅克斯密特（Bill Broeksmit）擔任董事，監督美國的業務。布蘭德認為，整頓業務最好的方法是親自和布羅克斯密特之流、跟自己擁有相同工作看法的人，加強投入過去由較低階經理人任意把持的日常業務，消除他們基於強大的財務誘因（多領年終獎金），讓短期獲利凌駕於長期穩定之上的現象。

整理德銀亂象的過程十分艱難，有時候即使每周工作一百小時，卻並非總是能夠成功。於是到了二〇一六年初，布蘭德開始初步談判離開德銀相關事宜。這時，出身迦納、經常露齒而笑的布蘭德已經白髮初現，他是三鐵好手，也是三個孩子的父親。他認為，自己在任職將近四年的期間裡，對這個小王國裡的好事和壞事，都能相當確實的掌握。他已經習於發現原本讓他深感震驚的漸進式問題後，將之逐漸降級為讓他驚訝的事情，再降級為德意志銀行另一天的例行公事。這種現象看來像是永恆的雪崩，但是到了現在，他認為自己已經看盡這家瘋狂銀行的所有怪現象，而且已經把所有怪現象處理完畢。

可是接著有一天，他穿過華爾街六十號洞穴般的大理石大廳，搭著電梯，上到高階主管辦公室時，才知道不對，知道自己其實並沒有看盡一切。

那天早上，他和幾位同事開會時，有人提到，紐約德意志銀行的某個部門，打算貸給川普一筆鉅款，這項貸款建議出自專門服務超級巨富的德銀「私人銀行」部門。表面上，貸款是要融通川普擁有的蘇格蘭騰貝里（Turnberry）高爾夫度假村的升級工程，不過當時川普正在競選總統，很難不讓人懷疑他申請貸款，原因可能跟他在競選過程中，燒掉自己的大量現金有關。

布蘭德十分震驚，不知道原因為何，他還不知道川普是德意志銀行最重要的客戶之一，但是他知道川普是不動產大亨、電視實境秀演員和煽動種族迫害的名人，當時在共和黨總統候選人提名之爭中領先群雄。事實上，將近二十年來，德意志銀行是唯一願意繼續跟川普打交道的主流銀行，貸款給川普的金額遠超過二十億美元，支持他發展豪宅大樓、高爾夫球場和大飯店。二〇一六年的此刻，川普還積欠德銀大約三億五千萬美元，使德銀變成川普的最大債權人。這種情形徹底牴觸德銀其中兩個曾經在不同情況下，發誓再也不跟川普往來的部門。由於川普習於拒絕償還銀行貸款，不但惹惱德意志銀行，也惹火花旗集團、摩根大通銀行等超大型銀行。德銀是讓川普從多次破產中翻身、購買和開發旗艦資產、重新塑造成功企業家形象、進而成為有力總統候選人背後的主要力量。

德銀財富管理部門的人認為，增貸千百萬美元給川普是好主意，在激烈的總統大選之爭火熱開打的此刻，更是絕妙的好主意，這一點讓布蘭德簡直難以置信。許久以來，他都沒有像這次一樣，真正嚇呆了，便怒聲說道：「我們為什麼要跟他往來？」然後停下來思考眼前這件事——德銀是否應該更進一步這樣走下去，接著，他怒氣沖沖的告訴同事，「答案是不再這樣做。」

過去幾年裡，德意志銀行和川普的關係由名叫羅斯瑪麗．傅瑞布麗（Rosemary Vrablic）的銀行家負責管理，為川普和包括庫許納家人在內的川普大家族服務，已經變成她的核心工作。她可不想讓再度貸款給她所珍視客戶的機會，就這樣溜走。傅瑞布麗身材苗條，裝扮時髦，留著灰色短髮，是習於為所欲為、呼風喚雨的女性，每年為德銀創造數千萬美元的收入。一直到最近，她都跳過所有經理人層級，直接對美國德銀的一位最高階經理人負責。她也和德銀共同執行長安舒．詹恩（Anshu Jain）關係十分密切，詹恩甚至曾經陪著她，拜訪包括川普在內的富有和知名客戶。前幾次，行內的競爭對手試圖阻撓她對川普貸款，警告說川普喜歡賴債不還。美國德銀的其他部門都下了禁令，禁止再跟川普往來時，傅瑞布麗都靠著上級長官打銷這種異議，指出不論反對意見多麼正確，完全都是出於專業上的嫉妒，她的上司也都對她百依百順。

不過，到了二〇一六年，傅瑞布麗努力推動再度提供川普一筆貸款時，已經變的比較孤立無援。僱用她進德意志銀行、長期擔任她上司的人最近剛剛離職，詹恩也在幾個月前被迫辭職。傅瑞布麗為了布蘭德的決定，向一個內部委員會提出上訴，這個委員會負責評估對該行聲譽構成潛在風險的交易案，由德銀高階經理人、風險經理人和美國律師組成，每隔幾星期開會一次。鑒於川普的高知名度，這件交易案變成特殊狀況，因此，委員會在離紐約證券交易所街口轉角處不遠、位於華爾街的德意志銀行大樓二十樓召開緊急會議。委員會聽取這個貸款建議案迅速、簡要的說明後，一致同意拒絕這個案子，參與審議的一位高階經理人說：「這個案子從任何方面來看，都讓我們感冒。」

此事應該就此打住，但是傅瑞布麗和她的同事為了委員會的決定，向德意志銀行法蘭克福總行申訴，終生服務德銀、最近才接掌國際財富管理與私人銀行業務的克里斯帝安·索英（Christian Sewing）聽取這個案子後，也不表贊同。索英知道川普是德銀的重要客戶，但是川普糟糕的事業紀錄、加上正在大力競選美國總統，表示現在正是跟他切斷關係、或至少不再加強關係的時候。索英表示拒絕，負責監視整個銀行風險、規模較大的一個委員會，也否決這個案子。因此，到了二〇一六年三月，這筆貸款終於胎死腹中。

德銀經過幾十年的便宜行事、隨便選擇、一心一意只想儘量追求最高短期利潤後，已經把一個痛苦的教訓內化：長久以來，德銀一直無法拒絕客戶、股東、積極進取交易員和經理人的作法，可能會害德銀送命。這是德意志銀行屢屢瀕臨財務危機，以致於世界金融界中，有一大部分人預期（有些人希望）德銀會摔下金融懸崖的重大原因。最後，德銀的最高階經理人為了銀行本身的長期健康，選擇拒絕一次短期的業務機會。

不過，這樣做已經太晚了

德意志銀行創立後的一百二十年裡，大致只對德國和歐洲其他公司貸款，說的廣泛一點，只是融通資金，推動基礎建設和開發計畫而已。但是這些業務獲利不豐，因此從一九八〇年代末期，這家以代表國家榮光而自豪的銀行受到了華爾街的利基誘惑。召喚魅力十足的業務員艾德森・米契爾（Edson Mitchell）和他的助手兼至交布羅克斯密特，領導一群美國人，進入德意志銀行，推動改頭換面的重大改造。不久之後，德意志銀行就和大力衝刺的美國投資銀行競爭，交易股票和債券，推銷各式各樣、大小不一的複雜金融產品。英文取代德文，變成了德意志銀行的官方語言，權力中心從法蘭克福和柏林，移轉到倫敦和紐約。讓一向發號施令的德國工業家、銀行家、工會領袖和政客苦惱的是，德意志銀行的高層職員逐漸充斥著美籍投資銀行家和交易員，高風險的交易變成了目的，而不是服務客戶的手段。

直到出現問題為止，這種新策略的運作都很順利。德意志銀行的投資銀行家和交易員年復一年創造新紀錄，很快的，華爾街部門開始負責創造德意志銀行的大部分營收和獲利。高階經理人和一般交易員變成富翁，股東也跟著發財。

但這種情形是貪婪、草率、傲慢和犯罪所推動的成長，報應降臨時會十分殘酷。德意志銀行的冒險已經失控，是多年來不計成本賺錢的錯誤管理下之產物。痛苦的財務決定已經賭上了遙遠的未來，電腦系統彼此不相通聯，德國籍和美國籍的高階經理人彼此也不溝通。經理人得到鼓勵，樂於規避責任。不同子公司互相爭奪業務。即使根據華爾街是非不分的標準來看，德意志銀行對客戶信譽漠不關心的程度，也已經到了令人震驚的地步。德意志銀行很快就會捲入跟洗錢、逃稅、炒作利率、炒作貴金屬價格、炒作外匯市場、賄賂外國官員、會計詐欺、違反國際制裁、剝削顧客、剝削德國、英國和美國政府有關的弊案之中（還不只如此而已）。容許這種犯罪行為的企業文化，和容許德銀成為川普主要金主的企業文化之間，有一條直線連接起來，等到川普就任總統時，德意志銀行的生死存亡已經成了問題。

本書描述德意志銀行興衰起伏的故事，詳述是哪些人把這間昏昏欲睡的德國銀行，改造成後來一度稱霸世界的最大銀行，但是這些人也為德意志銀行後來的慘劇鋪下坦途。本書也描述一位居心善良而誠實的人試圖拯救這家銀行、卻無法拯救自己的故事，也探討他的兒子為了了解父親的死因，著手追查的事跡。本書也描繪德意志銀行對整個世界的影響，包括對已經去世的人、對注定會失敗的公司、破產的經濟體和美國第四十五任總統的影響。

第一部

第一章 犯罪企業

一八八三年九月八日，一列由四節車廂構成的私人專列火車，轟隆、轟隆的開進蒙大拿州金溪鎮（Gold Creek），車上載了幾百位美國和歐洲顯貴，包括國會議員、外交官、高階法官和卸任美國總統格蘭特。這列北太平洋鐵路公司專程從芝加哥出發後，已經停靠過很多地方，好讓乘客欣賞瀑布和美景，瞻仰在明尼亞波利斯歡迎車上貴賓的現任總統契斯特．阿瑟。列車開到塵土飛揚、即將變成鬼鎮的偏遠舊採礦基地金溪鎮後，一群克羅族印第安人（Crow Indian）獻演戰舞，讓戴著圓頂禮帽的紳士和穿著褶飾洋裝的淑女觀賞。裝飾著採金尖鋤和綠色樹枝的新建涼亭，容納了上千個觀眾。

亨利．維拉德（Henry Villard）站在群眾前面，準備迎接自己出人頭地的這一刻，他身材苗條、頭頂光亮，留著精心修剪的棕色小鬍子，穿著黑西裝、打著領帶、戴著黑禮帽。三十年前，沿用本名亨里奇．希爾嘉德（Heinrich Hilgard）的他移民美國時，身無分文、病魔纏身，是出身德國的十八歲青年，不會講半句英文。他在麥田、木材廠和燒柴的火車上打工，也當過酒保，最後才終於在一間德語報紙找到工作，踏上記者生涯的跳板，採訪過林肯總統和南北戰爭，成為備受尊敬的報社記者。南北戰爭結束後，他娶了著名廢奴主義者兼進步黨人威廉．賈里森（William Lloyd Garrison）的女兒為妻，確立了優良血統。但這一切都不能讓維拉德滿足，他想要的是名利雙收。十九世紀結束時，最大的名利出自鐵路業。

維拉德魅力十足，擁有迷人風采，又散發出具有感染力的大無畏自信精神。他像很多表演大師一樣，也有著誇張的傾向，對自己的名氣自有一種偏好——更別提在衡量風險、追逐金錢、注重細節方面的盲點了。他靠著民族傳承和發財美夢，說服德國的法人機構，拿出數百萬美元，委託他投資美國鐵路。他利用別人的錢，改造自己，變身為新興工業大亨，很快就名利雙收（他最初的鐵路投資獲利豐碩），就在紐約的麥迪遜大道上，買下一棟橫跨整個街區的磚造豪宅，室內用輝煌的文藝復興風格裝修的富麗堂皇，紅木地板上還鑲嵌著珠母貝*。離這棟豪宅大約四百公尺的地方，就是另一位需要向世界證明自己、同樣把家裡裝潢得美輪美奐的未

* 後來，維拉德的豪宅保存下來，成為紐約皇宮大飯店（Palace Hotel）這座史蹟建築中的一翼。

來富豪自宅所在的川普大樓。

一八八三年九月，四十五歲的維拉德跋涉到蒙大拿州西南部，慶祝他公司這條橫跨兩洋的北太平洋鐵路重要路段峻工。總是喜歡自我宣傳的他安排了攝影師，捕捉他揮舞著大鐵鎚，把最後一支紀念性的鐵路道釘敲進去的影像，然後爬上閃閃發亮、懸掛多面美國國旗的黑色火車頭，就像大型獵獸站在獵物上面一樣，觀眾紛紛報以掌聲，其中有一位是名叫喬治·馮·西門子（Georg von Siemens）的德國銀行家。

但是就在維拉德當著金溪鎮的觀眾和相機前大肆慶祝時，他的公司卻因為過度擴張，無法承受巨額債務，淪落到財務崩潰的地步。他敲進最後一支道釘後，幾星期內，北太平洋鐵路公司就爆發貸款違約，債權人查封維拉德的麥迪遜大道豪宅。銀行團以維拉德辭職為條件，為他珍愛的鐵路紓困，維拉德鞠躬下台，卻拒絕為這場慘劇負責，堅稱他是受害者，受到自己無法控制的惡運和外在經濟力量傷害，但這樣絲毫無法安慰賠掉錢財的債權人。

西門子也賠了錢。他新設不久的銀行協助銷售了二千萬美元的債券，融通北太平洋鐵路公司極快速擴張所需資金，現在這些債券的價值所剩無幾。正常銀行碰到客戶違約時，通常代表雙方關係結束，或是會開始採取極為保守的態度。但是西門子的銀行不是普通銀行，很快的就會協助維拉德東山再起。

十三年前的一八七〇年四月，西門子小小的銀行獲得普魯士國王「最高敕令」的特許，在柏林法蘭西街開張，從辦公室走到柏林股票交易所，只有短短的一段路，辦公室設在老舊、蓋了木板屋頂的建築物裡，還要從顫危危的樓梯走上去。西門子為他的公司，選擇了幾乎等於通用的名字，叫做德意志銀行。

一群商人和西門子合設這家銀行，目的是要促進國際貿易，尤其是增進德國和歐洲其他公司之間的貿易。其中最重要的，是要讓德國企業在融通國際成長所需資金時，不必依賴居於主宰地位的英國銀行。德意志銀行不對個人提供金融服務，唯一的服務對象是快速成長的產業界，這樣等於確實具有為帝國服務的任務。該行自認其角色是協助德國企業界（以及德國本身）建立遙遠的灘頭堡。德意志銀行開業兩年之內，就在中國和日本設立據點。到了一八八〇年代，已經對設在南美洲和美國的德國公司貸款，還融通資金給沙皇，鋪築俄羅斯的鐵路。隨後又在巴爾幹半島和中東提供建設融資，包括協助鋪築伊斯坦堡到巴格達的鐵路。

西門子是德意志銀行第一任領袖。他身形肥胖、愛咬雪茄，和同名電氣業巨擘西門子公司的創辦人是堂兄弟，對銀行業卻所知不多，還對家人透露說：「但是我設法裝出非常博學多聞的樣子，偶爾會為了自我嘲弄而咧嘴大笑。回到家後，我會偷偷參考自己的百科全書或字典。」他喜愛狂歡作樂、天才橫溢，細節不是他的強項，這些缺點瞞不過他的同事。負責節制他在銀行裡衝動作為的赫曼・華里奇（Hermann Wallich）在回憶錄中寫道：「我這位傑出同事推動的交易，多少都是奠定在人為的基礎上。」但是大眾並不知道，「還稱讚他是天才。」

北太平洋鐵路公司內爆後，維拉德回到德國療傷止痛，認識了西門子。兩人結為好友，分享進步派政治理想、電氣化的前景和美國世紀即將來臨的願景。西門子在金溪鎮之旅中，迷上了年輕、東拼西湊又飢腸轆轆的美國，渴望自己的銀行能夠在美國開展更多業務。維拉德傷害德意志銀行幾年後，西門子再度把信心（和德意志銀行的資金）寄託在這位抱負遠大的大亨身上。

一八八六年，維拉德回到紐約，受命為德意志銀行尋找投資標的，而且很快就逮住機會；德意志銀行總共對德國投資人，賣出了六千多萬美元的鐵路債券，在融通美國鐵路網的發展上，扮演重要的角色。他迅速說服德意志銀行貸給他幾百萬美元，投資在他以前擁有的鐵路上，好讓他重新坐上老闆的位置。一個多世紀後，他的曾孫女在一本傳記中寫道：「維拉德配備了德國資金的全副武裝後，得以重新回到鐵路戰場。」美國報紙很快就稱讚他是「鐵路之王」和「財務操作天才」。

維拉德或許是高瞻遠矚的人，卻不是財務天才。他很魯莽，每次他回柏林，請求額外貸款幾百萬美元時，這一點就變的更清楚。雖然跡象顯示，北太平洋鐵路再度面臨財務困難，德意志銀行卻繼續支持維拉德。西門子甚至還多次鼓勵維拉德，加快動用德意志銀行的貸款。看起來西門子很少為了保護德意志銀行及其投資人，而要求擔保品。二〇〇八年時，一本德意志銀行傳記的作者相當低調的寫道：「大家有點難以理解德意志銀行為什麼對維拉德如此寬容。」

到了一八九〇年代，北太平洋鐵路公司能夠發展出驚人的規模，擁有幾千英里長的鐵路、幾千萬英畝的土地，有一部分要歸功於德意志銀行的慷慨大度。但是這種擴張是靠幾億美元債務支持的。十年來，維拉德的鐵路第二度成長到陷入債台高築的險境，一八九三年，這筆債務一年要繳的利息接近一千一百萬美元，還不計公司一年大約二千五百萬美元的營運支出。相形之下，這條鐵路一年的營收平均只有一千萬美元。

接著，在無從平衡的不對稱帳目之外，嚴重的金融危機降臨美國和歐洲，北太平洋鐵路從停滯不前變成快速下沈。一八九三年，維拉德兩度前往德國乞求增加貸款，這時已經不情不願的德意志銀行，仍兩度浪擲數百萬美元在已經有問題的壞帳上，但是這樣還不夠。到了八月，頂著稀疏白髮、痛風纏身的維拉德事業再次失敗，卻毫無歉意，還發了一封自怨自艾的電報給德意志銀行，通知該行北太平洋鐵路公司破產，並再度把責任歸咎於他無法控制的狀況。德意志銀行因此損失千百萬美元，在當時是個十分沈重的打擊，也承受了眾多憤怒客戶的抨擊。他們因為購買德意志銀行出售的北太平洋鐵路債券，遭到毀滅性的打擊。

到了一個世紀後的一九九五年，德國一位歷史學家寫道：「這是該行第一次（卻不是最後一次）受到發揮十足個人魅力、運用高明宣傳贏取投資人信任、並一再動用新信用來源的人欺騙，但是，這個人的事業完全奠基在搖搖欲墜的基礎上。」

跟維拉德往來的經驗雖然不好，卻沒有造成慘劇。德意志銀行受到德國、歐洲和世界快速工業化的協助，繼續成長。到了一九〇三年，該行總行已經擴大到占據柏林的一整個街區。十年後，在併購國內競爭銀行的好處助陣加持下，德意志銀行成為世界第六大銀行，員工接近一萬人。總行擺放了一套雕像，說明該行追求全球化的美夢：雕像代表的五個人分別來自五大洲，每個人都依據刻板印象雕刻。

代表北美洲的牛仔一手握著手槍，一手拿著火車頭。代表非洲和澳洲的雕像都是皮膚黝黑、綁著纏腰布、手揮武器的戰士。代表歐洲的雕像是面容高貴的騎士（留著馬尾辮子的亞洲人則顯出一臉困惑的樣子。）

一九三三年希特勒掌權後，德意志銀行轉型為納粹黨軍事機器的融資來源。幾十年後，該行聘用的歷史學家把該行的行動，解釋為在法西斯政權下經營無法避免的必然結果。他們會精確的指出，德國大部分大企業都協助納粹黨，德意志銀行的經營階層會和該行所併購本地銀行的犯罪行為，保持距離。一位學者談到當時該行的首腦赫曼·阿布斯（Hermann Abs）時寫道：「從壞處想，他頂多是機會主義者，往好處想，他是有品有格，必須在人類系統中執行專業業務的人。」這種說法洗刷了該行及其高階經理人是種族滅絕一環的基本事實。無論德意志銀行是否存在，二次大戰和大屠殺都會發生，但是該行的參與，卻讓納粹黨得以改善其無情軍事行動，和清洗歐洲猶太人的效率。這件事並非偶然，德意志銀行會參與其事，是因為該行首腦出於權宜之計（即使不是出於意識形態）所做的決定。

希特勒當權後，德意志銀行中的猶太裔董事就被迫辭職，辭職是出於德國中央銀行的授意，雖然德意志銀行若干高階經理人擔心這樣會立下壞榜樣，卻遭到傾向博取納粹黨好感的同事否決。在德意志銀行一九三三年的年度員工大會中，牆壁和講台上都掛著納粹黨旗，由該行員工中納粹親衛隊成員的遊行，為大會揭開序幕。德意志銀行很快就開始對客戶施壓，要他們除去猶太裔董事。到了一九三八年，德意志銀行已經推動了幾百件「雅利安化」行動，就是接收猶太人的企業或資產，交給雅利安人。德意志銀行一九四〇年代的年報中，都用納粹黨徽的卍字標誌取代公司的標誌。

德國橫掃歐洲之際，德意志銀行接管被征服國家的本地銀行，盡職的完成這些銀行客戶的雅利安化過程。德意志銀行售出的黃金超過一千六百磅（約兩萬台兩），都是納粹黨從大屠殺受害者盜取而來的，其中有一部分甚至是從猶太人的牙齒中熔煉而來，這種所得提供希特勒政權迫切需要的強勢貨幣，讓納粹政權得以購買武器和原料。德意志銀行還提供融資，興建奧許維茲死亡集中營和附近的一座工廠，這座工廠利用奧許維茲的奴工運作，生產化學品齊克隆B（Zyklon B），用於奧許維茲毒氣室。奧許維茲這些貸款經過該行經理人的深入審查，他們也定期收到集中營建設進度的新資料。

沒有任何證據，可以證明阿布斯確實知道該銀行融資所建的死亡營中，發生過什麼事，他並非納粹黨員。但是說他一無所知，也讓人難以相信。他除了擔任德意志銀行首腦外，也是法本公司（I. G. Farben）董事，法本公司正是在奧許維茲附近興建工廠的化學公司。大家充其量只能說，沒有紀錄顯示，阿布斯曾經就德銀屬於大屠殺共犯結構一事，有過任何質疑或關切。

德意志銀行和德國軍事侵略是同義字，關係密切到足以在一九四二年的電影《北非諜影》中軋上一角。在片中里克咖啡廳一景，一位後來確認是德意志銀行代表的德國人試圖進入賭博廳，保鑣拒絕讓他進去，由亨弗萊．鮑嘉（Humphrey Bogart）飾演的瑞克．布萊恩（Rick Blaine）也一樣，還說：「你的錢在酒吧裡很好用。」

「什麼！你知道我是誰嗎？」那位銀行家問道。

「我知道。」瑞克冷靜的回答：「你很幸運，酒吧還對你開放。」

一九四五年德國投降後，柏林遭同盟國劃分為四區，德意志銀行總行廢墟正好落在英國占領區，事實證明這件事很幸運，德國仍然積欠英國第一次世界大戰的賠款，如果英國指望收回這筆錢，就需要一家強大的德國銀行，協助德國經濟起死回生。阿布斯在盟軍入侵前夕，坐在送貨卡車後面，逃出柏林，以戰犯之名遭到通緝，後來在缺席審判下，判處十年勞役後，英國出面救援；最後，阿布斯在一處高級監獄營地中耕作幾個月後獲釋。

美國軍方沒有這麼和善，美軍在一份報告中斷定，德意志銀行「在經濟領域中，參與執行納粹政權的犯罪政策」，建議清算德意志銀行，禁止其最高階經理人在德國重建時，擔任掌權高管。

美國並未如願以償，德意志銀行和英國達成妥協，條件之一是德意志銀行分為十家區域性銀行，禁止以德意志銀行的名義經營。不過這樣是分權，而非解散，該行的法律結構基本上安然不動，十家銀行的行動也沒有遭到限制。因此，不久之後，包括阿布斯在內的德銀支持者開始大聲疾呼，要求恢復德意志銀行的經營，以便協助推動歐洲經濟復甦、防堵共產黨威脅。十家表面上獨立的銀行緩慢而確定的重新融為一體，到了一九五六年，十家銀行以德意志銀行集團的總名，發布年報。接著，十家銀行很快就合法重新統一，在法蘭克福一棟三層樓的石造建築中經營，頂樓掛著斗大的「德意志銀行」招牌，該行董事全票通過，選舉遭到戰犯定罪的阿布斯，擔任該行領袖。

然後是一段非比尋常的成長和重建期，西德及其首要銀行（與若干其他大企業）迅速恢復國際知名度。

一九五〇年代末期，德意志銀行再度拓展國際業務，在南非、墨西哥、香港和埃及營業，貸款給西歐全境企業，甚至前進蘇聯，領導銀行團，為共黨政府主辦天然氣管線計畫聯貸（諷刺的是，該行協助蘇聯的同時，防堵赤色勢力的需求，卻是該行重新獲得國際接受的原因之一。）阿布斯是個注重細節的金融大師，更是工作狂，經常每晚只睡四小時，連續工作好多個月，還能活下來。在大部分西方世界關注共產主義威脅的氛圍中，阿布斯戰犯的陰影逐漸退散。一九五七年，阿布斯夫婦受邀赴美，參加（二戰結束時的歐洲盟軍統帥）艾森豪第二任總統任期的就職典禮。

一九七〇年，德意志銀行創立一百周年時，已經在德國擁有一千多家分行、幾十家國外據點，成為歐洲的主要銀行，以連續兩次在世界大戰戰敗的德國旗艦銀行而言，這是極為非凡的成就。一九八四年，該行搬進閃閃發亮、樓高一百五十公尺、占據法蘭克福天際線的雙子星玻璃帷幕大樓，當地人把兩棟高樓暱稱為借方與貸方大樓。

德意志銀行雖然大力推動國際擴張，本質上卻還是徹徹底底的德國銀行，持有德國若干主要大企業的大量股權，包括汽車廠商戴姆勒賓士公司、保險商安聯公司和航空業的德國航空。德銀董事會出任德國其他大企業的董事，此外，它還是一家舉行企業靜修會時，為了娛樂員工，會邀請德國頂尖女演員來朗誦德國詩歌的銀行。不過這種情形不會再持續多久了。一九八七年，名叫艾佛瑞·赫爾豪森（Alfred Herrhausen）的人出任董事長，接掌大權，決心帶領德銀進入他心目中現代資本主義時代的遠大希望中。

赫爾豪森在受到蹂躪的德國工業地帶成長，上的是納粹為資優兒童設立的學校，希望將來成為哲學家或老師，後來因為進不了哲學系，決定改念經濟學。一九六〇年代時，他為德國一家電力公司服務，一九七〇年，進入德意志銀行，後來擔下負責德銀大部分國際業務的重責大任，最後出任德銀最高階經理人。

赫爾豪森認為，如果德國要徹底重回國際舞台，就需要一家懷有全球性雄心壯志的銀行——不但在地理分布上如此，在提供給現代企業的產品與服務型態上，也是如此；在貿易壁壘降低、電信進步把世界變小之際，這時正是全力出擊的時刻。於是赫爾豪森併購西班牙、葡萄牙、義大利和荷蘭的銀行，加速貸款蘇聯，把他經營的銀行蛻變為歐洲唯一的泛歐陸金融機構，同時也併購亞洲的銀行。一九八九年三月，他在接受專訪時宣示：「在世界變成我們的市場之際，我們必須在全世界露臉出頭。」

赫爾豪森看起來像政治家，行為舉止經常也像政治家。他長著尖長的鼻子，留著細心左分的雅緻棕色短髮，棕褐色的皮膚經過盡力修整，好像會閃閃發亮一樣。他帶頭呼籲德國推動歐洲經濟整合，主張豁免第三世界國家的債務，還成為德國總理柯爾的知己，和戈巴契夫一起吃飯，也是季辛吉康乃迪克州家中的座上客。

五十九歲的赫爾豪森雄踞德銀摩天大樓之一的三十樓，俯瞰德國金融首都法蘭克福的大地。一九八九年十一月，柏林圍牆倒塌、似乎證明赫爾豪森自由派自由市場意識形態大都正確無誤之後一星期，德國重要大報《明鏡周刊》大肆報導說：「幾乎從來沒有一個人，像德意志銀行執行長赫爾豪森現在這樣，主導經濟大局，這位銀行家的權力至高無上。」

接下來，赫爾豪森努力追求更多的權力。早在一九八四年，德意志銀行就已經買下英國歷史悠久、備受尊敬的投資銀行摩根建富銀行（Morgan Grenfell）五%的股權，現在正是打進倫敦投資銀行業的大好良機，因為英國首相佘契爾夫人解除金融業管制（被稱為「金融大爆炸」），引爆了空前的繁榮。但是，到了一九八九年秋天，法國一家公司針對摩根建富銀行展開敵意併購，赫爾豪森決定阻止法國人，直接買下摩根建富銀行，讓德意志銀行以前所未見之姿躍上全球舞台。一九八九年十一月二十七日星期一，赫爾豪森飛到倫敦，宣布以十五億美元併購摩根建富銀行。他告訴記者：「我們努力強化自己，好變成真正的歐洲銀行。」這是歷來金額最大的投資銀行併購案，德意志銀行已經變成真正的巨人，身影遮蔽了大半個地球。

四天後淒冷的星期五早上，由三輛銀色賓士轎車組成的車隊，停在巴德洪堡郊區赫爾豪森住宅外面，要載他行駛將近二十公里的路，前往法蘭克福。德意志銀行十分重視安全，他的房子位在一堵白色灰泥牆後，接受警察二十四小時全天候保護。早上八點半，赫爾豪森坐上中間那輛配備防彈車窗和裝甲側面鈑金的車，前後兩輛車上坐滿他的保鑣。護航車隊按照慣例，沿著郊區林木成蔭的街道行駛，走在和前一天不同的路線上。

一輛自行車停在路邊，車上綁了一個書包，裡面裝了一具自製炸彈，包含十八公斤的炸藥、彈片和一大塊銅板。恐怖份子喬裝工人，架設了橫越街道的紅外線光束。

八點三十四分，車隊穿過光束，炸彈爆炸，彈片和銅板疾飛到街道上，直接命中赫爾豪森座車的後半部，衝擊將這輛車拋飛到空中好幾公尺，炸碎車窗，炸脫車門、後箱和引擎蓋，射來的銅板切斷赫爾豪森的雙腳，消防車和救護車還來不及趕到，他就因失血過多死在後座。

這場暗殺震驚還沈浸在歡慶柏林圍牆倒塌氣氛中的德國。德國總理柯爾在訪問杜塞多夫一場商展時潸然淚下；未來的財政部長沃夫岡．蕭伯樂（Wolfgang Schäuble）告訴德國國會：「這是對我國民主制度的威脅。」世界各地大約一萬名企業與政府領袖出席赫爾豪森的葬禮，爆炸地點變成擺滿鮮花和燭火的聖地。

這場謀殺是馬克斯主義恐怖份子團體赤軍旅的惡行，他們發表公報解釋這次攻擊，指責德意志銀行「以法西斯資本主義結構領袖之尊，撒網網羅整個西歐，每個人都必須起而反抗。」

如果這次攻擊意在斬首德意志銀行，那麼無疑是徹底的失敗，德意志銀行很快就會以更快的速度成長、變的更有雄心壯志、更積極進取。

第二章 雙雄聯手

將來有一天，米契爾會改造華爾街，但目前他暫時困在蛋雞場中。

一九七〇年代，緬因州戴克斯特（DeCoster）蛋雞場占地廣大，養了二百八十萬隻雞。這個地方臭氣薰天，臭氣一則來自眾多雞隻，一則來自送蛋到全國各地長途貨車散發的煙霧。如果說臭氣還不夠讓人難過，養雞場老闆傑克．戴克斯特還有虐待員工（其中很多是越南移民），和藐視工作場所安全規則的歷史。到了一九七五年米契爾開始在那裡工作時，戴克斯特即將贏得「緬因州最惡名昭彰企業家」的惡名，幾年後，這個惡名蓋棺論定，因為他所生產的雞蛋遭到沙門氏桿菌汙染，毒害了成千上萬的美國人，他和兒子都遭到判刑入獄。

米契爾剛剛從附近的柯爾比學院（Colby College）畢業，獲得經濟學學位，在這家養雞場的會計部門工作。他不喜歡那種惡臭，也不喜歡替壞人工作的感覺，但是他不知道自己還能做什麼事。他在緬因州一個沒落的磨坊小鎮長大，父親當過門衛，換工作之際，常常要賦閒很長一段時間，對年幼的米契爾來說，這段期間很難熬——他可以感受到父母擔心沒有薪資收入的話，他們還能活多久的焦慮。於是他下定決心，不要踏上這種財務不安全的人生道路，但他卻已經有一個小傢伙要養。他念大二時，和高中時期的女朋友蘇珊在柯爾比結婚，住在校外的一輛拖車上，生了一個小孩，另一個小小孩即將來到人間。

終於有一天，米契爾再也受不了與雞為伍的日子。辭職離開後，進入達特茅斯大學（Dartmouth）商學院念書。這樣做是豪賭，但是他自認是天生的冒險家，因此信心滿滿、衝勁十足。

達特茅斯塔克商學院（Tuck School of Business）的學生偏愛財務工作，職務上的最佳落點是華爾街，那裡幾乎可以保證你很快就會發一筆小財，高盛和摩根士丹利公司之類的工作是真正的大獎，但是，到了一九八〇年代，即使是規模比較小、層級比較低的投資銀行都財源滾滾。米契爾未能達成目標，而是成為所謂的商業銀行家，進入美商美國銀行芝加哥分行，承作企業貸款，客戶包括化學與食品加工巨擘比翠斯食品公司（Beatrice Foods）。這是個備受尊敬的工作，但米契爾很快就失望了，他渴望過上遠遠超越備受尊敬、超群出眾的日子。

不久之後，機會在美林公司出現。美林以擁有眾多股票營業員，經常「喊水會結凍」、足以撼動市場聞名。美林志向遠大，希望成為全方位的華爾街銀行，以主要銀行大聯盟一員的地位贏得尊敬。這點表示，美林必須超越只為小散戶夫妻提供選股建議，換取微不足道佣金的層次，打進獲利更豐厚、風險卻高多了的業務。也就是實際買賣債券和其他證券。

米契爾獲聘出任美林芝加哥分公司副總裁，協助處理債券交易業務。一年內，就獲得擢升為領導階層，必須前往紐約，到美林總公司服務。他和太太蘇珊高興的搬離芝加哥，搬到富裕的紐澤西州郊區。

米契爾身材短小精幹，一頭紅髮，極有競爭力，堪稱旋風一族。他也是魅力十足、不屈不撓的業務員，是可以用極度樂觀的說詞，說服素食者點牛排來吃的那種人，因此，他徹底征服了美林總公司。

米契爾有個遠大構想，認為美林應該打進新興的衍生性金融商品業務。衍生性金融商品是價值來自其他東西的產品。如果你是冰淇淋廠商，可能會買進價值可能隨著牛奶價格上漲而增值的衍生性金融商品。這樣的話，乳製品價格上漲侵蝕你的冰淇淋獲利時，你從所購衍生性金融商品價值上升得來的利潤，會彌補其中的差額。

最簡單的衍生性商品已經存在了幾百年，價值隨著鬱金香花苞、石油或豬腩之類商品的實際或預期價格起伏。但是到了一九八〇年代，衍生性金融商品出現革命性突破，從追蹤乳製品

價格之類的簡單結構，蛻變為複雜的新型商品，例如追蹤佛蒙特州所產一種特定類別牛奶某幾
個月的價格，而且這種牛奶價值的增減，有一部分是根據另一州的另一種乳製品，在不同時期
的表現而定。理論上，任何東西都可以連結起來，例如牛奶跟汽車零件連結、矽晶片訂單跟花
生醬價格連結——只要你能夠找到願意在兩方面下注的各方人士，就可以玩下去。

由於銀行業務愈來愈商品化，專注操作衍生性金融商品變成了脫穎而出的方法，也是銀行
業務中還沒有任何現有大咖主宰的角落。米契爾直覺認為，衍生性金融商品是未來趨勢，如
果美林公司果決的快速行動，就會有罕見的機會，可以大舉進入，超越雷曼兄弟公司等最強
大的債券交易商。十多年後，他在獲選進入衍生性金融商品名人堂時解釋說：「我開始了解，
這種工具可以滲透我們身為金融仲介機構事業的所有層面。」（名人堂由安達信會計師事務所
〔Arthur Andersen〕贊助，可以說是十分適當。）

他對上司慷慨陳詞，說這是美林的命運，他們應該協助他實現此一命運，上司接受他的說
詞，於是米契爾很快的就大舉招兵買馬。為了協助自己帶頭衝刺，他找來在芝加哥工作、名叫
比爾·布羅克斯密特的另一位年輕銀行家。

傑克·布羅克斯密特從耶魯大學畢業後，在二次大戰期間，曾經在美國海軍當過少尉，戰

爭結束後，他和圖書館管理員兼業餘藝術家簡恩結婚，生了六個小孩，比爾排行老四，於一九五五年十一月五日出生。比爾出生隔年，傑克獲得任命，出任基督聯合教會的牧師，接下來的十年裡，他在芝加哥西方大約二百四十公里的伊利諾州加爾瓦市（Galva），過了十年第一公理會牧師的生涯。他傳道時，會說很多為別人著想的重要寓言，他的講詞重點是要從別人的角度來看事情，避免遽下判斷，要多問問題，要多認識，然後設法排除自己的偏見。他講道後，信眾會上他家，或在加爾瓦街上攔住他，尋求他的建議。他兒子比爾後來會告訴大家，父親灌輸給他行得正、坐得穩，長久之後，會獲得別人報答的觀念。

布羅克斯密特一家不窮，卻絕對也不富有。他們的么兒鮑伯說過：「我們有一點書香傳家的味道，卻沒有銅臭味。」比爾身材瘦削，長著一頭多到很難梳開的深棕色頭髮，眉毛濃密到在褐色的眼珠上投下陰影。他精通數學，有著十分淘氣的企業精神，自己經營一條送報路線，還叫兩個弟弟負責摺報、然後投送周日版的報紙，給的工錢比他收到的還少，再把差額放進自己的口袋，最後，他用賺來的錢，買了一台爸爸不願購買的電視機。他的企業生涯早早就已經展開。

上大學時，他獲得洛杉磯近郊小型文理大學克萊蒙特男子學院（Claremont Men's College）*

---

* 克萊蒙特男子學院從一九七六年、比爾大四那年，第一次招收女生，改名為克萊蒙特麥肯納學院（Claremont McKenna College）。二十五年後，作者從這所文理學院畢業。

的獎學金，迷上財務學，對室友高談闊論市場狀況，到了室友耳朵生繭的地步。他還在念大學時，就對複雜的金融工具，展現出高明的技巧和濃厚的興趣，似乎能憑直覺掌握利率和股價之間的關係，知道利率上升可能導致特定公司股票價值喪失。他善於寫作，也喜歡寫作，還靠著替比較富裕的同學撰寫期末報告，賺錢支持他在市場上偶爾為之的下注。

他畢業後搬到芝加哥，白天工作勤奮、沈默寡言、樂於自省。同事的太太過世時，他發送了一張慰問卡，這種作法在新畢業的同學之間是破天荒的事情。他當時的女友莉絲．麥爾斯（Liz Miles）說：「我問他原因何在，他說，因為這是可以做、應該做的正確事情。和我們大部分人相比，他是自給自足又負責的人。」

但是他的魔性會在晚上顯露出來，他會酗酒、吸毒、嫖妓。子夜時分，其他人準備打道回府時，他會催著大家再續一攤。他的至交喬恩．辛克（Jon Schink）回憶說：「他就是不知道怎麼收攤。」朋友可以看出有什麼事情困擾著他——卻永遠無法明確指出怎麼回事。和他在芝加哥租住一棟赤褐色砂石住宅的室友湯姆．馬克（Tom Marks）回憶說：「比爾非常聰明，卻深陷困境，他晚上的行為跟白天形成強烈對比。」

一九八〇年代初期，比爾和辛克同遊拉斯維加斯，經過一夜的喝酒和賭博後，兩人走在大致上空無一人的賭城大道上，要走回旅館。兩名妓女靠向比爾，開始努力撫摸他，然後走開。

比爾發現，她們的嘻鬧只是花招，有一個女的從他的口袋裡，偷走裝了幾千美元的皮夾。他大聲喊著，追了過去抱住小偷，兩個人滾倒在骯髒的人行道地上扭打起來。直到兩位警察到場，把兩個人分開、把錢還給比爾為止。

比爾得到西北大學的管理碩士學位後，在美國最大、成長最快速的伊利諾大陸銀行（Continental Illinois）找到工作，開始鑽研衍生性金融商品，修補這種新興產品的結構，結合不同類別的衍生性金融商品，發想新的用途。同事稱讚他是金融創新大師，他的名聲也不脛而走。

衍生性金融商品後來會變成嚴重傷害金融業和整體經濟的骯髒字眼，但是布羅克斯密特加入伊利諾大陸銀行時，他和夥伴認為，衍生性金融商品是讓企業經營更有效的有力方法，企業可以用前所未見的方法阻隔風險，以便用更低的價格生產更大量的產品，從中節省下來的費用會轉嫁給顧客，又能維持自己的利潤。衍生性金融商品是罕見的發明，跟自動櫃員機、信用卡和三十年期房貸一樣，確實可以協助很多人和企業。

華爾街對衍生性金融商品當然另有盤算，跟協助冰淇淋廠商保護自己，免於受到乳製品價格上漲之害的原始任務大不相同。主要用途不再是企業自保的機制，而是變成銀行和其他人從事金融投機的工具——基本上變成了賭場輪盤中疾轉的圓球，即將成為能夠賺到驚人利潤、在全球金融體系中大致上不受管制的角落。這點表示，擁有精通複雜衍生性金融商品的能力，就會突然搖身一變，成為炙手可熱的人才。

一九八四年五月，伊利諾大陸銀行受到海嘯般的不動產貸款呆帳浪潮衝倒，創下美國有史以來最大規模的銀行倒閉案紀錄，要經過將近四分之一個世紀，才有人打破紀錄。

當時驚險的從這艘下沈大船逃生的布羅克斯密特還不到三十歲，米契爾就在這家銀行大量進水、命懸一髮時，找上門來。於是他在一九八四年稍早，接受了充當米契爾副手、受命領導美林進軍衍生性金融商品美麗新世界的任務。布羅克斯密特和再婚的年輕妻子、名叫艾拉的烏克蘭裔女性，搬到紐澤西州豪宅林立的修特丘（Short Hills）郊區，他們買不起豪宅，卻搬進一棟相當漂亮的殖民式豪宅。布羅克斯密特每天只要走一小段路，就能到達通勤火車站，搭火車到曼哈頓，和米契爾一起工作。

美林比戴克斯特蛋雞場乾淨，但也只是略高一籌而已，是華爾街狂熱快速發展十年中放縱身分的具體表現：洗手間裡古柯鹼氣味飄散、交易廳中脫衣舞孃熱舞不休。

當時美林公司客戶可以利用的衍生性金融商品種類有限，於是布羅克斯密特和米契爾便擴大供應清單。布羅克斯密特開始夢想一種備受歡迎、名叫交換合約的新型衍生性金融商品，以便協助機構法人保護自己，不受利率等項目變化的傷害。他結合不同種類的交換交易，作為一種突變的工具，叫做像是可贖回換利合約、殖利率曲線交換和利率交換選擇權合約。

對客戶來說，這是好消息；對美林公司來說，這是大好消息。美林每次賣出一筆交換合約，就可以收入一筆費用，更重要的是，布羅克斯密特為美林設計了巧妙的新方法，好在向顧客購買資產時，利用衍生性金融商品來保護自己。因為衍生性金融商品降低了美林在各種交易中所面臨的風險，美林現在有更大的能量，能承作更多這種交易——這表示，美林會有更多的營收。

所有新型衍生性金融商品都使企業客戶更願意發行債券，畢竟，如果他們可以保護自己，或是針對利率波動避險，就可以有效降低借貸成本。美國最大的房貸融資業者、由政府控制的房利美公司（聯邦貸款金融公司，Fannie Mae）就是一個例子。因為房利美有極多業務都繞著利率打轉，買了好幾船的房貸，適用各式各樣不同利率和還款條件，因此對能夠把公司和未來利率變化隔離開來的複雜產品，有著龐大的胃口。布羅克斯密特為房利美調製了一個繁複的解決方案，美林因此變成房利美的首選銀行。很快的，眾多績優公司找上美林，不但要買交換合約，還要美林代為處理公司債的銷售。數十百億美元的新業務湧進美林，美林突然變成可怕的競爭對手，其中米契爾居功最偉，並使他在華爾街的聲譽蒸蒸日上，但是其中有一大部分是布羅克斯密特的功勞。

幾十年後，資深老人回顧改造銀行業的這番變化時，會指出兩樣催化劑，一是科技和網際網路加速企業發展，使企業變的更有效率；二是現代交換交易市場的發展。交換市場活化，變成複雜又有生命力的有機體，大致上是布羅克斯密特的功勞。後來升到華爾街最高層的一位老同事解釋說：「雖然是因為布羅克斯密特之類的人才，但主要是由於布羅克斯密特的貢獻，衍生性金融商品業務才會變成主流產品，受到投資人、企業、金融和政府機構愛用。」

米契爾希望把美林公司推向極多不同交易的十字路口，從每筆交易中收取小額費用，從而賺到數量驚人的巨額財富。這樣一來美林需要在眾多龐大的市場中，累積極為大量的部位，承擔很高的風險。米契爾和布羅克斯密特喜歡用「白水」這個說法，形容所有流量集中的特定地點，意思是資金在這個地方流動極為快速，以致於把一切都攪拌成泡沫。他們認為，這種白水的旋渦就是衍生性金融商品，美林就在其中，在動盪起伏的水中漂浮，大口吞噬利潤。

米契爾在世界金融中心區塊最北端大樓的七樓，占了一間角落的高管辦公室，可以一覽紐約港和哈德遜河的美景。布羅克斯密特的辦公室大約只有米契爾辦公室的一半大小，但是距離只有幾步之遙。同事指出，因為他們和其他同事之間的穿梭來往極為頻繁，兩間辦公室之間的走廊地毯實際上已經磨平。

這種夥伴關係發揮了功效，兩個人在這段過程中變成了至交好友，也把他們的大家庭結合在一起。布羅克斯密特有六個小孩，米契爾有五個子女。兩個人因為出身農村的關係，互動極為親密，布羅克斯密特出身伊利諾州的小鄉鎮，米契爾出身緬因州。他們也因為不是出身良好、都是局外人的關係，可說是一拍即合。

米契爾和布羅克斯密特會談論所有的事情，討論他們的同事、策略、客戶和他們的前途。米契爾並非總是同意布羅克斯密特的看法，卻尋求他的建議，布羅克斯密特也會安心的說出自己坦率的意見，兩人截長補短。米契爾會表現出過於神經性的燥動，無法安靜坐著。有些同事叫他旋風艾迪，因為你難得有時間對他詳細說明任何計畫。等電梯時，他會一再的按按鈕，一進電梯，他就會重覆按他要去樓層的按鈕，試圖加快速度。布羅克斯密特喜歡說跟米契爾有關的故事，說整個中西部的很多小機場航站外面，都丟棄了很多米契爾租用的車子，因為他太趕時間，沒有辦法好好還車。

他是個永恆的樂觀主義者——一切事情都大有可為！他迫切渴望證明門衛的兒子也可以克服萬難，超越期望，培養出幾乎滲透到他的一切作為中的競爭力。有人要挖角他的手下時，他會暴跳如雷，也因此變得非常善於防止手下離職（有一次，他還飛到東京，說服一位中階交易員留下來。）他和其他高階經理人不同，不會把召募年輕金融怪才的工作假手他人，經常拜訪商學院的校園，約談有希望的學生，當場聘用。他甚至施壓同事跟他的子女額外多買女童軍餅乾，好讓他的子女贏得更多徽章。

米契爾嗓門很大，輕率而衝動；布羅克斯密特卻很安靜、理智而深思熟慮。根據美林公司兄弟會的標準，布羅克斯密特是書呆子，因為他留著從前額往後梳的波浪狀深黑色頭髮，戴著鏡片很厚的無框眼鏡，聽別人說話時，會噘著嘴唇、瞇著深色的眼睛，不熟的人可能會以為他在嘻嘻笑。他的身體軟弱無力，又不喜歡運動，沈默寡言時覺得很自在。他在深入思考時，會拉著自己濃密的右眉，這樣的抽動極為常見，甚至成了家人的笑話（不過開車時把手放在眉毛上就不那麼討人喜歡了，坐在後座的三個小孩中，一定會有人大叫說：「爹！把雙手放在方向盤上！」）他說話時，會表現出真的在聽別人說話的樣子，問問題的樣子不具侵略性，不想抓你毛病，也不想騙你。他不需要炫耀，事實上，他在約談來求職的人時，不只一次穿著有破洞的衣服到場，在香菸一支接一支的抽時，用才智迷倒困惑的潛在員工，到了應徵者拚死也要替他工作的地步。他也沒有什麼太大的野心，不想在企業階梯中往上爬，希望只管理少數幾個人。他在充滿拙於社交的數學奇才、和略微有點反社會人格的A型員工充斥的行業中，有種鶴立雞群的姿態。

布羅克斯密特經常重複一句箴言，就是「這樣對客戶有什麼幫助？」在華爾街，這句話已經成了陳腔濫調，但是他卻真心相信這句話。華爾街人士總是受到誘惑，想要藉著佔顧客便宜，好大撈一票，但是他告訴同事，以讓客戶發財的方式安排事情，才是比較好的長期策略。他的一位同事兼朋友解釋說：「銀行業裡的每一個人都想賺錢，但是大家貪心的程度不同。」布羅克斯密特是位在這條光譜下緣的人。

因此，他變成了米契爾的重要制衡。風險經理拒絕米契爾手下極力推銷的一筆交易時，米契爾無可避免的會想將他生吞活剝，這時布羅克斯密特就會出面干預。受聘來節制某些交易員的粒子物理學家約翰．布雷特（John Breit），在很多年後把自己多次逃脫米契爾的怒火，免於遭到開除的命運，歸功於布羅克斯密特的解救。

到了一九九〇年代初期，美林公司董事會對美林不斷擴大的衍生性金融商品投資組合，逐漸感到不安。不當利用衍生性金融商品，已經造成若干代表美國之光的企業內部，引發劇烈的爆炸事件，寶鹼公司（Procter & Gamble）就是一個例子。該公司利用借來的錢購買一批換利交易，結果損失一億五千七百萬美元（寶鹼董事長難過的說：「這種衍生性金融商品十分危險。」）這些爆炸性事件發生後，投資銀行因為出售這種即將變成有毒工具的衍生性金融商品，聲譽都遭到損害，美林的董事會希望美林公司能夠避免落入類似的陷阱之中。

美林公司覺得不安的原因之一，是到了一九九〇年代初期，交換合約和其他衍生性金融商品已經有了劇烈改變，更重要的是，用途已經變的大不相同。不久以前，設計這種商品時，目的是要讓法人機構保護自己，免於受到利率、乳製品或任何物品價格波動的侵害，現在卻變成了投機工具。包括美林公司在內的華爾街投資銀行，都從這種賭博中賺大錢，但是，很多比較不精明的公司、退休基金業者、大學的捐贈基金和地方政府也都渴望從中分一杯羹。既然你可以靠著賭一個國家和另一個國家的相對利率波動，從中賺到大錢，為什麼還要把你的資金，投資在不動如山的牛皮股上呢？可能性似乎無窮無盡——美林公司之類的銀行鼓勵這種夢想，準備占無知客戶的便宜。

一九九三年的某一天，米契爾、布羅克斯密特和布雷特上樓去，準備對董事會說明，為什麼衍生性金融商品本質上並沒有危險。布雷特用單調、低沈的聲音，說了又說，說到至少讓兩位董事昏然瞌睡。事後，三個人一起坐電梯下樓，米契爾恭喜布雷特的說明很成功。

「你這話是什麼意思，米契爾？」布雷特問道：「其實他們都睡著了。」

米契爾大笑著說：「我們就是希望這樣啊！」

隨著歲月流逝，布羅克斯密特和米契爾變的形影不離，連在辦公室之外的地方也是如此。兩人經常同去東村有百年歷史之久的俄羅斯土耳其浴場，有時候，布羅克斯密特的長子華爾會獲准跟著他們去，看著兩個人融化在溫度高達攝氏八十八度的三溫暖中，比賽誰待的久（有一張鮮黃色的告示警告大家，每次停留不得超過三十分鐘，但這種規則本來就是要讓人打破的。）他們會坐在裡面，穿著浴室提供不想赤身裸體客人穿的綠色短褲，讓熱氣燻烤他們的肺部，閒談家常和工作。

布羅克斯密特和米契爾兩家人開始一起到緬因州度假。布羅克斯密特夫婦在濱海鄉村小鎮布魯克林（Brooklin），有一棟附有網球場和游泳池的避暑別墅，不到一百公尺之外，就是大海。米契爾在蘭吉利（Rangeley）本來已經有一棟經過強化的木屋，又在布羅克斯密特的房子所在的同一條路上，買了一棟華美的房子。米契爾和布羅克斯密特會在激烈的網球賽中一決勝負，然後跳進冰冷的大西洋。米契爾的五個小孩已經習於看到成群的銀行家來他們家裡，巴結他們的爸爸，因此可以看出他們跟布羅克斯密特的關係非比尋常。

多虧了美林公司，南加州桔郡（Orange County）的財務長羅伯・席特龍（Robert Citron）才會動用納稅人的錢，介入衍生性金融商品。美林公司在加州的業務員已經花了好幾年時間討好這個怪人（席特龍喜歡戴綠松石首飾、打大花領帶，經常參考星象圖），因為他們看得出來，席特龍是一隻鴿子，也就是容易捕獵的目標。果不其然，席特龍很快就開始大口吞下美林編造的美味新換利合約。桔郡投下天文數字的資金，賭美國和瑞士的利率走勢會背道而馳。桔郡政府甚至同意利用美林的融資，購買衍生性金融商品，從而提高了美林的獲利。到了一九九三年，桔郡一共累積了二十八億美元的衍生性金融商品投資組合，成為美林公司最大的單一客戶。有一陣子，桔郡的投資表現十分完美，大家都很開心。

布羅克斯密特知道，如果桔郡因為衍生性金融商品出事，麻煩可能會反彈回來，纏上美林公司。即使美林沒有在這些交易中直接虧錢，事實上，尤其是美林如果真的沒有虧錢這件事，若是和美林好像在剝削加州納稅人的聯想結合起來，美林的聲譽一定會受到重創。像布雷特之流的風險經理已經對布羅克斯密特竊竊私語，說桔郡（和因此遭到拖累的美林公司）已經岌岌可危。布羅克斯密特也已經反過來私下知會其他人，但是，沒有人聽信這種警告（這件事也讓美林的董事會坐立不安，更是他們召喚米契爾、布羅克斯密特和布雷特，到董事會會議室，聽取布雷特讓人昏昏欲睡說明的原因之一。）。因此一九九三年開年後不久，布羅克斯密特就開始繕打一份備忘錄，說明他的焦慮之情。他寫了好幾次草稿，為了細節而煩惱不堪，因此把幾份原稿拿給朋友和美林公司裡的知己看。他希望確保自己能夠正確說明，好像他知道自己是在為後代子孫寫這份備忘錄一樣。

一九九三年二月二十四日，布羅克斯密特把寫好的三頁備忘錄呈交米契爾，米契爾也在上面簽字，然後發送給紐約和加州的美林高階經理人。這份備忘錄指出，到目前為止，桔郡的投資「增值驚人」。但布羅克斯密特警告說，如果市況變化，情勢可能急轉直下。「如果利率大幅上升，同時熱錢逃竄，桔郡可能蒙受的不利影響……會迫使我們必須採取更有力的措施。」布羅克斯密特寫道：「我認為我們應該公開建議賣掉整個衍生性金融商品投資組合。」他主張，至少美林不應該再賣更多衍生性金融商品給桔郡。

這份公文沒有產生效果，沒有證據顯示美林公司曾經採取任何行動，阻止桔郡繼續飽食衍生性金融商品。隨後的二十個月裡，以億美元為單位計算的費用和佣金繼續流進美林的口袋裡。

然後，就像布羅克斯密特的警告一樣，美國聯邦準備理事會開始升息，到一九九四年底，利率幾乎已經比一年前上升接近一倍。桔郡的衍生性金融商品開始虧損——然後愈虧愈多、愈虧愈多，到了十二月，虧損已經高達十七億美元。桔郡聲請破產保護，然後控告美林公司，以美林「任意而冷酷無情的賣給桔郡不當的金融工具」為由，索取二十五億美元的損害賠償。加州州議會開始調查，不久之後，布羅克斯密特的備忘錄被人挖出來、公諸於世。《洛杉磯時報》在一九九五年五月的頭版報導中，指出他的預測「準確到不可思議」；《華爾街日報》在頭版刊出長篇報導，指出美林公司有一位獨持異見的人，曾經預測即將來臨的亂局。布羅克斯密特的傳奇就此誕生。

第三章 華爾街的大遷徙

自從赫爾豪森遭到謀殺後，已經過了五年多。在重要的高階經理人倒下後，德意志銀行已然觸底反彈，它的未來也會是如此。暗殺事件發生三個月後，德銀股價上漲了三十%，代表大家對德銀投下十分明確的信任票。

赫爾豪森的繼承人是希爾瑪·寇柏（Hilmar Kopper），寇柏的想法和赫爾豪森一樣，認為德銀的前途在德國以外的地方（他曾經貶抑德國銀行家，說他們是「純潔的靈魂」）。柏林圍牆倒塌後，德意志銀行在東德開設多家分行，然後再到華沙、布達佩斯和布拉格設立分行。幾年內，德意志銀行已經在前蘇聯設立了六個據點。

這一切都很好，但是事實證明，併購摩根建富銀行並沒有讓人留下深刻印象，規劃這種作法的人原本希望靠著這樁併購案，把德意志銀行推上華爾街精英銀行之列，但是希望並沒有實現。原因之一在於，摩根建富銀行原有的資深銀行家不斷離職，因為他們不願和一群老土的德國佬共事，而且德意志銀行太保守，不能徹底配合華爾街。例如，德意志銀行的大部分人都認為，衍生性金融商品是齷齪的東西、是毫無必要的複雜工具，有著只能分散風險，卻無法遏止風險的討厭傾向。一位高階經理人警告說，德銀永遠不應該變成「德意志高盛或德意志美林」——換句話說，德銀不應該在華爾街迷失了自己的身分地位。德意志銀行在美國雖然有好幾百位員工，但在蓬勃發展的金融首都裡卻沒沒無聞，不但落居美國銀行之後，而且在日本、英國和法國等外商銀行當中，也只是二流的競爭對手。

一九九四年，德意志銀行的高階經理人在馬德里開會，討論策略問題，寇柏宣稱，德銀的地位低下，不但讓該行難堪，也讓整個德國難堪。最近發生的兩件事清楚顯示出這一點，第一件事是德銀最大客戶之一的德國建商尤爾根・許奈德（Jürgen Schneider），最近遭人揭發是詐騙犯。德銀是他的最大貸款銀行，融資他興建眾多閃閃發亮的購物中心建案，其中包括一座幾乎就在德銀法蘭克福總行隔壁的購物中心。此刻德銀就眼睜睜的看著這筆接近十億美元的虧損。德銀對這位單一客戶極為信任，因為該行的一般貸款業務利潤並不很高，放貸巨款給該行甚至不用費心去查核其財務狀態的人，似乎是很有誘惑力的捷徑。

接著，高盛公司拿下大家垂涎、協助德國電訊公司這間德國獨占電信事業推動民營化的任務，讓德意志銀行再度遭到羞辱。高盛憑著全球布局和豐富的股票發行經驗，有能力在德國電訊股票公開上市後，在全世界銷售和交易這檔股票，因而爭取到德國最令人垂涎的金融大案。華爾街進軍德國了，德國應該進軍華爾街嗎？

寇柏在馬德里主張：德意志銀行該認真推動投資銀行業務了。德銀需要聘請一位魅力十足、能夠呼風喚雨的主帥，領導該行進入應許之地。

一九九四年聖誕節前不久，鮑伯．福洛爾（Bob Flohr）接到米契爾的電話。福洛爾是個儀容整飭，自信十足的獵人頭業者，出身普林斯頓大學，曾在精英顧問業者麥肯錫公司服務，和米契爾密切合作已經有十年之久。他負責為米契爾尋找好手，提供業界情報，是米契爾非正式的顧問和消息來源。這時米契爾告訴福洛爾，他們需要儘快見面。一九九五年開年後，兩人就在曼哈頓西四十三街的普林斯頓俱樂部共進早餐。這家俱樂部除了規定男士必須穿西裝外，還規定用餐期間不准談工作，但米契爾要談的正好就是工作。他因為帶領美林公司打進大聯盟，已經成為業界小小的傳奇人物，現在他想利用這番成就。他告訴福洛爾，他在美林待了十幾年後，準備開創新局了。

福洛爾最近正好聽說：德意志銀行計畫在投資銀行領域中發動閃電戰。米契爾在深感興趣之餘，授權福洛爾代表他，跟他在德意志銀行的聯絡人談談。福洛爾飛往倫敦，跟博學多聞、總管德銀投資銀行部門的英國人麥克．杜布森（Michael Dobson）見面，問他有沒有興趣聘用米契爾？杜布森說要。

一、兩個月後，米契爾開始推動絕對機密的德國任務，跟德意志銀行高層討論搬到倫敦，領導德銀努力衝刺，成為世界金融市場巨人的重責大任。工作面談進行的很順利，在這種談判中，問題的癥結通常都是薪資待遇，但米契爾對自己的待遇並沒有太多要求，同意頭兩年年薪大約五百萬美元，跟他在美林公司的薪資大致相同。他的主要條件是：准許他有絕對的人事任用權，德意志銀行同意了這個條件。

美林公司很快就聽到風聲，建議提供米契爾更多的鈔票、更大的自主權和更多的員工。但是米契爾已經起心動念，準備投入下一個冒險，不再接聽美林公司長官打來的哀求電話。復活節後的星期一，他搭上一架直升機，從紐約市飛到紐澤西州的普林斯頓，來到美林高階經理人召開高峰會的會場，宣布他即將離職，這件事已經沒有商量餘地，希望美林的直升機能夠載他回紐約市。

那天早上，杜布森和福洛爾一起搭乘協和號客機飛到紐約。整段航程，杜布森都恐慌莫名，擔心米契爾可能在最後一刻臨陣退縮。兩人原訂早上十一點在普林斯頓俱樂部跟米契爾會面，完成交易。米契爾姍姍來遲，但最後終於大步踏進俱樂部一九五〇年代風格的松木餐廳，咧嘴而笑，宣布：「搞定了」的時候，杜布森鬆了一口氣，看起來不再像可能昏倒的樣子，還把侍者叫來，點了一輪琴通寧酒。

一九九五年夏天，米契爾全家搬到英國。他在倫敦西南邊一個綠蔭處處的通勤小鎮，買了一棟大樹環繞、名叫「大樹園」的磚造豪宅。他在德意志銀行的頭銜是全球市場主管，他就像在美林公司服務時一樣，認為衍生性金融商品是在最重要市場中、變成大規模玩家的關鍵。因為德意志銀行實際上坐失良機，沒有下場參與比賽，米契爾得從頭開始。走進利德賀街（Leadenhall Street）一棟醜陋、黑色的方形建築裡的德銀倫敦辦公室時，覺得好像來到了另一個時代。牆上裝飾著皇族成員的深色馬上英姿油畫，男士穿著背心；燈光昏暗的走廊上，女傭穿著鑲著褶邊的衣裙、管家穿著燕尾服疾趨而過。德銀在各大洲的一些地區，零星聘用了一些人，但科技系統、交易中心或企業策略都沒有經過整合，整個領域好比一堆封建領地，沒有電腦模型可以為衍生性金融商品計算價值，甚至連簡單的股票選擇權都無法計算。

對米契爾來說，關鍵的第一步是糾集一群忠心耿耿的手下，他的前僱主變成了他盜獵的地方。他最先錄用的人是麥克・菲立普（Michael Philipp）。菲立普起初是專業陶匠，他做好陶杯或陶盤後，會放在自家後院的窯爐中燒製，再拿去本地的市場上銷售，一年大概賺一萬二千美元。他和當老師的太太養了三個小孩，需要更多的錢，就在一九八〇年，申請上麻省大學商學所。向高盛公司求職時，得到機會，跟未來的美國財政部長羅伯．魯賓（Robert Rubin）面談。魯賓得知顧客只要拿一．七五美元，就可以在店裡買到一個量產的杯子時，滿面大鬍子的菲立普還能說服顧客拿出五美元來購買他的手作杯子，不由得嘖嘖稱奇說：「你在這一行會大有前途！」菲立普得到了工作，從此不再燒陶杯。一九九〇年，他加入美林公司，碰到米契爾。

現在兩個人來到德意志銀行，努力設法組織一支部隊。他們飛到法蘭克福，跟德意志銀行的高層見面，描繪讓德銀躍進華爾街最高層次的兩個方案。第一個方法是併購所羅門兄弟公司（Salomon Brothers）之流的主力投資銀行，這樣做至少要花五十億美元，可能還不夠。否則德銀也可以用廣徵人才的方式，建立自己的投資銀行，他們估計，這樣做應該只需要耗費二十億美元。兩位美國人心想，節儉的德國人應該會採用比較便宜的方案，反正他們兩人也希望這樣做。他們猜對了——現在他們有了二十億美元的軍費可以運用。

米契爾和菲立普的求才宣傳很簡單：德意志銀行是後起之秀的超級巨星。米契爾對美林的經理人凱西．紀比德（Kassy Kebede）大力主張說：「德銀是一具十六汽缸引擎，但目前只有四個汽缸在燃燒。」衣索比亞出生的紀比德答應老長官加入德銀，後來他娶了同為衣索比亞裔的超級模特兒莉雅為妻。

接下來上車的，是美林的另一位經理人詹恩，他是比菲立普低兩屆的麻省大學學弟。菲立普進入高盛後，詹恩利用這層關係，獲得到高盛求職面談的機會，但他沒有得到工作，高盛認為他有點太像技客了。但是他很快的就進入美林，應付大致由愛爾蘭後裔天主教徒構成的業務人員，這些業務員誤以為他是資訊科技人員，一再請他幫忙修電腦。現在，經過將近十年後，詹恩已經貴為美林公司歷來最年輕的執行總經理，也已經歷練成美林最高明的衍生性金融商品業務員之一，但是他才三十二歲，擔心到德意志銀行重起爐灶的話，會浪費自己得來不易的名聲。菲立普對詹恩的太太吉蒂卡（Geetika）來了一場精神講話，主張這是不容錯過的大好良機，可以從頭參與特殊功業，於是詹恩決定放手一搏。

格蘭特．柯瓦海姆（Grant Kvalheim）是另一位令人垂涎的高才。美林公司迫切渴望阻止人才外流到德意志銀行，因此提供更高的職位，並承諾不論米契爾祭出多高的天文數字薪資，美林都要比照發給。美林的領導階層以為自己已經阻擋了掠食者，但是，米契爾生性不喜歡服輸，就坐上協和號客機，飛到紐約，然後開著他停在紐澤西州，隨時備便的寶馬八系列黑色雙門轎跑車，前往柯瓦海姆在普林斯頓的家裡，最後一次提高價碼，到了年薪好幾百萬美元的地步——美林一位高階經理人抱怨說，這是開出最新一回合「美式足球聯盟般薪水」的例子。柯瓦海姆終於屈服，但是他有一個條件，就是他要米契爾那輛寶馬跑車，米契爾伸手到口袋裡，把車鑰匙拋給柯瓦海姆。柯瓦海姆當時對記者說：「我離開是為了一個真正的機會、為了能夠建立一個組織的欣喜感和成就感。」

米契爾指示他第一批招募的人才，各自去找他們在相關領域中認識的五位最優秀人才，聘用他們，然後再請這五個人各自去雇用五位最高明的人，就這樣以此類推，開啟了空前罕見的徵才大戲。辦公室、小酒館和大飯店裡，求才面談持續不斷上演。倫敦五星級的蘭斯鉑瑞大飯店（Lanesborough）深受大家喜愛，紀比德在這家旅館的會客廳約談候用人才時，經常會看看四周，總會看到米契爾或詹恩在幾張桌子外逼問應徵者。很快的，德銀悶熱的辦公室就人滿為患，員工人數比辦公桌還多。

米契爾剛剛抵達時，他的市場業務部門大約有兩千個員工，一年半內，他和手下會再招募二千五百位員工——包括幾百位出身美林公司的人。這是華爾街史上最大規模的移民潮，背後的動力無庸置疑，就是米契爾。他具有吸引人的個性，也有天才經理人的名聲，就像是受到愛戴的足球教練，不是最好的運動員，卻有著獨一無二的能力，善於激勵別人，拿出超越自然極限的表現。有一位他聘用的人激動的說：「他擅長呼風喚雨、激勵別人。」一位受到他催眠的員工，把他比喻成《綠野仙蹤》裡的魔法師。

這次出走潮中少了一位關鍵人物，就是布羅克斯密特。不是米契爾不想要他，米契爾很想要他。事實上，米契爾知道自己要去德意志銀行時，第一個想招募的人就是布羅克斯密特，但是，布羅克斯密特不肯讓步（米契爾遭到拒絕後，還是持續徵請他面試一些可能出任德銀高位的應徵者，雖然嚴格來說，布羅克斯密特現在是他的競爭對手。）

原因之一是布羅克斯密特十分保守，認為米契爾和其他人似乎正在冒險行事。另一個原因是：桔郡的崩潰事件還在司法體系和新聞界迴盪，布羅克斯密特覺得自己有責任要協助清理亂局。他的同事認為他瘋了，誰會對一個沒有個性的機構這麼忠心耿耿，以致於為了做正確的事情，放棄難以形容的財富呢？這不影響美林公司採用全場緊迫盯人的作法留他。美林高階經理人、後來出任執行長的史丹．歐尼爾（Stan O'Neal）負責帶頭挽留。布羅克斯密特一言不發，坐著聽歐尼爾陳述他不應該脫逃的所有原因，以致於歐尼爾離開時，留下布羅克斯密特已經接受他所有論點的印象。但是，布羅克斯密特並未吞下米契爾的誘餌，最大的原因是他覺得自己已經累了——這點是很多四十歲左右投資銀行家不會承認的事情。但是，當你承受每天工作十四小時的壓力、卻又不會受到傷害的歲月，只有一定的年限。他不希望在經營階層中更上一層樓，又擔心兩個年幼的女兒成長時，父親不在身邊。

一九九六年三月，布羅克斯密特宣布退休。美林公司發言人告訴《華爾街日報》，布羅克斯密特離職，是「為了多跟家人在一起」時，說的的確是真話，而不是常見代表某人遭到開革、或是因為不名譽事件而辭職時的委婉說法。媒體引述一位最高階經理人的話，說布羅克斯密特需要時間充電，還說：「我們很希望他回來。」

幾個月後，布羅克斯密特全家到緬因州度假，米契爾找上門來，他仍然希望布羅克斯密特跟他一樣，加入德意志銀行。現在他們已經建立了相當強大的交易員和銷售團隊，卻少了一位了解和管理風險的重要專家。布羅克斯密特對米契爾承認，他懷念華爾街令人激動的生涯，卻覺得自己還沒有做好重回華爾街的準備。

然而，米契爾讓他知道他到底可以賺到多少錢，是金額很大的七位數字年薪，遠比他在美林賺到的還高出很多。布羅克斯密特很快就同意接下這份工作，出任德銀自營交易部門的共同主管，換句話說，他要對米契爾負責，拿德意志銀行的錢下注，重點放在衍生性金融商品上。

布羅克斯密特雖然同意加入，卻不敢確定把德銀推上華爾街人上人的努力，實際上到底能不能成功。多年後，他告訴一位同事說：「我認為，這樣做應該是一場冒險。」一九九六年十一月，布羅克斯密特帶著太太艾拉和兩個女兒搬到倫敦（長子華爾留在美國，就讀歐布萊特學院）。他們抵達後不久，米契爾和太太蘇珊為新來乍到的他們，辦了一場歡迎晚宴。艾拉則抱怨丈夫節儉成性，不肯讓她多花錢坐商務艙飛越大西洋。

接下來，這些人的生活、以及德意志銀行的根本精神，即將出現重大變化。

第四章 暗黑勢力

有一天，德意志銀行倫敦總部的大廳裡，貼出一張布告，用拼音的方式替自己正名，說明這家銀行是「*DOY-chuh*」銀行。這項正名舉措很重要，因為很多新來的美國人一直告訴別人，說他們在「杜希（灌洗器）銀行」（Douche Bank）服務。

美國人擁入德銀後，慢慢的、卻又不是那麼慢的開始改變德銀的文化。新來的人對德銀或德國一無所知，只知道他們的任務是把這家受到傳統約束的銀行，拉進現代世界。在米契爾和他的團隊眼裡，這個地方的德國精神十分頑強，也正是妨礙德銀發揮全部動物本能的主要障礙。米契爾上任前，德銀大部分富裕的企業客戶都是向德銀貸款，或是透過該行發行債券——然後去找德銀的競爭對手（通常是摩根銀行），購買附帶的衍生性金融商品，保護自己不受利率波動或其他經濟力量的傷害。米契爾的目標是由德銀自行提供所有產品，他把手上這支由布羅克斯密特領軍的衍生性金融商品新團隊，安排在德銀倫敦交易廳正中央，可以盡可能跟最多交易員和業務員貼近。現在他們只需要讓深深不信任英美投資銀行家，也毫不信任衍生性金融商品的德國人，解除他們的枷鎖即可。

問題之一是，德銀有著繁複的層級組織，讓美國人深感困擾。德銀監事會負責監督公司和經理人，但是，這個監事會之下還有一個董事會，叫做執行董事會，由八位最高階的經理人組成，每一位執行董事負責德銀的特定領域，如投資銀行業務、零售金融業務、財富管理、法務、科技等部門。執行董事會根據共識決運作，習於抗拒改變，米契爾甚至沒有列名執行董事會，而且從來沒有美國人擔任執行董事過。更麻煩的是，德銀沒有執行長。取而代之的是，有一位執行董事會獲得選任，擔任「議長」，這位男士（始終都是男士）負責領導，但是他必須得到其他執行董事和監事會的支持，才能夠有效領導。德國人認為，層層疊疊的董監事會和共識決領導制度是力量和穩定的來源，維護了德銀自豪的基本特質，同時在設計上，使德銀難以迅速變革。

米契爾無法忍受這種緩慢的步調和所有虛飾，他覺得離譜的是，執行董事會在法蘭克福雙子星摩天大樓的A棟中，擁有自己的專屬樓層，出入要搭專用電梯，不論是訪客、政府高官還是員工，任何人進電梯前都必須先通過金屬偵測器，再由全副武裝的安檢人員檢查。這個樓層的每間辦公室都顯得富麗堂皇，由銀行內聘館長級員工，用博物館級的德國藝術作品裝潢，讓米契爾覺得真是瘋狂。執行董事出門時，都坐在防彈S型賓士豪華大轎車車隊裡，有一隊摩托車警察護衛，且轎車車門經過強化，極為沈重，得由男士雙手出力才能開關。這些事情都讓米契爾的手下覺得極為過頭。

兩個董監事會中，有相當多人對這些美國人所想像的全球市場應有運作方式完全一無所知，更不知道要怎麼在華爾街站定腳跟。他們除了出於本能，不信任美國這些出口產品外，還完全不了解投資銀行業務、交易或衍生性金融商品。這點不見得是缺點，畢竟有一些心存懷疑的董事會成員會詢問基本問題也算是好事。但是米契爾這類人，對於凡事都要解釋第二遍的人耐心極為有限。更重要的是，米契爾和同事明確認為，這些德國人、尤其是那些執行董事，都在藉由否決交易和牛步化的決策，設法挫敗他們。米契爾告訴詹恩：「他們要我們死掉。」米契爾為這些德國監督者取了「黑暗勢力」的綽號，這個名號牢牢的在他手下間流傳不息。

從德國人的角度來看，德意志銀行帳簿上衍生性金融商品的金額不斷成長，的確值得擔憂——最後證明，這種恐懼確實有憑有據。德銀執行長寇柏回憶說：「我們幾乎在每次高階經理人會議上，都會討論衍生性金融商品數量不斷增加，使得德銀資產負債表規模持續成長的事情。」他還說：「我們對這種情形一點也不自豪。」德國人看待米契爾這幫人時，混雜了蔑視和恐懼，叫這些美國人盜匪和無政府主義者。一位執行董事感嘆說：「我們無法控制他們。」

米契爾似乎喜歡自己這種強盜匪類的名聲。有一次他在法蘭克福時，有一位員工不認識他，問他是什麼人，米契爾的回答是：「我是上帝。」他知道執行董事缺乏投資銀行知識，可以讓他們占便宜，因為執行董事會無法控制他們不知道的事情。米契爾要求整個市場業務要整合到倫敦去運作，當時不只是法蘭克福和柏林，連史圖加特和曼海姆等德國城市，都有自己的債券交易據點。布羅克斯密特受命要把上述所有力量移出德國，他用技術性的說法解釋說，這種情況「是重複努力和分散精力的事情」。這樣做不會讓布羅克斯密特得到德國勞工的歡心，但是他並不是很在意這件事，因為他認為這樣對米契爾和德意志銀行最好。

布羅克斯密特在德銀工作的第一年結束時，對於自己決定重回這一行深感滿意，也對德銀的進步深感自豪。顧客對他和他們團隊推動的改革反應良好，獲利開始快速湧進。二〇〇五年德銀所推動的口述歷史計畫中，他在某個片段解釋說：「德意志銀行的自然力量、影響力、和所進口的新科技與能力開始通力合作、發揮力量時，對我來說，真的是個重要時刻。」他還說：「有很多人說（德銀）會撤退，還原為一家德國的商業銀行，說這次打進……投資銀行業務，是可以取消的冒險，其實這種事沒有回頭路可走。」

米契爾想出一個特別具有侵略性的手段，以便說服法蘭克福這些嚴格控制的上司，達成自己的目的：如果他們不拿出足夠的現金，讓他繼續快速雇用員工，他就要以辭職作為威脅。有一陣子，他過分到通知他的同事和上司，說他已經接受加入瑞士銀行（UBS）的邀約。他告訴布羅克斯密特和詹恩，「就是瑞士銀行團隊啦，兄弟們」，還敦促他們跟他一起去。米契爾團隊的其他核心成員相當肯定他是在吹牛，但無論如何，發生這件事之後，就有更多的錢快速撥給他的團隊，他也安然不動。理當監督米契爾的董監事會對市場不夠了解，搞不清楚他的所作所為，更別說控制他了，不過卻深知失去他會變成一場災難。

一九九七年某個晚上，米契爾夫婦設宴款待大約二十對高階經理人夫婦，晚宴在他所擁有占地六十英畝（大約二十五甲）的紐澤西州福蔡斯農園（Fox Chase Farm）舉行，全體賓客都搭機來赴宴。米契爾的兒子史考特充當泊車小弟，把很多輛保時捷和寶馬汽車，停到莊園中的騎馬場上；米契爾的太太蘇珊做了家常龍蝦沙拉招待大家。晚餐結束後，所有人都到豪宅較低的樓層打撞球或乒乓球，菲立普痛宰大家，布羅克斯密特坐在沙發上低聲聊天，大家喝的醉醺醺時，互相凝視，心裡想著：我們創造了一些特別的成就。

在屬下眼裡，米契爾有很多非常好的特質，其中之一是會為下屬辯護。如果風險經理不同意一筆交易提議，他會努力威脅風險經理，讓他們沈默不語。即使在出現連續虧損期間，他也會脅迫法蘭克福的上司，維持豐厚的獎金，他會說這是建立世界級團隊，以便挑戰華爾街巨擘唯一的方法。對倫敦和紐約的眾多銀行家而言，這是天大的好消息，和德意志銀行爭奪人才的需要，迅速引發業界在薪酬戰場的軍備競賽。為米契爾牽線的獵才業者福洛爾接到同業的道賀電話，說他做了好事，讓同行靠著不斷飆升的薪資發財（獵才業者會得到客戶所獲薪資的一定比率作為報酬。）

但是，比較簡單的事情也很重要，如果你在德意志銀行紐約辦公室約見客戶，你可以叫很多德銀的「官方啤酒」瓶裝貝克啤酒，讓你和客戶一同享用。另一個很好的福利是有身強體健的擦鞋童，在倫敦的交易廳遊走，提供包括古柯鹼和美女之類的服務。最重要的是各種聚會，嚴格說來，這種聚會叫做「異地靜修」，就是每隔幾個月，到巴塞隆納之類陽光普照的地方，進行建立團隊合作精神的豪華公費旅遊。米契爾向上司說明時，把這種旅遊說成是讓大家互相認識的重要方法——畢竟德銀的成長極為快速，以致於公司裡有著到處都是陌生人的風險。

就像新進人員談論企業精神，談論從無到有、創造偉大成就的理想一樣，德銀文化立足在極少有人競相累積個人財富的共同基礎上。這種情形沒有什麼不好，只要你有強大的制衡系統，能夠管理風險和尋找客戶，確保野心勃勃、貪婪又年輕的銀行家與交易員行事時，不只是對自己有好處，也要對銀行有利。但是如果這種文化不存在或很薄弱，或是應用時前後不一，或建立整個團隊、充當精神領袖、凝聚一切的人突然不在了，呃，你就應該戒慎恐懼了。

米契爾聚攏在身邊的經理人都是積極進取、刻意挑戰極限的人，有一位同事形容他們是「嗜血的食人魚」。米契爾喜歡和這些食人魚一起游泳，雖然他在發放獎金和推動公費旅遊時很慷慨，卻也十分直率。他在交易廳高視闊步巡視時，會詢問員工業務狀況如何，有一位員工承認當天虧損嚴重，米契爾吼著說：「我可以改請一些會虧錢的猩猩！」其中的威脅幾乎不帶掩飾。另有一次，他試圖從敵對投資銀行挖角一位明星交易員。他邀請這個人到他在蘭吉利的家，這個人一直拒絕，米契爾遊說好幾小時後，時間已經到了深夜，米契爾終於放棄，就叫自己的司機把這個人載到蘭吉利巴士站，他挖角不成的那位仁兄必須在深夜流落街頭，苦等搭便車的機會。

詹恩是米契爾手下的食人魚之一，一九九七年初，米契爾請他帶領負責市場業務的整個銷售團隊。詹恩一九六三年在印度齋浦爾（Jaipur）出生，是奉行苦修、拒斥種姓制度、宣揚非暴力的耆那教（Jainism）信徒。上大學時，詹恩愛上一位聰明外向的美女同班同學吉蒂卡・拉納（Geetika Rana），她畢業後不久，全家搬到美國，詹恩追到美國，進入麻省大學研修管理碩士學程，就在研究所裡認識了菲立普。

詹恩瘋迷板球和吸菸（一直到經過一連串催眠治療後，才在一九九九年戒菸），是你提出一個問題時，會問你大約一百萬個問題的人，如果你答不出每一個問題，他會暴跳如雷。他的競爭心理極為強烈，有一次，他們夫婦和堂兄弟夫婦回印度旅遊，到國家公園裡尋找老虎。就在他們要放棄尋找時，他們瞄到一隻老虎，詹恩和堂兄弟拿著錄影機，跳上車頂。詹恩興奮之至，想拍到老虎最棒連續影像的決心也堅定之至，甚至從車頂跳到地上，錄影機目鏡仍然貼著眼睛，人卻向老虎跑過去。

米契爾訓練詹恩多少必須不理會規則。有一次，詹恩希望跟避險基金巨擘老虎管理公司（Tiger Management），進行一筆衍生性金融商品交易，遭到在德國的德銀風險經理拒絕，一位德國經理人通知他，說他計畫和以殘忍聞名的一家美國避險基金，進行一筆巨額複雜交易的計畫「極為不尋常」。這位德國人告訴詹恩，這筆交易必須在執行董事會下次會議中考慮。詹恩對米契爾抱怨說，如果他們等那麼久，機會就會消失，米契爾告訴詹恩繼續進行，完成這筆交易。

米契爾雖然跟食人魚共舞，他最親密的戰友兼朋友還是布羅克斯密特，布羅克斯密特不是掠食動物，他對繁複金融的了解，跟米契爾的親密程度，加上每一個人都知道米契爾最信任他，形成了一種潛在的防禦系統。米契爾和手下在德意志銀行逐漸安定下來時，很清楚他們的德國上司完全不知道他們可以在市場上借錢，自行籌措資金，不必透過傳統的核准管道來請求增加預算。當然，他們借愈多錢，然後在輪盤賭桌上下注愈多錢，等到輪盤圓球滾動的方式對他們不利時，輸掉的錢就會愈多。布羅克斯密特很早就看出這一點，會替每個人的冒險煞車。

布羅克斯密特在德銀的夥伴是馬丁・羅特（Martin Loat），羅特也是負責交易的高階經理人。羅特尊敬布羅克斯密特，原因之一是他和米契爾的關係十分密切，羅特經常請教他如何應付麻煩的客戶。布羅克斯密特的建議通常都相當簡單，要羅特誠實以對。有一次，一位企業客戶向羅特的團隊買了巨量的衍生性金融商品，羅特知道這些交易相當輕率，就請教布羅克斯密特的看法。很快的，布羅克斯密特、羅特和這家企業的高階經理人就開起電話會議，結果發現這家客戶不太了解剛剛購買的東西。通常在銀行業，這種情況好比中了大獎——沒有多少事情會比無知的客戶，更能夠讓交易員爆出更歡欣的大笑。但是布羅克斯密特建議客戶取消交易，還不必負擔任何成本，最後他們就這樣解決了這個狀況。布羅克斯密特告訴羅特，別做「在理智上不道德」的交易，羅特一直都沒有忘記這句至理名言。

這種建議反映了布羅克斯密特在德銀裡角色的演變，這種變化使得將來他碰到德銀迷失方向，多次走上道德上的歧路時，覺得自己應該負責。他仍然是衍生性金融商品奇才和風險專家。但不只如此而已，他還變成德銀投資銀行部門的超我，成為人人仰望能夠發揮限制性影響力的人，而且在這種力量無法發揮作用、問題出現時，能夠協助解決問題的人。評估潛在交易的優缺點時，他不希望聽到這筆交易多好又多好的行銷言詞，而是希望了解交易的本質。他會高興的說：「我們要遵循最基本的原則。」一九九〇年代末期亞洲爆發金融危機時，他親自前往香港，協助德銀的香港團隊恢復一切狀況的控制，評估德銀持有的資產，決定哪些客戶安全無虞，可以繼續生意往來，同時設法擺脫其他一切問題。他讓一些同事想起電影《黑色追緝令》（*Pulp Fiction*）中哈維・凱托（Harvey Keitel）那種狼性——跳進混亂的局面，冷靜、專業、權威的下令清理一切。

布羅克斯密特在充滿壓力的時候，是一種安定力量；在欣喜的時候，則扮演控制性的角色，撫平每一個人的情緒，抽離大家在劇烈波動狀態時的感性。在這個經常出現爆炸性狀況的行業裡，他的節制對德銀和米契爾都很有幫助。

米契爾和太太蘇珊漸行漸遠。一九九七年，蘇珊和子女在英國住了兩年後搬回美國，檯面上的原因是她不想再扮演企業家妻子的角色，不願再陪著丈夫到處旅行，跟陌生人閒聊。米契爾起初常常飛回美國探望家人，他會搭乘噴射客機回去看兒子史考特的籃球賽，或是女兒愛蓮的馬術表演，然後和家人共度周末。星期一一早再搭機飛回歐洲，但是每次回去探親的間隔開始愈拉愈長。

家人離開、周末的閒暇時間增多後，米契爾加入倫敦南邊維斯里（Wisley）的高級高爾夫球俱樂部，周復一周，會在星期六跟德銀的核心同事打三十六洞，星期天再打三十六洞。一起打球的一位同事回憶說：「這是我們釐清事情的時候。」米契爾高爾夫打的不好，卻是氣場很強的賭徒，開始下注時，金額都還可以控制，可能就某人的推桿賭個一百美元之類的，但是接下來卻以級數的方式增加。加倍或不變太普通了，會變得十分無趣，米契爾會設法在附加賭博中安排進一步的附加賭博，每一種安排都附有賭注。等打到第三十六洞時，賭注達到一萬美元或一輛寶馬汽車，也不是什麼稀罕的事情。

米契爾是宇宙之王，卻是孤獨的國王。某個星期六晚上，福洛爾準備替自己的五十歲生日舉行慶生晚會。慶生晚會開始前一小時，門鈴響起，外燴業者正在忙著備餐，福洛爾還沒有洗澡。是米契爾站在門口，福洛爾心想，米契爾「看起來就像站在我家大門台階上的悲傷小男孩」。隨後的一小時，米契爾待在福洛爾家的後院，啜飲著葡萄酒，跟福洛爾的司機閒聊，似乎很高興能夠找到人談話。

一九九七年十一月某個溫暖的晚上，米契爾和菲立普出門喝酒，然後決定到倫敦的騎士橋豪宅區紀比德的家裡坐坐。紀比德的公寓正在大翻修，兩人上門時，他的室內設計師、二十七歲的法國女性艾絲黛兒也在場。艾絲黛兒跟紀比德住在一起，兩人穿著睡衣，正在廚房裡吃剩菜。

米契爾自在的待在紀比德家裡，叫司機去附近的黎巴嫩餐廳買吃的東西回來，然後大家坐在廚房裡一起吃喝。米契爾試著跟長著明亮雙眸和漂亮深褐色頭髮的艾絲黛兒談話，問她「你覺得自己五年後會變成什麼樣子？」艾絲黛兒結結巴巴的說了幾句話，米契爾認為她的腔調簡直迷死人了。

隔天，他打電話到紀比德的公寓給艾絲黛兒，邀她出門一起吃晚餐。艾絲黛兒知道他已婚，又有小孩，年紀比她大多了，還是她僱主的上司，就客氣的拒絕。總是善於推銷的米契爾最後說服她，讓他帶著她和她姐妹，到切爾西的一家義大利餐廳一起吃晚飯。米契爾的生活很快的就改頭換面，開始吸菸、穿起時髦的訂製西裝，他不再刮鬍子，還放任頭髮長長。突然間，他在周末時會不見人影，難得再去維斯里練習打高爾夫——而且早上會稍微晚一點才上班。他的手下竊竊私語，說米契爾一定碰到了什麼狀況，卻不知道是怎麼回事。

一個月後，米契爾上班時，把紀比德拉到一旁，坦白的說：「我必須告訴你一件事，我正在跟艾絲黛兒約會。」

「什麼？」紀比德問道。

「她是我的女朋友。」米契爾說。消息傳到他同事的耳中，不久之後，米契爾開始帶著艾絲黛兒，跟他工作上的家人一起消磨時間。一九九八年初，他們搬到艾絲黛兒在切爾西一條寂靜街道上找到的磚造屋子——屋外花木茂盛的花園遮住了屋子正面，讓路人看不進去，艾絲黛兒裝潢了內部，打造出她所說的「完美愛巢」。

米契爾的婚姻關係仍然存在，他的家人把艾絲黛兒視為淘金客，但是她愛著米契爾，知道他的弱點。除了布羅克斯密特夫婦外，他沒有朋友，只有同事。就這種擁有莫大權力，能夠掌控他人的人而言，這一點相當矛盾——可能反映了米契爾主要是從競爭和專業的角度來看待事情。

米契爾和艾絲黛兒的關係從偶然變成緊密，再變成長期關係。他們在挪威租了一艘帆船，在海灘上烤肉，穿著泳裝，在地中海上的島上騎自行車。認識一周年時，他們飛到威尼斯，住在俯瞰大運河的五星級旅館裡。住進去的第一天早晨，米契爾走上房間的陽台，欣賞壯麗的景色，嘆著氣說：「我從來不知道有錢這麼好。」艾絲黛兒三十歲生日那天，他們前往法國南部，布羅克斯密特和羅特過去參加慶生會，鼻子曬成紅色的米契爾喝醉了，拿出戒指套在艾絲黛兒的手指上。事後布羅克斯密特和羅特把他們的老闆拉到一旁，「夥伴，你不能這樣做」羅特嘮叨著說：「她會誤會的。」

米契爾這位帶著大自然躁動、又無法抑制力量的人間旋風，現在拋棄了家人，從事一場帶有法國風味、衝動、魯莽、又具有破壞性的新冒險。不久之後，他會推動德意志銀行，從事類似的冒險。

第五章　魚鷹計畫

米契爾進入德意志銀行已經兩年，時間夠久，足以讓他了解德銀和這個地方的侷限，斷定不論他僱用多少人、從總行爭取到多少錢，他都不可能獨力建立一家華爾街等級的投資銀行。一九九七年春季，他在改裝成旅館的一座義大利古堡裡，召集大約三十位高階手下舉行高峰會。大家坦誠探討現在的狀況，得出的結論是：要繼續前進，唯一的方法是購買另一家投資銀行。顯示米契爾最初對德國上司的提議——花五十億美元併購，或是花二十億美元大肆挖角——都不完全正確，最好是兩件事情齊頭並進，只是要花的錢高多了。

要併購那一家？米契爾、詹恩和菲立普花了好幾個月的時間評估華爾街最大的幾家投資銀行，包括雷曼兄弟公司、信孚銀行，甚至美林公司的統計數字。一九九八年春季，米契爾向德銀新領袖羅爾夫恩斯特・布羅伊爾（Rolf-Ernst Breuer），提出花大錢購買華爾街一家大銀行的建議。皮膚黝黑、舉止優雅的布羅伊爾最後同意這樣做，捕獵就此開始加速。米契爾團隊將他們的任務定名為「魚鷹計畫」，含意是像魚鷹一樣，用利爪從水中捕魚，不過德意志銀行的捕獵會成功，事後證明只是獵物有毒罷了。

信孚銀行於一九〇六年成立，存活期間大部分時間裡，一直是富人家庭和企業信任的僕人，為他們存儲資金、建構可以讓他們利用稅法漏洞的交易。不過，到了一九八〇年代，信孚銀行對華爾街產生興趣，插手當時流行的融資併購，然後涉入高風險的不動產融資。有一陣子，該行貸給川普一億美元的貸款，這筆貸款是抵押貸款，意思是如果川普不還錢，該行沒有任何擔保品可以求償，結果川普確實就賴債不還。信孚銀行董事長查爾斯・桑福德（Charles Sanford）感嘆的說：「我們承貸這筆貸款時，一定是已經處於腦死狀態。」不久之後，信孚銀行繼續進軍衍生性金融商品這片天地，《華爾街日報》描述該行的策略是「在銀行業務的邊緣釣魚」，也就是針對低等級的客戶，銷售複雜的金融工具。信孚銀行反映當時這一行的流風，變成了媒體寵兒，獲得多項投資銀行業務創新進取獎項。

信孚銀行設定的目標是要挑戰極限，很快的該行就推進的太過分。信孚銀行賣給若干大企業，如寶鹼之流大公司的衍生性金融商品爆出大問題，隨之而來的訴訟揭發了人人懷疑、但任何外人都無法確知的狀況，就是信孚銀行剝削客戶的程度，已經到了駭人聽聞的地步。寶鹼公司在訴訟中提出電話錄音作為罪證，顯示信孚銀行員工在電話中，譏笑寶鹼公司高階經理人「像參加鄉村嘉年華會的農場小男孩」，其他高階經理人都在睡覺；客戶承受的風險已經高到危險的地步，但是（該行）「不能讓這列撈錢列車出軌」，以及極多的其他風言風語。

信孚銀行的下一個天才構想是專注於「新興市場」投資，新興市場指的是經濟熱絡成長、卻沒有什麼防弊或防止金融內爆措施的國家。這套策略順利運作了一、兩年，接著，一九九七年的亞洲金融危機爆發，打趴了信孚銀行剛剛踏進的市場。

到了一九九八年秋季，這家美國第八大、資產一千三百三十三億美元，有兩萬多位員工散布在十幾個國家的信孚銀行，開始分崩離析。但是信孚銀行正是銀行「大到不能倒」的真正體現，負責維護美國金融體系安全的聯邦準備理事會官員，在憂心忡忡之餘，得知德意志銀行一直在美國尋找大型的併購標的。如果聯準會能夠促使德銀接下他們手中的信孚銀行，呃，信孚銀行就再也不是美國人的問題了——或許美國央行官員就是如此盤算。於是一通電話找到了德意志銀行，告訴德銀，如果你們替我們解決這個問題，我們會十分高興。十月，布羅伊爾飛到華盛頓，在旅館房間和信孚銀行執行長見面，討論交易的可能性。

德意志銀行應該看出了未來的問題才是，談判有所進展之際，信孚銀行的一位高階經理人，向德銀頂級高階經理人兼米契爾的上司喬伊・艾克曼（Joe Ackermann）吹噓說：「我們已經不需要再增加客戶了。」他的意思是信孚銀行的交易員高明之至，光是用信孚銀行自己的資金在市場上操作，就可以賺到盤滿缽滿，不需要再手忙腳亂的從事代客執行交易，賺取微薄利潤的老套業務。這一點顯然很不正確，因為信孚銀行會淪落到如此不堪的地步，主要原因就是該行交易員一再出亂子。但是，即使這番話正確無誤，這也不是安全或永續經營銀行的方法。艾克曼後來會後悔當初錯失這麼鮮明的警訊。

包括詹恩在內的德意志銀行內部高階經理人都警告米契爾說，信孚銀行是三流銀行，旗下有很多三流員工，管理、財務和會計方面的黑洞深不可測。詹恩表示，他寧可併購雷曼兄弟公司之類比較保守、又備受尊敬的投資銀行。

信孚銀行併購案的謠言傳播開來，布羅伊爾在華盛頓旅館開會之後兩星期，《金融時報》報導談判正在進行的消息，這篇報導引發信孚銀行股價反彈——對德意志銀行而言，這是壞消息，因為這樣會害潛在的併購價格變的更貴。但是，幾天後，一位德國記者問布羅伊爾，德銀是否涉及併購談判時，布羅伊爾否認德銀正在推動什麼事情，他說：「在這一行，每個人都會互相談判，但是沒有和併購有關的談判。」他說的謊話造成信孚銀行股價暴跌。因此甚至在交易完成前，德意志銀行和信孚銀行之間的來往，就是建立在欺騙的基礎上。

感恩節後的那個星期——德銀買下摩根建富銀行和赫爾豪森遭到暗殺的九年後，德意志銀行同意以大約一百億美元的價碼買下信孚銀行。

不過，首先要上場的是，德銀必須對歷史進行一番清算。二次大戰結束已經超過五十年，德銀對自己出資協助大屠殺的事情，卻還沒有說清楚、講明白，且持續爭辯，主張基本上自己是遭納粹利用的受害者。紐約市主計長艾倫・賀維西（Alan Hevesi）發出威脅，表示除非德銀承認罪行，否則他要阻止信孚銀行的併購案。這項威脅足以撬開德銀極為龐大、總共有將近十公里長的檔案架儲存空間。秘密源源流出，把德銀是無辜旁觀者的神話一筆勾消。證實了德銀曾經融資奧許維茲集中營、曾經為蓋世太保提供服務，曾經代銷納粹偷來的黃金。布羅伊爾發出道歉聲明，表示：「我願意重申，我們為苦難和不公不義的遭遇深感抱歉，我們承認本行的倫理道德責任。」

這番話足以促成這筆交易獲得批准，卻也徹底改造了德意志銀行的樣貌。德銀併購信孚銀行前，該行的全部獲利中，有二九％來自市場與投資銀行部門，兩年後，這個比率變成八五％，而且其中大部分利潤現在都來自衍生性金融商品，顯示原本屬於信孚銀行的這種特色，現在變成了德意志銀行的特色。德銀不再是以服務歐洲客戶為主業的德國大銀行，權力已經永遠移轉到投資銀行事業上了。最高經營階層之間，應該也不會再爭辯是否應該繼續在華爾街爭雄的問題了。

第六章　川普的御用銀行家

很多年後，德意志銀行高階經理人檢視殘骸時，會回顧過去，設法釐清他們淪落到這種困境的原因，結果證明併購信孚銀行的交易是個重大錯誤，為德銀添加了堆積如山的衍生性金融商品，以及魯莽、是非不分的文化。和川普的關係看來像是另一個重大錯誤。德意志銀行的高階經理人會語帶嘲諷的說，最初跟川普建立關係的人一定有著某種腦傷。

這是玩笑話，卻也有幾分真實。

麥克．歐費特（Mike Offit）在紐約市長大，身邊都是聰明又野心勃勃的贏家。他父親席尼．歐費特是知名作家，跟寇特．馮內果（Kurt Vonnegut）和其他文壇巨匠關係密切。他母親阿沃達（Avodah）是知名精神科醫生和性治療師。祖父是全國聞名的巴爾的摩組頭，祖母在紐約上東城擁有一棟公寓建築，歐費特的爸爸偶爾會帶著他，去和承租戶打交道和監督房屋修理事宜。他哥哥肯尼斯後來會變成舉世聞名的腫瘤學家和遺傳學家。

歐費特從布朗大學畢業後，在媽媽病人開的廣告公司裡，找到一份周薪三百美元、不是他想像中想做的小差使。有一天，一位在紐約商業交易所（New York Mercantile Exchange）當交易員的朋友打電話來，問他想不想快速賺一點外快？這位交易員對白金價格短期走勢略有所知，歐費特只要說出應有的答案，他的好朋友就會把他拉進去。歐費特說想。幾分鐘後，朋友打電話回來，這筆交易已經賺了九百美元——等於歐費特三個星期的薪水。

當時二十一歲的歐費特便決定要到紐約商業交易所工作，結果證明任何人都可以去那裡工作——你只需要拿出幾百美元，「租」一個會員資格就可以了，歐費特就是這樣做。交易廳的狀況很亂，長得矮小的歐費特多次被別人踩到，腳背有兩次遭到踩碎，另一次則是下巴撞裂。但是歐費特發現，交易本身相當簡單，就是買低賣高而已。幾十年後，歐費特寫到紐約商業交易所的事情時，寫道：「這是進價和出價、贏家和輸家元素構成的世界。」歐費特是贏家，賺到的金額十分豐厚，足以彌補身體上所受到的傷害。

一九八〇年代初期，歐費特進入哥倫比亞商學所進修，他的新志向是要當華爾街老牌公司的交易員。他的堂兄摩里斯·歐費特（Morris Offit）是著名的紐約銀行家，跟高盛公司高階經理人魯賓熟識，就替他牽線，安排了求職面談的機會。歐費特在高盛的候見室裡坐了幾個小時，等待魯賓露面。等到魯賓終於現身時，卻劈頭就問了一個意在潑冷水的直率問題：「你到底要幹嘛？」歐費特本來就脾氣火爆（他曾經威脅要拿木製椅子砸碎同事的頭），又不滿為了等待魯賓，浪費了一整天的時間，考慮片刻後就表明：「我要離開。」然後就踏著大步，離開這棟建築。

一九八三年時，歐費特在第一波士頓公司這家投資銀行找到工作，專門交易新興的房貸抵押擔保債券，幾年後，接管第一波士頓的房貸抵押擔保債券交易部門。一九九三年，高盛顯然已經原諒他對魯賓的無禮行為，僱用他到高盛，繼續交易房貸抵押擔保證券。史蒂芬．梅努欽（Steven Mnuchin）是他在高盛的上司之一，梅努欽是書呆子，歐費特覺得他難以理解。梅努欽很快就僱用了一位名叫賈斯汀．甘迺迪（Justin Kennedy）的新人，是加州出身的不動產奇才。

甘迺迪從史丹佛大學畢業、拿到經濟學學位後，就直接跳進不動產業。當時市場上到處都是機會，甘迺迪在美國西部大買房地產，他的強項是加州和科羅拉多州的大型社區開發。有一陣子他曾經自誇，自己曾經設法買下了科羅拉多泉（Colorado Springs）一大部分的商業不動產。他的事業順利運行了一陣子，但是他過度擴張，然後波斯灣戰爭爆發，造成市場急轉直下，他知道自己陷入深淵，他的投資人收回了資金，但這也是人之常情。現在他需要一個真正的工作。

就算他在不動產事業上經營失敗，至少還擁有一項強而有力的資產，就是他的家人。他父親安東尼・甘迺迪曾於一九八八年出任美國最高法院大法官，因而替兒子打開了很多門路。小甘迺迪在艾斯本滑雪時，會和很多億萬富豪和川普之流、自稱億萬富豪的人廝混在一起，結果他得到跟梅努欽求職面談的機會，因而成為高盛公司歐費特團隊的一員。歐費特後來回憶說：「我認為他具有成為優秀交易員的傲慢和頭腦。」歐費特覺得甘迺迪很古怪，卻也很聰明，他們會設計一些小遊戲，好在交易廳中玩，炫耀自己的才智。甘迺迪會在其中一項遊戲中，說出晦澀不明的字詞，猜出其中意義的人會贏得一大把鈔票。

這樣的比賽很有趣，卻不像一九九〇年代中期的市場大起大落那麼刺激。歐費特和甘迺迪的團隊有賺到錢，只是工作時間很長，壓力又破表。歐費特偶爾會想到，自己會不會工作到死而後已。一九九六年一月，半個世紀以來最嚴重的暴風雪侵襲紐約市，把這個城市埋在將近一公尺深的積雪裡，歐費特染上了重感冒，卻沒有放慢工作，仍然每天早上六點出門，踏雪尋路。他的感冒變成了耳朵感染，卻仍然堅持不懈，他太自傲了，不肯向小毛病屈服

大風雪後幾星期，他在高盛的交易廳裡，前一刻還在交易，下一刻就倒下來，仰躺在地上，幾乎睜不開眼睛，更別說站起來了，還覺得天旋地轉。同事和救護人員圍著他，一位急救

醫護人員在他耳邊輕聲說：「你心臟病發作了。」他告訴歐費特，他要直接在歐費特的心臟上注射一劑腎上腺素。歐費特說不行，醫護人員說：「那你就死定了。」歐費特十分倔強，又是訓練有素的賭徒，他賭急救人員判斷錯誤。

到了醫院後，他還活著，卻仍然因為暈眩造成的虛弱，而睜不開眼睛，也得知自己的心臟沒有問題。問題在於他的耳部感染引發免疫系統的攻擊，損害了他的神經系統，迫使他的腦部陷入危險的過度運作、以便補償的狀態（甘迺迪在佛羅里達州度假，接到電話，說他的上司瀕臨死亡，因而急忙趕回紐約。）

歐費特因為長期失能，在醫院裡住了好多個月。他的短期記憶受損。他恢復平衡感後，會冒險出門買貝果，然後忘了自己要去那裡、或是剛剛在什麼地方。他必須在手腕上貼一張紙，上面列出他家的地址和目的地。他不可能去工作，卻努力設法參與工作，他會躺在所住公寓黑暗的房間裡，用麥克風電話打給甘迺迪下交易指令。歐費特的大部分認知功能緩慢恢復，卻永遠不可能和以前一樣了。幾十年後，偶爾發作的暈眩仍然會造成他失能，說話時偶爾還會陷入結結巴巴的狀態，研判別人變的很困難；分辨微妙的差異和判斷細節時，必須極力聚精會神，卻並非總是能夠如願。應付高盛交易廳裡喧鬧、騷動的場面變得難上加難。更糟糕的是，高盛在一九九七年初通知他，說他不能得到完整的獎金，因為他錯過了太多的工作。歐費特十分火大的把罪怪在一個人頭上，二十多年後，他還會怒氣沖沖的說：「梅努欽惡搞我。」

機緣湊巧以德意志銀行的形式出現，這時德意志銀行還沒有簽訂併購信孚銀行的協議。米契爾希望在美國建立一個創造和買賣債券的部門，已經聘請幾位高盛的經理人帶頭攻擊。基本上，其中一位名叫凱文・應格蘭（Kevin Ingram）的人，可以說是拿到了一張空白支票，可以隨意擴展商業不動產部門。應格蘭聯絡歐費特，歐費特對於到新銀行重起爐灶興趣缺缺，但是他在高盛的職業生涯顯然已經化為流水，應格蘭高傲的推銷說詞：「我們來好好修理、修理高盛」又很有吸引力，尤其是在梅努欽忘恩負義的作法下，這種說法聽起來相當悅耳。

應格蘭請歐費特主持商業不動產抵押貸款部門，負責承作貸款、把多筆貸款綁在一起，變成債券，然後再負責銷售和交易（這些貸款金額十分龐大，意在融通興建計畫和購買大樓，而非融通日常的住宅貸款。）德銀最近才在德國購物中心大亨許奈德的巨額詐貸案中受傷，因此米契爾所說黑暗勢力所在的法蘭克福監督者，對於歐費特現在希望在德銀的資產負債表上，增添大量類似的商業不動產貸款，不會很有興趣。一位戴著單眼眼鏡的高階經理人告誡歐費特，說他看來不了解：對銀行帳來說，即使是短期，保有抵押貸款都是有風險的事情，因此不是個好主意。歐費特頂撞說，銀行的整體意義就是要藉著借錢給顧客來冒險、冒精明、可以量化、可以管理的風險，但是這種風險還是風險。

高盛的人馬相繼離開，原因是無法放棄他們在華爾街隨心所欲的經驗，適應德銀像糖蜜一樣黏稠的制衡。應格蘭的上司保羅．賈可布森（Paul Jacobson）於一九九七年年底離職，隔年市場慘跌，應格蘭的交易大量失血，米契爾把他趕走。*歐費特和他新近僱用的甘迺迪變成僅存的高盛舊人，現在他們少了保護者，擺在他們和失業之間的唯一屏障，是確保財源滾滾流入。實際情形就是這樣，每個月有數以千萬美元計算的營收，從歐費特先前建立的貸款證券化機器中流進來，他獲得擢升，變成董事總經理兼投資銀行商業不動產部門首腦（還升級到兩層樓的巨大辦公室）。甘迺迪也獲得擢升。他父親偶爾會到德銀的辦公室來，小小的擁抱歐費特一下，感謝他對他兒子多加照顧。

歐費特和甘迺迪之所以能夠成功，原因之一是德銀樂於承貸其他老牌銀行拒絕碰觸的建案。歐費特對自己評估不動產交易案優缺點的能力信心十足，這一點有一部分肇因於他小時候，觀察爸爸管理他祖母上東城公寓建築的經驗，而且在這種邊緣的地方，有很多錢可賺。

一九九八年的某一天，一位不動產仲介打電話給歐費特，問他：「你願意貸款給川普

---

* 多年後，應格蘭因為涉嫌洗錢和在佛羅里達州的軍火交易詐騙案而遭到逮捕，他認了洗錢罪，獲判入獄十八個月。

嗎？」當時川普是賭場大亨，以偶爾在演藝事業中胡鬧幾番、以及斷斷續續和黑幫打交道聞名。他也是賴債不還的人，他融資興建大西洋城賭場的多筆貸款違約，又在其他建案中，不付錢給放款金主、包商和事業夥伴。不少銀行都栽在川普手上，承受數億美元的損失，這些銀行包括花旗集團、摩根信託銀行前身的漢華銀行（Manufacturers Hanover）、英國的西敏國民銀行（NatWest），當然還包括信孚銀行。老牌銀行對華爾街聞名的「川普風險」都存著戒慎恐懼的心理。二〇一三年，華爾街一位資深銀行家告訴新聞記者威廉・柯恩（William Cohan），說：「房地產業中有些人極為難纏，但仍然信守合約文字，會在合約文字中儘量擴大解釋。川普卻是不見得會遵守合約文字的人。」

連川普的朋友都會退避三舍，避免貸款給他。川普曾經找上貝爾斯登公司（Bear Stearns）的一位銀行家，想貸款一億五千萬美元。這位銀行家知道川普是自己公司高階經理人愛司・葛林柏格（Ace Greenberg）的好朋友，因此同意跟川普見面。川普的說詞不算糟糕，但是，要跟有賴債不還傾向的馬戲團吆喝觀眾進場的人做生意，就不是很有吸引力的好主意了。會議結束後，這位銀行家不再回川普的電話，心想他應該會懂得其中的意思，自己離開。川普並沒有看出這種意味，反而找葛林柏格出去吃早餐，跟他抱怨他打的電話得不到回話。那天早上，葛林柏格進到辦公室，斥責那位銀行家忽視川普，叫他自己去解決問題。那位銀行家回答說：「長官，這個問題很容易解決，我們只要借給他一億五千萬美元就解決了！」

葛林柏格承認：「我們不能這樣做，問題出在川普，你只要把問題推掉就好。」這位銀行家想了一想，想出一個計畫，就打電話給川普，劈頭就說：「我要為避不回話跟你道歉，我們不能辦理這個案子。」川普問為什麼。這位銀行家回答說：「因為葛林柏格不希望這樣做。」川普抗議說，他和葛林柏格是朋友——事實上，他們那天早上才一起吃早餐。

「川普老哥，別誤會了這件事，」這位銀行家說出預先練習過的答案。「葛林柏格非常喜歡你，他不希望接這個案子的原因是：這個世界上，只有四個人是他不希望交手的對象，就是比爾・蓋茲、華倫・巴菲特、亨利・克拉維斯（Henry Kravis）和你。」這個計策非常有效，川普認可了這句話，說道：「我可以了解這一點。」

實際上，這時唯一會對川普提供金援的人是他爸爸福瑞德・川普，他曾經借給他寶貝兒子幾千萬美元，拯救他兒子多家搖搖欲墜的企業。

這些事情沒有一件讓歐費特覺得困擾，他認為，大銀行經常都太保守。他告訴不動產經紀商庫柏賀洛維茲公司（Cooper Horowitz），說如果川普有什麼可行的計畫，德銀會樂於考慮（多年來，甘迺迪和川普在社交和房地產圈子裡一起廝混，建立的因果關係沒有構成傷害。）庫柏賀洛維茲公司的仲介打電話來幾天後，歐費特人在曼哈頓中城，坐在紐約現代藝術博物館對街德銀大樓自己的辦公室裡時，他的秘書打電話給他，興奮的低聲說：「川普在會議室裡等你。」

歐費特急急走進會議室，預期會看到一大堆人馬，卻發現只有川普一個人在。川普對歐費特和他的家人做了功課，包括知道他哥哥是頂尖腫瘤學家。川普拍馬屁的說：「你的基因真是超級優秀。」然後解釋他的來意是：希望申貸一筆貸款，作為更新華爾街四十號大樓的資金，這棟大樓是裝飾藝術時期的傑作，一九三〇年興建時，曾經力爭世界最高建築物的美名（最後，紐約的克萊斯勒大樓奪得皇冠。）川普幾年前買下華爾街四十號這棟建築物，但是這棟有著石灰岩正面和明顯歌德式尖頂的大樓，因為先前的整修半途而廢，大致上一直處於一片混亂的空置狀態中。川普仔細對歐費特說明他得知的建議規畫，對細節的掌握十分深入。說明這裡需要多少扇窗戶，要花多少錢；這裡我們需要多少鋼鐵等等。歐費特深感動容，大部分不動產大亨都把細節交給屬下負責，以吹牛專家和倒閉聞名的川普卻記得所有事情。

歐費特同意貸給川普一億二千五百萬美元，川普看起來感激的五體投地，高興的向歐費特報告，說其他銀行聽說德銀樂於跟川普打交道的消息後，現在都跟他聯絡，得了可怕的「錯失恐懼」症候群。川普向歐費特保證，他因為忠於新朋友，已經拒絕所有的追求者。川普承諾：「我們要一起做很多生意。」歐費特希望他說對了。

歐費特為了確認他們的關係，訂製了華爾街四十號的詳細比例模型，配上裝飾性的青銅屋頂，模型基座上放了一塊閃閃發亮的牌子，列出這筆一億二千五百萬美元交易的細節，加上德意志銀行和川普機構的名稱和標誌。兩家公司的關係現在刻在黃金薄板、或至少是金色的金屬薄板上。歐費特把一座模型送給川普，自己保留另一座。*

一億二千五百萬美元的貸款甚至還沒有完成，川普就又找上歐費特，提出貸更多款的請求。他希望在聯合國總部對面的街上，興建一棟樓高六十八層、用深色玻璃包覆的摩天住宅大樓。這筆貸款看來麻煩多了，首先是金額加倍，川普希望貸款三億美元。同時這筆貸款是從頭開始、平地起高樓的建案，不是既有建築物的整修案。因為這種貸款帶有額外的風險——建案可能延誤或出問題，導致建商違約，銀行落的兩手空空——因此銀行會嚴密審查。德銀沒有貸放建築貸款的經驗，因此歐費特想出聯貸的解決方法，由德銀和另一家有相關經驗的德國銀行聯手，協助承作這種貸款。

這筆交易金額很大，又非常複雜，因此需要德銀執行董事會的批准，歐費特因而飛到德國

* 沒過多久，川普就把華爾街四十號的頂樓空中別墅，租給俄羅斯出生的罪犯菲力斯・沙特（Felix Sater）。隨後的一、二十年裡，沙特和川普的公司密切合作，包括設法安排在二〇一五年到二〇一六年間，在莫斯科興建以川普為名的高樓大廈。

去說明。他火大的對同事說，走這一趟實在太浪費時間和精力了，德國佬只是試圖展現出他們才是掌控大局的人，而且他們實在是太不精明了，甚至無法了解這筆交易的優點和速度的必要性。「歐費特討厭法蘭克福那幫人」，不動產部門的高階經理人喬恩．魏卡羅（Jon Vaccaro）回憶說：「沒有橡皮圖章之類的事情」讓歐費特氣壞了，幸好執行董事會批准了貸款，讓歐費特鬆了一口氣。唯一的警告是和德銀聯手的德國銀行，擔心參與建案施工的工會有可能罷工的風險——這種事情在營建業中並不罕見。歐費特把這項憂慮告訴了川普，幾天後，川普回到歐費特的辦公室，拿來一封旗下有工人要參與施工的工會領袖簽名信函，信中承諾不會罷工。歐費特大吃一驚，因為工會向來難得片面放棄罷工權。

「你是怎麼辦到的？」他問川普。

「別問比較好。」川普嘻嘻笑著說。歐費特心想川普是不是賄賂了工會領袖，但是他接受川普的建議，沒有再問，他不知道的事情不會妨礙德銀從這筆交易中，收到七百五十萬美元的費用。

川普高興極了，帶著歐費特去打高爾夫，也帶他去大西洋城，還和拳王依凡德．何利菲德（Evander Holyfield）共進晚餐。歐費特安排自己的父親拜訪德銀辦公室，和川普見面，他父親後來送給川普有他親筆簽名的回憶錄。川普用專用信函發來一封感謝函，極力稱道說：

「順便要說的是，令郎十分偉大！」川普曾經去歐費特家拜訪過一次，想遊說他和太太黛拉．蜜雪兒，跟川普一起坐川普的直升機到大西洋城去玩，遭到黛拉拒絕，黛拉是蘇富比公司（Sotheby's）的藝術品高級業務員，最近才在曼哈頓的一場募款餐會中，熬過坐在川普旁邊一個晚上的經驗，不希望急著重複這種經驗。

川普很快就把一張規劃中的川普世界大樓逼真的透視圖送來給歐費特。這棟高樓大廈一旦完工，會變成籠罩著聯合國總部的深色龐然大物。不過，在這張圖中，這棟大樓沐浴在金色的陽光中，俯瞰中城的每一棟摩天大樓（有兩年的時間裡，這棟建築物保有世界最高住宅大樓的美名）。川普在這張圖的右下角，用黑色的夏筆牌（Sharpie）名筆寫道：「致麥克——感謝你的所有協助——你是超級好朋友—唐納」。

德銀一頭栽進未來會嚴重影響該行——和全世界的關係後，貸出了更多的款項。但是即使德銀能夠預測未來，它渴望成長和追求富有美國客戶的心願，也很可能變成王牌，呃，壓倒任何擔憂。

歐費特不會在德銀再待多久，他不斷跟米契爾起衝突，這不是在德銀久留之道。米契爾常常聽到德國上司的牢騷，說他們坐立不安，擔心歐費特的巨額不動產貸款投資組合不斷膨脹，已經成長到七十億美元上下。從歐費特的角度來看，德銀似乎沒有一個人懂得他必須貸放很多巨額貸款，德銀才能把這些貸款包裝起來，變成證券，然後賣給投資人——基本上，這樣是把一大串抵押貸款結合成一種資產，資產報酬率視貸款人是否償還貸款而定。這種過程的第一步是創造大量抵押貸款，歐費特的團隊就是在做這件事。歐費特氣急敗壞的告訴米契爾，「我覺得自己像在家具廠裡工作，老闆卻說，『我們要這些狗屁木頭幹什麼？』」

米契爾極為渴望擁抱風險、又極為樂意不理會德國發來的指令，但是在這個罕見的狀況中，米契爾卻扮演了男童軍的角色。他檢視了歐費特七十億美元的貸款組合，發現歐費特非正式的承諾要承貸三億美元，作為再融通貸款，協助川普搖搖欲墜的大西洋城賭場川普碼頭大飯店（Trump Marina），文書作業看來好像已經完成，但是米契爾覺得有些懷疑，他從來沒有尊敬過川普，還告訴屬下，說川普是小丑。於是，米契爾把在文件上簽名的信用查核人員叫來查問，信用查核人員說，他從來沒有核准過這筆貸款承諾，更不用說在文件上簽名了。

米契爾沒有指控歐費特偽造簽名，卻希望他離開，一九九八年下半，歐費特在一次短暫卻嚴重的金融市場危機中，蒙受多筆損失後，米契爾放他走人。歐費特認為，自己是米契爾超大野心的受害者。不論如何，歐費特都跟川普建立了牢不可拔的關係，即使他離開了，也不會破壞這層關係，原因之一是甘迺迪還會再留在德銀十年之久。

第七章　洪流滾滾

米契爾解雇歐費特的時候，同時也為旗下數百位員工安排了一次公司靜修之旅，前往義大利阿爾卑斯山脈山腳下，一座能俯瞰馬焦雷湖（Lake Maggiore）的豪華度假村。這些銀行家先飛到米蘭，然後由一大隊賓士轎車將他們載上山。

第一天晚上，他們在旅館的活動中心舉辦一場慶祝晚會。高階經理人馬克・葉洛普（Mark Yallop）走上台，大聲說道：「各位女士、各位先生，我要向你們介紹艾德森・米契爾為大家表演！」一位留著細髮辮的矮個子黑人大踏步走上舞台，他是加勒比海地區出身的雷鬼歌手……艾德森・米契爾（藝名阿扎姆）。葉洛普請這位歌手遠涉重洋、飛到歐洲來。台下觀眾爆笑如雷，銀行家艾德森・米契爾似乎不知所措了片刻，然後哈哈大笑。音樂家米契爾賣力演出時，大家也在會場上歡欣起舞。

隨後一年半，德意志銀行業務興隆——米契爾手下的團隊大放異彩，慶祝他們新近獲得的影響力。

米契爾總是將競爭力發揮的淋漓盡致，但是同事開始注意到，他把整體情勢提升到一個全新的水準。他得知德國大型銀行法蘭克福德國商業銀行（Commerzbank）試圖挖走他的若干手下時，使出的報復手段是切斷德銀和這家較小銀行的交易線路，這樣做等於是切斷德國商業銀行跟全球一大部分金融體系的聯繫，這種核彈級的作法有可能危害一家重要的銀行。德國商業銀行董事長不滿地說：「這種幼稚園般的態度，有失專業人員的身分。」他舉辦的一項公司活動或許更能說明實際狀況。有一次，他安排公司員工前往百慕達參加員工帆船賽。他請了一位美國盃划船選手擔任他的帆船船長，結果這位選手醉到無法參賽，米契爾的船遙遙落在後面。於是他就發動船上的引擎前進，超越所有船艇率先穿越終點線。

二〇〇〇年二月某個星期天晚上，米契爾接到德銀實質執行長布羅伊爾的電話，告訴他一個大消息，德銀計畫跟德國第二大銀行德利銀行（Dresdner Bank）合併。布羅伊爾告訴他，這項交易會在星期二宣布。米契爾不喜歡遭到這種消息的突襲，而且他和同事擔心德國籍銀行家湧入，會稀釋他們在德意志銀行的權力，尤其是德利銀行擁有龐大的投資銀行業務，跟米契爾建立的事業重疊。

兩天後，米契爾在自己位於切爾西的家中召集同事開會。他已經排定隔天早上飛往法蘭克福參加跟這筆交易有關的記者會，如果他參加，代表德銀在倫敦的銀行家接受這筆交易。這些人灌了好多瓶酒下去，愈喝愈醉，也愈來愈生氣，表示他們不想參與德國人搞的這場交易。

米契爾的上司艾克曼於一九九六年加入德意志銀行。艾克曼是瑞士人，說的一口流利德文，但是他和這群美國交易員比較親，跟他們古板的德國上級比較不親。那天晚上，米契爾用汽車電話聯絡艾克曼，說他和手下都反對德利銀行的併購案，警告艾克曼說：「老兄，請不要低估這件事會變的多困難。」米契爾威脅說，如果這筆交易完成，他就要辭職；反之，如果艾克曼幫忙打消這筆交易，那麼艾克曼追求出任德銀的下任執行長時，一定會獲得米契爾這群人的支持。隔天，米契爾缺席法蘭克福的記者會，反而去維斯里打了三十六洞的高爾夫球。

米契爾的訊息傳到了，跟德利銀行的交易很快就破裂，消息傳到德銀的倫敦辦公室時，歡欣鼓舞的聲浪淹沒了整個交易廳。這是個極為重要的轉捩點，布羅伊爾失去手下投資銀行家的尊敬，現在這些銀行家知道自己可以發號施令了，他們不再有恐懼心理或自制心，米契爾的團隊已經攀上世界頂峰，而且他們深刻理解這點。

米契爾和布羅克斯密特的關係比任何人都親近，只有艾絲黛兒例外。有幾個夜裡，布羅克斯密特夫婦會驚異的聽到有人敲門。門外站著米契爾，他的保時捷汽車停在街道上，問他們晚餐吃什麼。艾拉起初不贊成米契爾和艾絲黛兒的戀情，後來卻變成願意容忍這種狀況。兩對伴侶一起度假，住在米契爾和艾絲黛兒在瑞士度假勝地格斯塔德（Gstaad）買下的滑雪小屋。

艾拉熱心的融入倫敦藝術圈和博物館，上很多課，沈迷於法蘭西斯．培根（Francis Bacon）和盧西恩．弗洛依德（Lucian Freud）的作品之中。她曾經設法把他們的天才，融入自己的畫作裡。然而，布羅克斯密特沒有她那麼精力充沛，他的工作同時讓人不知所措又無趣，他再度覺得自己忽略了女兒，也覺得自己筋疲力盡，還認為德意志銀行已經極為壯大，不管他怎麼做，都不會有任何影響了。二〇〇〇年八月，他決定退休，這是他在五年內第二次做出這樣的決定。米契爾懇求他留下來，為了打動他，還試圖說他是德銀的龍骨，可以防止這艘大船往錯誤的方向偏離太遠，讓他左右為難，但是他最終還是認定自己必須退出，卻同意先離開幾個月。他告訴困惑的同事，說他希望跟家人在一起、研究莎士比亞，同時到食物救濟站當義工。

對若干同事來說，布羅克斯密特退休的事實變成了一種模式，顯示他難以應付壓力，也顯示他在冷靜的外表下，其實相當脆弱。聖誕節還沒到，布羅克斯密特和艾拉就把東西打包好，搬回紐約去了。

米契爾現在已經成為德銀最高階的經理人之一，大部分時間都花在交通上，在亞洲和拉丁美洲的德銀據點之間奔波，視察剛剛起飛的衍生性金融商品交易業務。他已經走過漫漫長路，從門衛的兒子和戴克斯特養雞場員工翻身蛻變。他在德銀任職的五年期間，大約賺到了五千萬美元，美國式的薪酬待遇傳到泰晤士河河岸，全倫敦的銀行家都感謝米契爾帶來的薪資膨脹效果，現在他準備搖身一變，變成有史以來歐洲銀行界最高階的美國人。

但是，雖然米契爾成就斐然，卻一再和災難擦身而過。二〇〇〇年夏天的某一個下午，他和艾絲黛兒在緬因州的海濱野餐。他注意到自己那艘小船並沒有正確的繫泊在附近的碼頭上，反而被退潮吸進大西洋中。他跳進浪裡，想把小船救回來。他拚命游泳，小船卻加速飄走。他是從來都不接受失敗的人，因此他愈發加力的游動，幾乎到了在冰冷的水上飄掠而過的程度。到了某一刻，才發現他驚人的速度不是體能發揮的結果，而是因為陷入激流湧浪。一位捕龍蝦的漁夫看到海上有一個筋疲力盡，手臂胡亂擺動的人，才把他救上來，否則的話，米契爾應該已經淹死了。

一九九五年米契爾加入德意志銀行時，七十%的投資銀行業務都出自德國境內，到了二〇〇〇年，這個比率已經逆轉。這年六月，米契爾和菲立普獲得擢升，成為執行董事會成員

——是有史以來第一批進入這個封閉之至執行董事會的美國人。兩人決心推動執行董事會現代化，就把每星期的會議，改成星期視訊會議。執行董事會有個傳統，就是由不同的執行董事擔任每次會議的秘書，負責筆記，然後打成會議記錄。輪到菲立普擔任秘書時，他刻意把筆記記的無法辨認，從此以後，執行董事會才請了一位負責作筆記的專業秘書。

米契爾認定，如果要從更廣大的範圍，把德銀改造成華爾街業者，好讓他留名後世和拓展他的帝國，現在正是把焦點放在德銀其他部門的時候。例如，德銀的零售銀行和財富管理業務亂成一團，因此執行董事會指派菲立普負責進行整頓——這件事顯示，米契爾的魔力已經籠罩整個德意志銀行。二〇〇〇年九月，艾克曼受命擔任執行董事會議長（基本上就是執行長），這件事有一部分要歸功於米契爾所掌控派系的支持。艾克曼還要再經過兩年才會接任這份工作，但是他的晉升表示米契爾的手下可以高升，米契爾告訴手下，說他們都應該預期自己在近期內會升職。

整個過程中，米契爾都忍不住要炫耀自己的成就。有一天，他碰到美林公司罕見的衍生性金融商品奇才福雷維歐·巴特曼（Flavio Bartmann）。米契爾當初要把他挖角到德意志銀行，卻沒有成功，當時巴特曼曾經警告米契爾，他絕不可能把這間昏昏欲睡的德國銀行，變成華爾街的強大主力。米契爾洋洋得意的告訴巴特曼：「老兄，你當初錯的太離譜了。」

總而言之，米契爾就是這樣的人。他把德銀看成達成目的的手段，是他成就雄心壯志和戰勝逆境的工具。現在他的任務可以說已經完成，不過他最好的朋友已經離開，這讓他再度陷入焦慮不安。二〇〇〇年聖誕節前幾個星期，米契爾請獵才專家福洛爾來見面。德銀倫敦總部最近搬進一棟淺棕色的現代建築裡，這棟以現代藝術裝飾的大樓，大約容納了一萬個員工。兩人坐在米契爾位在交易廳附近的辦公室，牆上掛著家人的照片。米契爾抽著萬寶路香菸，煙霧在冬天的陽光裡裊裊上升，邊吃著三明治。對面街上是古羅馬人所建的倫敦城牆遺跡，千百年來，這些斷垣殘壁提醒世人，無論全球帝國看起來多麼所向無敵，帝國領袖對自己的優越性有多麼篤定，通常都會因為過度擴張，而在歷史中消失。

米契爾告訴福洛爾，他聽說歐尼爾即將接任美林公司總裁。他斷言：「我比歐尼爾更好，那個職位應該由我來當。」福洛爾覺得困惑，卻沈默不語。米契爾繼續說著：「那個職位應該由我來接，如果你在自己的工作上有幾分斤兩，你應該設法去找大衛·柯曼斯基（David H. Komansky）。」柯曼斯基是美林董事長兼執行長，控制遴選過程。於是福洛爾安排好，要在新年開年後不久，跟柯曼斯基坐下來談。

第八章 末日已近

二〇〇〇年十二月二十一日，米契爾在倫敦的德意志銀行聖誕晚會上滿場遊走。晚會在海德公園對面的格羅文納宮大飯店（Grosvenor House）舉行，這是必須穿半正式禮服出席，預期會進行到深夜的狂歡聚會。

四十七歲的米契爾已經成為業界名人，他成名的原因很多，包括善於鼓舞人心、志向遠大、躁進精神、以及在娛樂員工方面樂於花超多的大錢。現在每年冬天的聖誕節重頭戲都要勝過前一年，這種趨勢可以回溯到幾年前一次低調的晚會，當時米契爾的評語是參加的年輕美女不夠多。隔年聖誕節，有人從兩家「辦活動機構」中，請了幾十位年輕美女來熱場。她們的短短黑洋裝上都別著小小的藍絲帶，好跟女職員或員工的太太區別開來（這種兩全其美的作法令人印象深刻，不但列入倫敦金融業歷來最好的晚會清單中，還考慮到不讓德銀遭到性別歧視的訴訟）。今年卻有謠言流傳，說貴賓室裡為德銀的董事總經理們準備了很多伴遊女郎。

米契爾和艾絲黛兒一起進場，米契爾穿著燕尾服，看起來生氣勃勃，鬍鬚刮的乾乾淨淨、頭髮也分邊的清清爽爽；穿著黑色削肩晚禮服的艾絲黛兒小鳥依人——這不是她第一次參加半正式的活動。兩個人擺出姿勢讓人拍照：艾絲黛兒一隻手掛在他的肩膀上，另一隻手貼心的貼在他的胸口上，笑的無比親切。米契爾走上台，向一千五百多位銀行家講話時，電影《不可能的任務》主題歌聲轟然響起。他發表了深具個人特色、鼓舞人心的談話，為大家打氣，說大家剛剛結束了十分美好的一年，來年的展望還會更加美好。

隔天早上，米契爾搭乘協和號飛到紐約，再搭上轉飛波士頓的快速航班。他的私人飛行員史蒂芬·畢恩（Stephen Bean）在羅根機場，用米契爾幾年前買的一架雙引擎螺旋槳飛機接他，送他到緬因州波特蘭，短暫探望他雙親，贈送聖誕禮物。下午四點四十六分，米契爾和畢恩出發前往蘭吉利。這條路線兩個人已經飛過無數次，布羅克斯密特等德銀同事偶爾會同機飛行。

太陽已經下山，這架飛機爬升到三千三百公尺時，晴朗的天空中可以看到昏暗的星星。離蘭吉利四十七公里時，飛機開始下降；離蘭吉利十五公里時，畢恩已經可以看到遠處小機場的跑道燈，他操控飛機，準備作最後進場。他太太在機場等候，畢恩用無線電告訴她，自己很快就會降落。

當時是下午五點十五分。好多分鐘過去了，機場裡還沒有看到飛機的蹤影，畢恩的太太驚慌起來——飛機還沒有降落只有幾個可能的解釋，沒有一個解釋是好事。於是她打電話給朋友。五點半過後不久，他們一位朋友向波士頓的空運主管機關報告這架飛機失蹤。搜索飛機起飛，義務消防員爬上機動雪車，準備搜尋這架飛機最後在雷達幕上出現的區域——標高九百五十二公尺半、長滿茂密森林的駝峰狀熊山四周。他們在黑暗中一無所見，經過幾小時後，搜尋宣告取消。

隔天一早，搜救隊員再度出發。早上大約七點四十分，區長的一架飛機看到了：在熊山西南邊山頂下方大約三十多公尺的森林裡，有一條寬闊、慘烈的疤痕——樹枝折斷、樹木倒下，燒焦的殘骸散布在陡峭的岩壁山坡上，顯示這架飛機是撞山失事，駕駛艙、機翼和機尾碎裂，兩位乘員已經慘死。

當時艾絲黛兒飛到瑞士跟家人共度佳節。米契爾在蘭吉利降落時，原本應該會打電話，她星期五晚上上床時，手機放在枕頭下。隔天早上她醒來時，手機還沒有響，她以為米契爾太累了才沒有打電話。就在這時候，她妹妹的電話響了，是米契爾的秘書打來，說他的飛機失蹤了。

艾絲黛兒癱倒在地板上，尖叫著說：「米契爾死了！」她妹妹設法安撫她，說飛機可能會出現，但是艾絲黛兒知道他已經走了。很快的，艾克曼打電話來表示哀悼——在蘇黎世已經上床的他，接到德銀安全部門通知飛機失事的消息。

消息傳遍整個銀行，菲立普告訴一位同事，「呃，這次米契爾真的走了。」

「你這話是什麼意思？」

「他的飛機好像撞山了。」

在紐約的紀比德被艾絲黛兒吵醒，艾絲黛兒哀痛到幾乎說不出話來。紀比德打電話給布羅克斯密特告訴他這個消息，比什麼人都愛惜米契爾的布羅克斯密特，一句話也沒說。

那天稍晚，他兒子華爾走進布羅克斯密特在公園大道上的公寓住家，聽到起居室放著辛妮．歐康諾（Sinéad O'Connor）的歌。太奇怪了，他爸爸非常討厭辛妮．歐康諾，到了常常取笑米契爾時時刻刻都在聽她唱歌的程度，但是現在擺明了，辛妮．歐康諾的抒情歌曲《我們認識的最後一天》（Last Day of Our Acquaintance）在公寓的音響系統中尖聲放出。華爾走進起居室，他爸爸坐在安樂椅上，淚水簌簌而下。看到華爾時，他強作鎮定，這首歌也仁慈的唱完——卻又重新開始播放，布羅克斯密特把這首歌設定成重複播放。華爾坐在爸爸旁邊，反覆聆聽這首哀傷的音樂。

「爸，你還好嗎？」華爾問

「其實不很好，」布羅克斯密特回答說：「但是我會好起來的。」

然而，德銀卻不會好起來。米契爾用無窮無盡的雄心壯志、無休無止的追求成長和獲利的方式，已經在這家銀行種下自我毀滅的種子，他的慘死成了「美樂棵」牌肥料（Miracle-Gro）。

不管米契爾有多少缺點，他卻是德意志銀行中的統合力量。他天生懂得怎麼督促別人，創造比他們自己想像中還要好的表現，而且即使他一再催促手下追求多上還要加多、多上還要更多；即使他不理會德銀風險經理和會計師的警告；即使他不顧一切，希望主導全世界，他也具有足夠的自信和自覺，能夠承認自己的一些弱點和盲點，這是這麼多年來，他一直把布羅克斯密特留在身邊的一大原因：米契爾知道，布羅克斯密特善於制衡他自己最糟糕的衝動。

如今，布羅克斯密特退休，米契爾死亡，幾小時內，填補權力真空的競爭就會展開。

賈斯汀．甘迺迪正在佛羅里達州棕櫚灘的一座高爾夫球場上，和父親一起享受冬天溫和宜人的天氣。賈斯汀的手機響起，他聽了電話，得知米契爾過世的消息後，脫口說：「唉，天啊，我們死定了。」＊他知道，米契爾一直是德銀中唯一的中流砥柱，阻止了所有人事和派系鬥爭，現在賈斯汀的直覺告訴他，一切即將亂成一團。他跟爸爸道歉，必須打斷他們的高爾夫球聚，飛回紐約。老甘迺迪聽到米契爾的死訊，覺得十分難過，但是賈斯汀很可能應該得放輕鬆。這位大法官說：「我敢說接班人計畫已經準備好了。」

小甘迺迪搖搖頭。說沒有、沒有準備好。

聖誕節後兩天，艾克曼飛到倫敦巡視德銀的交易廳，設法安撫員工。強調米契爾的死亡雖然是場悲劇，卻不會改變德銀的發展方向。艾克曼現在的任務，是想出取代米契爾的方法。近年來有好幾千人會加入德銀，都是因為他們希望跟太陽神米契爾共事，現在要找誰來領導他們才好？

＊ 曾經擔任甘迺迪上司的歐費特對米契爾逼他離職仍然心懷怨恨，對米契爾的去世另有看法。他告訴作者：「因果報應絲毫不爽，現在米契爾業報臨頭了。」

人在新德里的詹恩得知米契爾的死訊時，打電話給艾克曼，說米契爾曾經跟他保證，很快就要擢升他，讓他獨力主管全球市場業務。艾克曼懷疑這件事，詹恩也沒有再力爭下去。無論如何，艾克曼雖然知道詹恩是優秀的業務員，卻不是經驗豐富的高階經理人，不知道怎麼管理風險，平衡互相競爭的預算需求，或扮演和事佬的角色——最後這一點連詹恩的若干副手都這樣說。他也沒有米契爾那種威嚴和魅力，雄心壯志倒是不缺，非常渴望在企業階級中往上爬。米契爾死後，詹恩警告一位副手，要他「做好準備」，說即將來臨的權力鬥爭會十分慘烈。

艾克曼決定把米契爾的職責拆開來。詹恩負責金融市場操作中最大的一塊，但是把比較小塊的部分，分給包括柯瓦海姆在內的其他高階經理人。柯瓦海姆是米契爾從美林公司挖角過來的第一批人之一，他不喜歡詹恩，認為他不斷設法篡奪其他同事的權力。現在柯瓦海姆敦促艾克曼，不要用賦予詹恩更多職責的方式，獎勵詹恩的惡劣行為。他問艾克曼：「你不知道米契爾的經營團隊中沒人信任詹恩嗎？」艾克曼回答說，他有意識到這個不信任的問題，不過儘管如此，他有一個印象，認為米契爾希望詹恩擔任更重要的角色。柯瓦海姆回答說：「我跟大家一樣敬愛米契爾，但是他已經過世了，我們其他人還在。」艾克曼沒有讓步，柯瓦海姆很快就放棄跟詹恩和平合作的可能性，跑去英國的巴克萊銀行工作。

同時，麥克·柯爾斯（Michael Cohrs）要負責全球銀行業務，滿足全世界的企業需要。柯爾斯是老派的投資銀行家，他的手下採用的方法是花很多年的時間爭取客戶，再花很多個月的時間完成交易，在交易完成時，收取幾百萬美元的費用。和詹恩主管的金雞母部門肆無忌憚的作法相比，柯爾斯手下的作法看起來相當古怪。同事會嘲笑柯爾斯，說詹恩旗下的交易員在幾小時內賺的錢，比柯爾斯手下的銀行家花半年賺到的錢還多。表面上，柯爾斯和詹恩在公司裡平起平坐，位階相同，實際上，詹恩賺的錢比柯爾斯多很多倍，因此擁有的權力大多了。他搬進米契爾原有的辦公室，還在門上掛了一張已故貴人的相片。

兩年前，布羅伊爾謊稱沒有和信孚銀行談判併購案，現在這種欺瞞作法隱然威脅著要反噬德意志銀行。美國證管會針對本案展開調查後，到了二〇〇一年三月，證管會執法部門得到初步結論，認定德銀和布羅伊爾應該為誤導投資人一事受到懲罰。

當時證管會執法部門的主管是常年保持黝黑膚色、頂著完美光頭的狄克・華克（Dick Walker），手下建議華克對德銀和布羅伊爾採取行動後幾個月，華克做出驚人之舉，宣布自行退出這個案子。再過兩星期，證管會突然通知德銀，說證管會決定結束調查，而且不會做出懲處。又過三個月，二〇〇一年十月，華克宣布出任德銀首席法律顧問。德銀一位最高階經理人熱心的說：「華克很可能比任何人都精通美國的證券法規。」不久後，華克聘請專精複雜證券詐欺案件的聯邦檢察官羅伯・庫薩米（Robert Khuzami）加入德銀，協助他阻擋美國政府的調查。

德銀發現「旋轉門」（聘請政府主管官員轉任民間部門）力量十足，足以化解調查問題後*，證管會就不再是個問題，同時，德銀又想到一套能夠化解未來調查問題的制度。至此，德銀的高階經理人覺得自己現在已經所向無敵。

菲立普困在德銀法蘭克福雙子星摩天大樓A座三十一樓，和德銀的執行董事開一場冗長不堪的董事會。這是他休長假一個月看著太太戰勝癌症後第一天回來上班，這天是二〇〇一年九月十一日。

一位年輕女性走進會議室，遞給某個人一張紙條，會議室裡的董事們傳閱紙條上的訊息：一架飛機撞上了紐約的世界貿易中心。大家看完後，聳聳肩，又繼續開會。大約二十分鐘後，那位女士又拿了一張便條紙，再度回到會議室，上面寫說第二架飛機撞進了紐約雙子星大樓。所有執行董事倒抽了一口氣，說這是恐怖攻擊，而非意外事故。菲立普望著窗外，透過雲霧，可以看到法蘭克福機場的飛機起降，他不想待在飛機呼嘯而過的摩天大樓裡，就告訴同事：「你們這些傢伙瘋了，還坐在法蘭克福最高建築物的頂樓。」

他下樓後，走進一家小酒館，看著電視，看到第三架飛機撞進了五角大廈；還有另一架飛機在賓州墜毀。他看著曼哈頓最壯觀的兩棟摩天大樓崩塌，形成土石和碎片飛揚、煙霧瀰漫的末日景象。德銀自己的雙子星大樓樓上，執行董事會會議持續了六個小時。

對比之下，這場會議繼續開下去更顯不可思議，因為德銀四十層樓的曼哈頓總部（原本是信孚銀行的辦公室）就在世界貿易中心隔壁。飛機飛進雙子星大樓南塔時，德銀總部大約有一千五百扇窗戶碎裂。雙子星大樓倒塌時，飛落的金屬和混凝土在德銀總部的一面，劃開了一條達十五層樓的深長裂口。原本的入口現在成了一堆悶燒中的殘骸，牆壁上插著世界貿易中心格子式外牆的殘跡，卻只有一位德銀員工遇難，的確稱得上是奇蹟。

艾克曼決定自己必須到紐約去。美國的機場已經關閉，因此他和太太搭了一架私人飛機飛到紐芬蘭，美國一開放航運，他們就搭上第一批飛往紐約的航班。由於德銀市區裡的辦公室遭到破壞，德銀被迫把這些員工塞進曼哈頓中城的大樓裡，使得那裡人滿為患、傷病頻傳——不少員工因為那裡鼠輩橫行，感染漢他病毒必須住院。艾克曼大步走進大樓時，身邊跟著一大群身材壯碩、戴著耳機的黑衣人，有些交易員還以為是政府幹員跑來突擊檢查。艾克曼認為，他

---

* 華克認為，他和德銀討論工作機會，並不影響證管會的調查。

到現場顯示他決心開拓美國業務。但是他急著趕去紐約還有另一個原因：德意志銀行計畫第一次在美國的交易所掛牌交易，他希望確保掛牌的事情不受延誤。德銀的股票雖然早已在法蘭克福股票交易所交易，卻有很多人也期望在美國能夠輕鬆交易德銀的股票。艾克曼在現代藝術博物館旁的摩天大樓上，有一間位於五十樓、用大量藝術品裝飾的公寓。艾克曼和同事在這裡秘密規劃併購包括摩根銀行在內的多家美國銀行，以便將德銀改造成真正的全球巨擘。為了節省現金，倡議中的併購案，大部分都要以德銀和併購標的換股的方式推動。這表示，德銀的股票必須在美國公開上市。

九一一恐怖攻擊發生一週後，紐約證券交易所重啟交易。十月三日，德銀股票初次上場交易，股票代碼為DB，代表德銀多年來打進美國市場的努力達到最高峰。德銀高階經理人現在站在明確代表美國式資本主義的交易所講臺上，會同紐約市長朱利安尼（Rudy Giuliani），聯手按下開盤鈴聲。鈴聲響起時，這些銀行家（其中一位從德國來的銀行家還穿著星條旗背心、打著蝴蝶結）開懷大笑，鼓掌歡慶。

這是非常好的意象（然而，艾克曼的併購幻想永遠不會實現），但是幾條街之外，卻有一個更加強而有力的象徵。

德銀在市區裡的大樓已經淪為廢墟，歐洲來的經理人戴著防毒面具查看這處廢墟時，看到可怕的景象。世界貿易中心工作人員和緊急應變人員嚴重受損的屍塊，散落在地下室各處。世貿中心已經損壞到根本不可能修理，但是殘骸內部充斥的水銀、石綿、有毒黴菌和其他髒東西，已經達到危險程度，無法在不把毒素散布到下曼哈頓的情況下拆除。因此這棟在劫難逃的高樓殘軀，只能用深色編織物構成的簾幕包覆，像個巨型墓碑般長期聳立於神聖的世貿中心大樓遺址，成為令人難以忘懷的可怕回憶，不但讓人想起九一一恐怖攻擊，也讓人想起很快就會潛入世界最大銀行之一的致命亂象。

第九章　艾克曼

一九四八年出生於瑞士默爾斯（Mels）小鎮醫生家庭的艾克曼，身材魁梧，曾是標槍冠軍。年輕時，偶爾會幫忙父親，把腿部骨折的滑雪客抬到手術檯上。他父親也治療過許多一文不名的酗酒病人，從而讓他在喝酒和金錢方面感受到保持清醒的重要性。矛盾的是，關注財務上節儉的必要，也促使艾克曼對股市產生興趣。他擁抱財務金融，取得經濟學博士學位，並因此堅持要像他父親一樣，要別人叫他艾克曼博士（後來他獲得榮譽教授榮銜後，還會在名片上印上鮮明的「艾克曼博士教授」頭銜。）

艾克曼起初是在瑞士信貸銀行（Credit Suisse）服務，在這家令人自豪的蘇黎世銀行中升到高位，最後成為競逐瑞士信貸執行長的人選之一，但就在這個機會跟他擦身而過後，他在瑞士信貸服務的時間就結束了。一九九六年，他進入德意志銀行，由於蘇黎世的經驗讓他心有餘悸，便積極配合大型金融機構內部權力遊戲，適應要出人頭地就必須發揮政治手腕的環境，而且他也一心一意，希望在德意志銀行出頭。

艾克曼精通計算，又過目不忘，可以背誦一大堆根本不需要記的比率。這一點有好有壞，他對數字的沈迷，以及堅持一切都可以量化、數字會說明全部真相的理論，似乎是單一面向的危險思維，容不下考慮機構文化或交易員行為之類因素的空間。

二〇〇二年，艾克曼出任德銀執行董事會議長，成為德銀第一位非德國籍的實質執行長。技巧精深的音樂家、熱愛歌劇，留著滿頭濃密褐髮的艾克曼，就此入主德銀雙子星大樓A棟三十二樓的最高階經理人辦公室。這是他個人最光榮的時刻，不過對德銀來說可能並非如此。這時德國陷入經濟衰退，這一年裡，德銀股價下跌十七%，表現令人難堪，對於密切追蹤德銀股價日常波動的艾克曼來說更是如此。他想出一些扭轉跌勢的計畫——事實上，扭轉跌勢是他的首要任務。有一個作法很容易，就是出脫德銀多年累積的德國主要大企業控制性股權，艾克曼認為，這些部位是德銀身為德國首要金融機構時代的歷史遺跡，他把出脫持股得到的資金拿來發放股息，也用來拓展德銀獲利最豐厚的業務。

這種情形正是當時的市場情緒，也就是銀行應該把多餘資本還給股東，這種情緒表現在沒有耐心的投資人身上，也表現在華爾街分析師身上。艾克曼內心深處知道自己是在賭博，如果未來十年裡的任何一刻，金融危機來襲，銀行要是把這些資本掌握在手上，一定會比放在股東口袋裡安全多了。但是艾克曼一心一意只在乎拉抬德銀的股價，把其他考慮因素拋在一旁。

艾克曼的品味簡單的出奇，拜訪他在法蘭克福所租住四房公寓的人，會驚訝的發現，這棟公寓幾乎不像有人入住一樣，完全沒有個人風格。他的辦公室也保持同等的儉約，為數不多的制式物品中，一定有一個大型的水晶煙灰缸，和一個光潔的木製雪茄盒。德銀大樓禁止吸菸，但是艾克曼的手下會在煙霧偵測器上動手腳，確保老闆抽雪茄時不會啟動灑水裝置，讓他高興是最重要的事情。

艾克曼不只是好勝而已，還希望大家都知道他是贏家。有一次，一本業界雜誌把德銀評選為「年度最佳銀行」，其實這樣大致上是毫無意義的榮耀，他卻在德銀的年報上，得意洋洋的表示「我們欣然接受」。後來，他還把這些獎項當成他善於經營德銀的證據。德銀內部流傳一個笑話，說法蘭克福最有權力的人，是艾克曼的公關。艾克曼一直沈迷於數字，到了要德銀推動每季民意調查，衡量自己在德國民眾心中排名多高的程度。他有一種不很得體的吹噓傾向——愛說麥克．彭博（Michael Bloomberg）多麼喜歡他；或是在股東會上，得到大家的起立鼓掌；不然就是他和這位總理或那位國王個人關係多好。同事都覺得很奇怪，為什麼這麼成功的人會有這麼嚴重的不安全感呢？他的一些手下認為他是自戀狂，不過更多人覺得，他會這樣，是因為他渴望克服自信心不足，卻從來沒有成功過所致。

二〇〇三年九月，艾克曼把德銀推向超速運轉的狀態。他極度沈迷於名叫股東權益報酬率（ROE）的指標。股東權益報酬率以百分比表示，代表一家企業在特定年度裡的投資，賺到了多少利潤。這個數字對投資人很重要，對艾克曼也很重要，原因之一是，他的薪酬多少，有一部分取決於德銀為股東所創造的績效，另一個原因是他可以用這個指標評斷自己。艾克曼公開宣布，德銀要在二〇〇五年，達成創造二五％股東權益報酬率的目標；這點表示，德銀每投資一美元，就要創造出〇．二五美元的收益。艾克曼宣稱：「我們的目標很積極，卻也很務實。」這一年裡，德銀的預期股東權益報酬率為十三％，因此艾克曼希望在兩年內，把股東權益報酬率提高幾乎一倍。但是這樣說低估了他的雄心壯志，只不過是一年前，德銀的股東權益報酬率低到才只有四％，相形之下，艾克曼二五％的目標就像是位於遙不可及的天邊。

一九九〇年代的德銀高階經理人，都知道自己的任務是服務股東、員工和社會這三種關係人。赫爾豪森之流的高階經理人不但支持歐洲整合、也支持取消第三世界債務，原因就在這裡，因為前者符合德銀的財務利益，後者卻不符合。現在艾克曼大幅縮小德銀為誰服務的觀念，變成純然只為股東服務而已，真正重要的只有股東。

不管達成這種股東權益報酬率里程碑的識見是高是低，或者是否可行，艾克曼的手下都害怕讓他失望，員工也怕他大發雷霆。「他富有活力的招牌微笑會突然凍結，神情和聲音會變的冰冷。」曾經擔任艾克曼發言人的史蒂芬·巴隆（Stefan Baron）在二〇一四年出版、絕大部份內容堪稱諂媚的傳記中，寫出上述文字。一位高層經理人說，艾克曼制訂目標時，目標不是建議——而是命令，「無論如何，你都必須達成目標。」

人會對誘因起反應，在這種情況中，誘因十分明確，當務之急就是儘量擴大短期利潤。如果你的部門沒有達成某一季的財務目標，若是在私底下遭到嚴厲斥責，那都算是走運了——艾克曼經常會大力抨擊、暗害表現不佳的同事，或是讓他們投閒置散。資深經理人之間現在流傳一句話：「本季會變成我們有史以來最重要的一季。」現在你得儘可能的賺錢，延後做出會減少利潤的決定，即使這樣做將來會有更大的虧損也在所不惜。

德銀的薪酬制度也改為反映新的短期主義。交易員的獎金數字，改為按照他們所創造營收的一定比率，但是將來這位交易員造成交易虧損時，卻不會收回先前所發獎金。難怪行員不但致力於追求快速獲利，而且傾向誇大自己的交易計畫可能賺到的金額。菁英交易員年底獲得三千萬美元這種驚人獎金的事例，很快就變成稀疏平常了。

在米契爾手下服務最久的一些老將，都對艾克曼的領導感到惶惶不安。布羅克斯密特的老搭檔、派去經營德銀亞洲市場業務的羅特，在二〇〇三年因為焦慮而辭職，從此離開金融界。菲立普也像許多人一樣憤而辭職，原因是他認為艾克曼的管理方式有缺失。艾克曼鼓勵投資銀行成長固然是好事，但是投資銀行卻變成了德銀唯一的獲利來源，從菲立普的角度來看，在整個銀行的命運依賴單一部門的情況下，這個部門鋌而走險的壓力會愈來愈大，造成銀行失去平衡、債台高築、而且過度依賴衍生性金融商品。

傳統上，資深經理人看到一件交易案時，該問的第一個問題是這個案子涉及多少風險。現在第一個問題（而且經常是最後一個問題）是此案有多少獲利潛力。在德銀傳統的德國本土業務中，上司會告訴客戶經理，不該耗費精神跟德國企業維持關係，除非這種關係會透過費用或貸款利息，產生高於二五％的總報酬率。隨著老客戶遭到拋棄，德銀的貸款總量也隨之萎縮。德銀曾經制訂過多角化經營策略，希望不再依賴投資銀行作為主要獲利來源，現在這樣的計畫遭到擱置。連熱愛債券和衍生性金融商品的羅特和菲立普看在眼裡，都覺得這種情形像是顆定時炸彈。

詹恩過去靠著積極進取打天下。不論他多敬重米契爾，他都認為，偉大的米契爾去世時，只是把德銀變成二流業者，他的使命是把德銀提升到最頂尖的地位。這點表示，市場和投資銀行部門的銷售引擎要加速運轉，連傳統上運轉速度比他認定的調性稍微慢一點的部門，都需要提高速度。

其中包括由柯爾斯領導、致力跟客戶培養長期關係的銀行業務部門。詹恩授權，偶爾甚至鼓勵他手下的銷售和交易大軍，跟一向由柯爾斯團隊服務的德國大企業建立可以創造營收的關係。詹恩把這種狀況稱做「推動企業關係貨幣化」，他的手下很快就開始行動，踐踏這些投資銀行家花了許多年所培養的關係。陽獅廣告集團（Publicis）就是其中一個例子。陽獅集團是柯爾斯團隊的長期客戶，雙方能夠維持關係，原因之一是陽獅集團一直十分保守。投資銀行家經常會遭到指責，因為他們經常對客戶提出自私自利或具破壞性的建議，但是銀行家最好的策略是靠著贏得客戶的信任賺錢。在德銀和陽獅集團這段關係的例子中，詹恩的手下卻覺得這種方法冗長而乏味，全球市場部門的一個團隊希望找到更短時間內就能致富的方法，於是安排了一場會議，遊說陽獅集團高階經理人買下一堆衍生性金融商品，德銀從中賺了幾千萬美元的費用，結果好巧不巧，衍生性金融商品造成陽獅集團嚴重虧損。陽獅集團最高階經理人向德銀高級主管抱怨，表示德銀收取的費用過多，要求歸還這些費用，卻遭到詹恩的部門拒絕。陽獅集團向柯爾斯的投資銀行家申訴，柯爾斯因此懇求詹恩說：「詹恩，我們得退還費用。」詹恩表示反對，還說德銀是遵照跟陽獅集團所簽合約的條款執行。柯爾斯設法促請艾克曼干預，也遭到艾克曼拒絕。因此詹恩的部門賺到了錢，柯爾斯的團隊卻失去了長期客戶。柯爾斯最後會辭職，是因為他斷定：自己以客戶為中心的技巧已經不再受到重視。

同樣的戲碼在整個德意志銀行不斷上演。幾年前，米契爾熱衷於併購信孚銀行，原因之一是信孚銀行在巴爾的摩擁有一家成長可期，專門為富裕家族提供財務建議的亞歷克斯布朗公司（Alex Brown）。艾克曼現在把這些計畫拋在腦後，優先把資源投入詹恩掌管的證券銷售與交易業務。

德銀不計代價、擁抱獲利的作法，以及極度容忍大部分銀行所無法容忍風險的方針，在現實世界上會產生許多影響——有個例子是，發展核子武器或參與種族滅絕，因而受到經濟制裁的國家，在資金調度上可以得到德意志銀行的協助。伊朗或敘利亞等國家可以隨心所欲印製本國貨幣，但是，要買武器、食物、小機械之類的外國產品時，卻需要國際貨幣，而美元是幾乎全球都願意接受的國際貨幣——因此德銀開始協助受到制裁國家的政府取得大量美元。一九九九年德銀推動這種秘密計畫時，大家對德銀員工是否知道自己違反國際法，其實並不清楚。但是到了二〇〇三年，這種模糊空間已經消失。因為交易要靠美元進行時，這些資金必須透過德銀紐約分行處理，這樣就有遭到美國執法單位查核的風險。有一位員工警告說：「請注意，雖然我們準備跟敘利亞進行生意往來，在美國顯然也擁有德銀希望保護的可觀經濟利益。因此跟敘利亞進行的任何交易，都應該以嚴格保密的方式處理，任何同事都應該只能在『確實知悉』的基礎上，參與其事！……我們不希望在市場或媒體上製造出任何惡劣名聲或其他『雜音』。」

這種交易會破壞經濟制裁，為了保密起見，德銀員工會部署反監視措施。其中一個方法是：消除辨認資金移轉接受方實體所屬國家的代碼。德銀有一份公文寫道：「重要：對紐約付款時，不得提到任何伊朗的名稱。」

到了二〇〇六年，德銀已經快速移轉將近一百一十億美元到伊朗、緬甸、敘利亞、利比亞和蘇丹，提供這些非法政權迫切需要的強勢貨幣。德銀以一己之力，大大侵蝕了各國為了化解國際危機、致力追求和平所採取措施的效果。*

伊朗為了試圖填補中東地區伊拉克前總統海珊獨裁政權垮台後留下的權力真空，需要讓鄰邦伊拉克保持羽翼未豐的民主制度不穩定狀態，才能達成目標。為了達成目標，有什麼方法勝過發動一場殘酷、血腥的暴力行動呢？德銀匯到伊朗多家銀行的數億美元資金，為受到制裁的伊朗，提供了資助伊朗恐怖主義的重要資金。伊拉克很快就遭到暴力衝突撕裂，路邊炸彈在全國各地引爆，目標是伊拉克脆弱的政府和試圖維持和平的美軍。大部分暴力行動是恐怖份子團體邁赫迪軍（Jaysh al-Mahdi）的惡行，邁赫迪軍是由真主黨（Hezbollah）武裝和訓練，真主黨由伊朗革命衛隊資助，伊朗革命衛隊的資金則由德銀提供。

二〇〇七年五月，二十五歲的美國陸軍中士布萊克・史蒂芬斯（Blake Stephens）在巴格達南部，遭到邁赫迪軍的炸彈炸死。兩個月後，美國陸軍專業士官史蒂文・戴維斯（Steven Davis）在巴格達西方，遭到一位邁赫迪軍成員投擲的手榴彈炸死。再過兩個月後的八月，在裝甲悍馬車上擔任槍手的美國陸軍專業士官克里斯多福・奈柏格（Christopher Neiberger）遇害。到了九月，美國陸軍遊騎兵下士約書亞・利夫斯（Joshua Reeves）遭到邁赫迪軍的另一枚炸彈炸死，而且利夫斯的第一個小孩前一天才在美國的田納西州出生。如果把這些美國軍人的死亡，歸咎於德意志銀行違反制裁伊朗的行為，似乎好像有點曲解，但是沒有人會這樣告訴史蒂芬斯中士、戴維斯專業士官、奈柏格專業士官和利夫斯下士的家人。†

違反制裁的行為並不是德意志銀行那些孤狼惡棍員工的恣意而為。經理人知情，他們的上司也知情。美國主管機關後來發現證據，證明至少有一位德銀的執行董事（換句話說，至少有

---

* 艾克曼否認他必須為此負責。

† 二〇一八年時，這四家人提起聯邦訴訟，控告德意志銀行於「二〇〇四年到二〇一一年間，在資助、安排和支持伊朗針對美國派駐伊拉克維和部隊進行恐怖攻擊方面，扮演密不可分的角色。」

一位該行最高階的經理人）知道並批准這個計畫。畢竟這個計畫很賺錢，而且在艾克曼負責經營時，德意志銀行的優先要務再清楚不過了。

艾克曼二五%目標的其他後果沒有這麼致命，卻仍然具有深遠影響。他和詹恩決心從華爾街頂尖公司裡，挖角最高明的人才，而且希望快速行動。每次有一群新的交易員進來，他們不用學習德銀交易廳中的科技系統如何運作，而是獲得授權，可以安裝自己的金融模型和電腦系統。不用多久，幾百種不同系統構成的大雜燴，徹底汙染了德意志銀行的生態系統。其中的一種含意是：德銀沒有辦法衡量或了解自己到底在做什麼事情。董事會成員問「我們的換利合約投資組合有多大？」之類的問題時，得到的答案是「我們不知道」。這種情形就算不是那麼可怕，至少也很可笑，等到大家看清問題時，情況已經無法補救。德銀一位高階經理人解釋說：「這就像飛機飛到半途換引擎一樣。」而且這種情況的起因一定是沒有長期大規模投資，建立全新的科技系統，以整合德銀內所有不同系統。畢竟這樣做會擠壓德銀的獲利，沒有人希望這樣做，艾克曼一定也不希望這樣做。*

這種情況產生的後遺症是：德銀內部不同的團隊會競相追逐同樣的客戶，向他們推銷同樣的產品，報出的價格卻不同。電腦系統會計算德銀承作一筆交易的成本後，再決定價格，但是計算這些算式時，要依靠銀行端輸入各方面的因素——例如，銀行的整體融資成本多高等等。

雜亂無章的資訊科技系統代表的是無法確定成本數字，彼此競爭的德銀團隊因此茫無頭緒，互相破壞，讓客戶深感困惑。

艾克曼最親密的同事是雨果．班齊格（Hugo Bänziger），班齊格是德意志銀行的首席風險長，也是從瑞士信貸銀行轉投德銀的好手。原本是瑞士陸軍中校，曾擔任戰車營營長，因為艾克曼就是瑞士後備軍的上校，就跟艾克曼建立了關係。

班齊格是風險專家，但無法控制手下的員工。每一位想升到董事總經理職位的經理人（獲得這種頭銜的員工有幾千人）都必須參加為期一周的風險學院訓練，訓練通常在德國鄉間的宿舍裡舉辦，目標是要灌輸員工軍隊般的紀律和毅力，不過訓練已經轉變成令人苦惱的儀式。學員必須完成不可能的任務，例如在幾分鐘內，重新製作出德銀的整個資產負債表。宿舍的熱水會關掉，學員會碰到睡眠剝奪的待遇，照班齊格的說法，練習的設計是以創造資訊超載為目標。有一位客座講師在風險學院晚餐時抵達，預期自己會看到典型銀行靜修會中充滿雄性激素的誇張噱頭，結果卻看到一排又一排眼睛凹陷的律師和風險經理人。這個學院很多班級的學員

* 艾克曼否認他負責經營時，德意志銀行在科技上的投資不足。

都淪落到欲哭無淚的慘狀。班齊格對同事解釋說：「我們希望大家能夠熬過和接受虐待。」

大家對班齊格的恐懼遠遠超過風險學院的課程。六位前高階經理人指出，德銀很多女性曾經向人力資源部門抱怨，班齊格曾經在辦公室和外地靜修會中，對她們有過不當行為。有一次，班齊格去拜訪德銀客戶的一家公司，偶然發現一位秘書，就纏著她要她那天晚上跟他約會，最後她哭了起來，於是她的上司打電話給倫敦的一位高階經理人發牢騷。艾克曼說，他知道這些指控，有一陣子，還聘請一間外部法律事務所進行調查，但是沒有發現確切事證可以證明這位女士的主張。班齊格因此保住了他的工作，也保住了艾克曼的信任。*

德銀從十九世紀末葉起，就斷斷續續的在俄羅斯營業，前蘇聯崩潰後，德銀是最早進去開設據點的西方銀行之一。艾克曼告訴德國領袖，基於地緣政治的關係，德國擁抱俄羅斯這件事十分重要。艾克曼曾說：「我們必須建立歐洲之家，俄羅斯是其中的一份子。」俄羅斯的快速成長和管制寬鬆的市場，代表著獲利無限的誘人機會。

一九九四年，美國人查理·賴恩（Charlie Ryan）在莫斯科開設了一家銀行，叫做聯合金融集團（United Financial Group）。西方人努力分食新近可以爭奪的俄羅斯經濟大餅之際，聯合金融迅速成長。不久後，聯合金融就成了俄羅斯股票交易業務最大的公司之一。德銀為了在這個成功故事中參上一腳，就在二〇〇四年跟聯合金融集團達成協議，買下聯合金融四十%的股權，兩年後，再出資四億美元買下其餘股權。因此，德銀在這個混亂的國家裡，突然間變成重要角色，成為俄羅斯企業新上市和併購案方面最大的外國銀行，為落入寡頭企業家新階級手中的舊國營企業服務，賴恩也成為俄羅斯德銀的執行長。二〇〇六年，賴恩向一位記者解釋說：「今天的俄羅斯顯然很熱門，三年前，」當艾克曼重重踩下德銀的油門時，「德意志銀行是唯一看出這一點的銀行。」

並非每個人都覺得這樣做很精明，有些高階經理人對於在俄羅斯做生意抱持保留意見；對於跟聯合金融打交道，更是抱著保留意見。賴恩是個謎樣的人，這麼一個喜歡喧鬧的美國人待在莫斯科企業界裡，到底是在幹什麼？包括德銀最高階法律顧問在內的高階經理人，都大力質疑賴恩是不是美國中央情報局的臥底探員，這種人真的值得德銀孤注一擲賭上名聲嗎？德銀努力爭取俄羅斯寡頭企業家的業務又是另一個問題，這樣做表示，德銀幾乎一定會因為處理貪腐資金而弄髒自己的手。唯一的問題是什麼時候、在什麼地方弄髒手、手會髒到什麼程度，還有，這些污垢會不會在德銀留下永久的痕跡。

---

* 班齊格沒有回覆我請他就這件事發表評論的請求。

不過，這樣做卻是達成艾克曼股東權益報酬率目標的方法。尤其是艾克曼本人，會毫不掩飾的大力鼓吹德銀在俄羅斯的擴張。就像一個世代前，西門子對美國的熱愛，促使德意志銀行陷入維拉德造成的困境一樣，現在艾克曼對俄羅斯的癡迷，也讓德意志銀行同樣陷入無法脫身的困境。像極了到了美國的西門子，艾克曼對俄羅斯文化的沈迷，使他雙眼遭到蒙蔽，還愛上了俄羅斯的劇院、歌劇和食物（小薄餅配魚子醬是他最愛的菜色）。他訪問俄羅斯的次數多達每個月一次，並和普亭總統圈內人中的一些銀行家，結成所謂的朋友，其中一位是安德烈・柯斯汀（Andrey Kostin）。柯斯汀是俄羅斯外貿銀行（VTB Bank）執行長，俄羅斯外貿銀行是政府控制的銀行，必須融通俄羅斯情報圈所需資金，因此有人懷疑該行透過旗下像群島一樣散布的據點，從事間諜活動（今日克里姆林宮間諜機構，聯邦安全局的兩位領袖，就把他們的兒子送到俄羅斯外貿銀行工作。）這些事情似乎都無法阻止艾克曼，艾克曼還簽約撥出十億美元的信用額度給俄羅斯外貿銀行。艾克曼曾經在聖彼得堡的一次雞尾酒會上，對柯斯汀建議說，俄羅斯外貿銀行應該考慮建立自己的投資銀行，以便加速發展俄羅斯的資本市場。柯斯汀聽進了這個建議，到了二〇〇八年，他從德意志銀行挖走一百多位銀行家，主導這個計畫。這些人另尋高枝雖然讓艾克曼和賴恩十分火大，卻強化了德銀和俄羅斯外貿銀行（以及普亭這幫人）之間的關係。

兩家銀行關係進一步強化的跡象，可以從二〇〇〇年德銀聘請柯斯汀剛剛大學畢業的兒子小安德烈到德銀倫敦分行服務這件事看出端倪。小安德烈會在德銀服務將近十年，最後升為資深投資銀行家。若干年後，艾克曼會對俄羅斯一家報紙說：小安德烈位列「重要角色」，證明德銀和俄羅斯外貿銀行「之間的關係良好」。

這種良好關係延伸到替俄羅斯富豪洗錢到美國——此服務相當重要，因為把可疑資金移到美國具有法律風險，願意承擔相關風險的美國銀行十分稀少。俄羅斯寡頭企業家會把錢先移到鄰國拉脫維亞，拉脫維亞銀行和德意志銀行有「通匯」關係，容許他們把錢直接匯到美國，流入似乎無害的空殼公司帳戶。二〇〇四年時，一位新上任的法令遵循經理人測試德銀的反洗錢系統後，對自己的發現深感震驚。他發現大量的資金從愛沙尼亞、立陶宛、賽普勒斯，湧入德銀在美國的主要法律實體——德銀美國信託公司，最重要的是，德銀對這種有如洪流般的交易處之泰然。其中每一筆交易，德銀都要收費，可以從上述所有交易中獲得豐厚利潤，卻可能碰到主管機關上門找麻煩。新上任的法遵經理人警告上司：「你在東歐有一個大問題。」得到的答覆令人不安：「老兄，你有所不知。」

美國聯邦準備理事會跟德銀不同，有一套複雜的軟體，用來追蹤可疑的資金流動，而且已經用來監視俄羅斯的現金流進拉脫維亞，再流到美國，然後迅速消失在豪宅房地產市場中的狀況。二〇〇五年，一個監理官員小組從紐約聯邦準備銀行走出來，走到路口的德銀華爾街辦公室，狠狠抨擊德銀經理人在拉脫維亞所犯的疏失。德銀經理人預期會遭到巨額罰金（似乎可能在一億美元上下）的懲處，卻深感驚喜的發現，聯準會會同紐約州銀行監理機構，只發布書面命令，要求德銀改善反洗錢系統，同時警告德銀，下次再發生同樣的問題，就不會這麼容易脫身了。

第十章 海湖莊園大獎

一九〇五年，住在紐約布朗克斯區的一位德國移民，看上曼哈頓繁華金融區中心地帶，在新近落成的華爾街六十號大樓一樓，開了一家小小的理髮店。在摩天大樓時代出現前，這棟二十五層樓的L型高樓可是地標性的建築物。從附近的水岸觀看，這棟大樓由滴水獸保護的屋頂清晰可見。這家理髮店生意興隆，提供理髮、修臉服務，深受眾多銀行家、股票交易員、律師和辦公室職員歡迎。理髮師名叫弗里德里希・川普（Friedrich Trump）。他開店的同一年裡，他太太生了一個兒子，取名福瑞德。

經過很多年後，理髮店關門，華爾街六十號的舊大樓改頭換面，變成了新的華爾街六十號大樓，樓高四十七層，用清清楚楚的金字塔屋頂封頂。有一陣子，這裡是摩根信託銀行的總部，然後，摩根銀行搬走。到了二〇〇五年，德意志銀行把因為九一一恐怖攻擊流離失所的美國員工，遷回華爾街六十號的新家。因此，弗里德里希．川普的孫子、福瑞德的太太一九四六年所生的兒子——未來的川普總統，偶爾會有機會，到他祖父所開理髮店的舊址一遊。

唐納．川普和德銀的關係在歐費特離開德銀後，反而變的更形密切。甘迺迪已經升為董事總經理，現在變成了德銀和川普之間的重要聯絡人，協助照顧德銀借給川普的大筆不動產貸款。甘迺迪的工作是尋找顧客，購買德銀所撥出貸款的一小部分，這種程序讓德銀可以放貸比應有額度還多的貸款。甘迺迪偶爾會在美國網球公開賽開打時，坐在川普的豪華包廂裡，跟川普一起看球，或是一起去曼哈頓的夜店。川普會面對外面，坐在角落的檯子上，好像黑手黨老大接待訪客一樣。現在德銀在甘迺迪的鼓勵下，急速走上類似維拉德當年所走的道路。

二〇〇〇年時，德銀再度放出一億五千萬美元的巨款，讓川普整修他所擁有的華爾街四十號大樓。隔年德銀同意貸給川普超過九億美元的抵押貸款，創下單一不動產歷來金額最大的抵押貸款紀錄，讓川普可以買下紐約中央公園西南角的通用汽車大樓（川普已經持有這棟五十層大樓的一半產權，希望把剩下的產權也買下來。）到了二〇〇二年，德銀同意就川普積欠的大西洋城賭場貸款，提供大約七千萬美元的再融通。這些貸款都由德銀的商業不動產部門貸出，甘迺迪負有協助經營這個部門的責任。

並非每個人都對川普這麼癡迷。米契爾從美林公司挖來、擔任德銀美國營運首腦的塞斯．

沃夫（Seth Waugh），大約在二〇〇一年時，得知德銀計畫貸給川普大約五億美元可以隨意應用的貸款——基本上是沒有限制的現金供應，協助穩定川普岌岌可危的財務。沃夫先前近身見證過川普為輕率金融機構帶來的大屠殺。他在美林時，米契爾曾經指派他，清理因為川普所發行債券違約所留下來的爛攤子——這筆公司債發行金額將近七億美元，是以川普的大西洋城泰姬瑪哈賭場的名義發行，由美林公司代銷。

沃夫已經轉進德銀服務，他不急於重新經歷當年的經驗，因此強烈反對這筆川普申貸、卻不必提供任何強勢資產作為擔保品的新貸款建議。於是這個貸款案很快就胎死腹中。

但是德銀和川普之間廣泛關係的發展，卻一直沒完沒了。二〇〇三年，德銀以銷售股票與債券給投資人、協助企業籌資的另一個部門，同意和川普合作。雙方這層關係的關鍵人物是理察·柏恩（Richard Byrne），柏恩也是經歷過泰姬瑪哈賭場慘劇的美林公司老手，曾經協助代銷那筆運氣不佳的債券給投資人。現在川普聘請柏恩手下的德銀團隊，為他陷入困境的川普旅館與賭場度假村（Trump Hotels & Casino Resorts）發行債券。柏恩知道這場戰鬥相當艱苦，因為川普不但過去曾經違約，而且最近還奚落投資人，說他可能不會為發行在外的其他債券償付債務。沃夫沒有先警告柏恩拒絕川普五億美元貸款的事情，柏恩因此為川普舉辦「巡迴說明會」，讓川普跟大型投資機構法人見面，設法贏得這些法人機構的信心。他陪著川普，到紐約和波士頓的很多地方參加巡迴說明會。他們所到的每一個地方，會議室和講台上都擠滿了交易員、基金經理人、高階經理人和秘書。大家都很好奇，想看看「川普大秀」，川普也沒有讓大家失望，大力發揮演技，發出極為樂觀、卻前後不連貫的財務預測。

事後，川普打電話給柏恩，詢問他們籌募了多少錢。唉，答案幾乎等於零。柏恩向川普解釋說，雖然大家把他當成名人看待，卻沒有人願意把錢投資在他身上時，已經準備好面對川普的雷霆之怒。川普卻意態安然，接受大家的拒絕，還要求「讓我跟你們的業務員談談。」柏恩同意後，川普過來發表一場鼓舞士氣的談話，「夥計們，我知道這不是你們最輕鬆的銷售任務」，他承認說：「但是，如果你們完成任務，你們會變成我海湖莊園（Mar-a-Lago）的座上客。」川普總是擅於打動別人的心弦（和川普在海湖莊園共度周末，是可以向人大肆吹噓，用錢都買不到的權利），而且這種新穎的獎勵還真的產生了作用。業務員打起電話，撒下更大的網，網羅更多的客戶，努力賣出了高達四億八千五百萬美元的垃圾債券（但是必須提供高利率，反映投資人擔心川普可能違約。）

銷售作業完成後，柏恩把好消息告訴川普，川普興奮之至。「別忘了你答應我們同仁的事情」，柏恩輕輕敦促他這位高興的顧客。

「什麼事？」川普問道。柏恩提醒他跟海湖莊園之旅有關的話。川普含糊其辭的說：「他們不可能記得這件事。」

柏恩回答說：「過去一周裡，他們一直都在談這件事。」川普最後派他的波音七二七私人專機，載了十五位業務員，飛到佛羅里達州的棕櫚灘。大家白天打高爾夫，川普穿著白色的聚酯纖維衣服，大膽無恥的欺騙言行讓這些銀行家大開眼界。到了晚上，他們在海湖莊園共進晚餐，川普用一個又一個十分荒謬可笑，以及他在賭場、不動產、華爾街和女人之間胡作非為的故事來款待這些銀行家。

隔年川普的賭場缺錢孔急，川普的公司發行的債券停止付息，並聲請破產保護（川普詮釋說：「我認為這樣不是失敗，而是成功。」）最近購買川普公司所發行垃圾債券的人虧損慘重，柏恩的部門從此拒絕跟川普往來。

然而，這種禁令並不適用於整個德意志銀行，很快的川普就回頭找上甘迺迪的商業不動產部門，尋求另一筆巨額貸款，用來在芝加哥興建一棟九十二層高、川普計畫命名為川普國際飯店大廈的摩天大樓。這棟大樓建成後，會列名美國最高建築物名單中，是一棟閃閃發亮、位居河濱的摩天大樓。內部包括一家大飯店、一座水療中心、很多家餐廳和將近五百戶的公寓。川普用最近才對柏恩的團隊施展過，搭乘同一架波音七二七飛機飛往佛羅里達州的旅程，引誘德意志銀行的這些銀行家。他邀請甘迺迪到川普大樓去——這棟大樓和維拉德所建麥迪遜大道上的亮麗豪宅，距離只有六條街。川普在這棟大樓裡對甘迺迪和他的同事大灌迷湯，還解釋說，他女兒伊凡卡會負責芝加哥的這項開發案——證明這項建案在名叫川普機構的川普企業中有多麼重要。

就像沃夫沒有警告柏恩，他曾經拒絕貸款給川普一樣，這次柏恩也沒有警告甘迺迪的團隊，德銀單位最近跟川普往來的差勁經驗。（柏恩手下的一位高級經理人解釋說：「我們只是從另一個角度看事情，這是德意志銀行的文化。」）即使如此，芝加哥的貸款一切跡象都問題重重。川普不但一再違約，而且德銀在撥發另一筆貸款前，曾經針對川普的財務進行過非正式的查核。川普對德銀宣稱，他擁有大約三十億美元的財產，但是德銀查核他會計師編纂的各種數字後，斷定川普真正的財產大約為七億八千八百萬美元。換句話說，川普宣稱的個人資產淨值，幾乎比實際金額高出將近四倍。對大多數銀行來說，這件事應該是最後一根稻草。如果有人連自己有多少財產都會說謊，你怎麼能夠信任這個人會償還巨額貸款？

德銀卻不為所動，高階經理人極為渴望追求成長和巨額交易，極為相信自己的智慧，想方設法忽視那明顯的警訊（此外，川普對德銀從歐費特時代就貸放的商業不動產貸款，並未違約），因此德銀在二〇〇五年二月，同意貸給他六億四千萬美元，讓他推動芝加哥這項建案。

實際上，貸放的對象是川普機構為這個案子特別創設、以便案子失敗時，可以保護所有權人的有限責任公司。但是川普也同意提供四千萬美元的「無條件還款保證」——就是如果他的有限責任公司違約時，川普個人會積欠這筆債務（川普也付給德銀，跟這筆貸款有關的一千二百五十萬美元費用。）德銀把這筆貸款分成很多部分，賣給其他銀行和投資人，自己卻也保留很大一部分。這筆貸款是一筆決定命運的交易，會左右未來歲月中德銀和川普的關係。

大約從這時開始，德銀在避開大眾的檢視下，為川普提供一系列其他服務。首先，德銀創設了很多「特殊目的工具」（special purpose vehicle），讓川普比較容易悄悄的在國際上購買不動產。因為這種工具有著衍生性金融商品般的魅力，名字深奧難解，掩蓋了這種工具跟川普的關係，讓川普自己不必拿出半毛錢來冒險，就可以在東歐和南美洲之類的地方從事不動產交易；他不但貸到貸款，來融通這些交易所需要的資金，還利用別人的錢，掩蓋購買不動產時只有稀少的「本金」。川普只要出一筆費用，就讓德銀和投資人承擔往後多年這些案子倒債的風險。在大型不動產開發商中，這種結構是前所未聞的事情。當時承作這些交易的德銀經理人馬克・黎特（Mark Ritter）解釋說：「這是經驗豐富的人才知道的金融技巧。」但是這樣做卻使德銀對川普本來已經嚴重的曝險，變的更形嚴重，還協助川普在包括許多人藏匿自身財產的熱門地方，不知不覺地完成交易。

同時，德銀也協助川普，找到願意買下他名下公寓產權的人。二〇〇六年，川普和洛杉磯一位開發商合作，在夏威夷興建掛了川普品牌的度假村時，德銀在倫敦和其他地方安排了一些聚會，撮合川普和他的合作夥伴跟富有的客戶建立關係，讓他們利用匿名的空殼公司，購買威基基海灘這個大型旅館建案中的大量單位。川普希望提升客戶的興趣，購買他在墨西哥下加利福尼亞州規畫的度假村時，德銀也扮演相同的幕後媒合角色（這個建案後來以失敗告終）。參與這些案子的人指出，德銀在這兩個建案中，都指引非常富有的俄羅斯人參與川普的案子，但是幾年前，德銀才因為透過拉脫維亞，幫助俄羅斯資金迅速匯入美國金融體系，遭到美國主管機關懲罰。

詹恩旗下的核心團隊中，有若干成員曾經討論過德銀和川普之間關係的潛在陷阱，都覺得憂心忡忡。原因不只是這些銀行家知道，川普貸款賴債的風險不算小，而且他們也知道紐約的不動產業有多惡質。他們談到：有很多證據證明，川普和組織犯罪圈關係相當深厚，也談到川普的不動產建案可能會成為俄羅斯之流國家寡頭企業家，努力把不法資金洗白的工具。很多年後，詹恩的一位副手解釋說：「不動產業中的每一個人都涉及『資金外逃』。」

川普和德銀之間，不是只有金錢方面的關係而已。德銀仍然努力要在美國建立自己的品牌，而川普雖然有財務困難的問題，卻靠著二〇〇四年開始，在美國國家廣播公司開播的電視節目《誰是接班人》（*The Apprentice*）大受歡迎，因而提供德銀在美國贏得好評的機會。德銀的經理人心有所思，就加強德銀和川普及其家人的關係，為客戶在海湖莊園舉辦聚會，邀請川普參加高知名度的活動。例如每年勞動節的週末，德銀都會在波士頓的高爾夫巡迴賽選手俱樂部，舉辦親美高爾夫球賽，邀請最厲害的職業高爾夫好手、眾多名人和企業領袖參加。川普是這類比賽的常客，能夠吸引群眾，並在球迷丟過來的百元美鈔上簽名。德銀偶爾會在高爾夫球場上，安排川普和沃夫之流的德銀高階經理人配對，讓他們在打十八洞時，贏取川普的歡心。

柏恩的團隊替川普銷售垃圾債券後的隔年，德銀派出公關人員到這座高爾夫球場的俱樂部會所，和參賽的若干名人進行電視訪問。從來不怕電視攝影機的川普坐下來，準備拍攝宣傳影片。負責進行訪問的公關人員問川普：你和德銀往來的經驗如何？

「太好了！」兩個月後公司就要聲請破產保護的川普大聲說：「他們真的很快！」他說的是德銀快速核准他的貸款。負責問問題的人皺著眉頭，她不知道這樣是否能夠好好反映她僱主的優點。

二〇〇五年，德銀達成了艾克曼訂下的股東權益報酬率二五%的目標。他高興的說：「這個成就要歸功於六萬三千多位士氣高昂的員工。」他還補充說，新的目標是將來獲利要維持兩位數字的成長。他說：「德意志銀行已經做好面對未來的絕佳準備。」

如果你檢視德銀的財務報表，應該知道並非如此。德銀的財務報表光鮮亮麗，顯示出利潤滿坑滿谷、飛速成長的景象，但是這時卻是德銀的危險期。艾克曼志向遠大，聘請顧問研究銀行名字中的「德意志」，會不會妨礙德銀全球擴張的雄心壯志。二〇〇四年初，艾克曼和多家超大銀行討論併購事宜，其中包括花旗集團——這是幾年前，他和摩根銀行談判併購胎死腹中後合理的一步。這種行動是極為傲慢的作法，德銀和花旗集團競逐世界最大銀行的榮銜，花旗集團的資產大約為一．五兆美元，德銀大約為一．二兆美元，兩家銀行合併的話，會創造出規模無法想像的銀行巨獸。

對德國民眾來說，艾克曼現在已經變成十分兩極化的人物，毀謗他的人說，他具體表現出英美企業附屬的樣貌。二〇〇五年，他因為以曼內斯曼（Mannesmann）產業與電信集團企業董事長的名義，批准發放巨額獎金，而遭到違反證券法的刑事罪審判。這個案子跟德銀無關，而且最後艾克曼無罪開釋，但是有一位攝影師拍到身為被告的艾克曼在審判期間露齒而笑，比著代表「勝利」手勢的相片。這個影像在德國變成艾克曼倨傲無禮的象徵。在德國一項民意調查中，只有五%的受訪者相信，艾克曼是真心追求德國社會福祉的人。德銀監事會的一位成員為了表示抗議，甚至採取不同尋常的辭職行動，還公開炮轟艾克曼過度依賴投資銀行業務，出賣德銀的德國身分，因而危害德意志銀行的穩定。

這些事情全都是對艾克曼（以及德意志銀行）獲得空前未有龐大權力的反彈。不過，雖然民眾強烈抗議，艾克曼卻受到德國既有體制的歡迎。他和德國總理施洛德（Gerhard Schröder）交好，兩人會定時見面，一起喝杯波爾多葡萄酒。艾克曼會出現在電視觀眾前面，接受德國重要記者專訪。有一次，一位記者問他，是否關心施洛德或他的對手梅克爾，誰會成為德國總理。艾克曼聳聳肩，說他和兩個人都交好，然後笑著說：「我有點像是政客。」梅克爾出任總理時，還辦了一場晚宴向艾克曼致敬。

在這種歌舞昇平的歲月裡，正是德銀最需要有人踩煞車的時候，踩的力道可輕可重，但是的確要有人來施加一些壓力，好讓這輛失去控制能力的車子減速。德銀需要有人不擔心不受歡迎、不怕對上司說出逆耳消息、願意說不的人。

只要打個電話，就可以接通布羅克斯密特，卻沒有人打這通電話。

第十一章 印地安人

米契爾死後的幾個月裡，布羅克斯密特深深慶幸自己已經不在銀行業服務。無止盡的工作時間、割喉式競爭的環境、可疑的道德操守之類的事情，都不是造成米契爾的飛機墜落的原因，但是從某些角度來看，如果你認真審視，或許這些事情就是造成這場悲劇的原因。或許如果他沒有這麼辛苦的工作，他的太太應該會留在倫敦，米契爾應該就不會搭上飛往蘭吉利的致命飛機，或許他應該不會擁有自己的私人飛機，會被迫搭乘商業航班，或許可能不是這樣。布羅克斯密特會告訴朋友，他的至交好友突然死亡，證明了他改變自己人生道路的決定正確無誤。

因為有錢有閒，他開始照顧起傷心欲絕的艾絲黛兒。他和艾拉的倫敦公寓失火後，他委託艾絲黛兒，負責監督全面修理和更新的輕鬆任務，這份工作可以讓她忙碌（和獲得酬勞）好幾年。這幾年裡她一直很傷心。她在二〇〇四年寫給布羅克斯密特的信裡寫道：「我必須放下，但是因為某些原因，卻很難這樣做，我不知道自己應該怎麼過日子，應該去那裡。」她在克羅埃西亞有一些朋友，她也涉足那裡的不動產，設法讓這類事情占據她的生活和時間。她還跟布羅克斯密特報告，連川普都在克羅埃西亞「像瘋子一樣投資，如果你有興趣……請告訴我，這裡還有很多很好的交易機會。」布羅克斯密特回答說，謝謝、不必了。布羅克斯密特是保守型的投資人，不喜歡跟在川普後面投資（雖然他看過青少年時期的兒子華爾閱讀川普的大作《交易的藝術》，卻也曾經對著家人，大聲指責川普是個騙子。）

理論上，退休對布羅克斯密特來說，應該是有趣的事情，錢不是問題。包括達米恩・赫斯特（Damien Hirst）一幅畫作在內的精美藝術品，很快就裝點著他和艾拉在公園大道上的公寓。布羅克斯密特雖然節儉成性（他可能是擁有千萬家財的銀行家當中，唯一搭乘國際航班時坐經濟艙的富翁），碰到重要時刻，卻也十分慷慨，而且不只是對艾絲黛兒慷慨而已。有一次，有一位家族成員需要進行保險並不給付的昂貴療程時，布羅克斯密特宣布他會出這筆錢，受益人拒絕，但布羅克斯密特威脅這位左傾的親戚，如果不接受，他就要把錢捐給共和黨，結果這番話發生了作用。

問題在於單調乏味。他為老東家美林公司做一些諮詢的工作，並且在電子郵件中告訴艾絲黛兒：「不是太費力的事情，但是能夠貼近這種遊戲很有趣。」

他買了一隻毛茸茸的白色比熊犬，為這隻母狗取名黛西。他也會坐在公寓裡，抽著煙斗，看看老電影。

他會寫高階經理人待遇和稅務改革相關的長篇大論寄給編輯，卻難得刊出來。

他常光顧以前跟米契爾一起去的俄羅斯土耳其浴場，只是現在他是獨自一個人坐在裡面了。

最重要的是，他開始喝酒了，到了半夜兩點，他仍然可能會有點瘋瘋顛顛，敦促大學時代的老友和老同事再喝一回合——然後早上時大嘔特嘔。他將自己診斷為一名酒鬼，卻對德銀的老同事沙曼．馬伊德（Saman Majd）保證說：「我一點都不沮喪，只是非常懶散。」

詹恩還在德意志銀行裡奮力前進，他的業務範圍攀升至極為重要的程度，還負起賺進整個德銀一大部分盈餘的責任。他不諱言希望自己將來能夠當上執行長的雄心。但是不管他多渴望得到這個職位，反對他的阻力和他的意願一樣強大。他的印度血統使他在仍然奮力追求外界接受的德意志銀行裡，像個局外人。二〇〇四年時，《經濟學人雜誌》因為抨擊德銀是一支巨型的避險基金，嘲笑詹恩是「染患債券毒癮的印度人」而轟動一時，這種標籤從此在德銀內部的某些角落生根。有一位德國籍的銀行家在德銀的靜修會上，對著五百位聽眾開玩笑，說投資銀行通常都有太多酋長、卻沒有夠多的印第安人（印第安人和印度人的英文相同，都是Indian）——但是在德意志銀行裡，問題正好相反。聽眾中的美國人、英國人（和印度人）都緊張的瞄來瞄去，德國人卻哄堂大笑。詹恩知道，私底下有很多德國同事叫他「印第安人」（*Der Inder*），德國媒體則公開如此稱呼他，介紹他時，經常說他是「印度裔銀行家安舒．詹恩」。這類事情讓他想起早年在美林公司，被人誤認為資訊科技專家的往事。

詹恩曾經憤憤不平的說，他在陰影中苦幹實幹，艾克曼卻在大眾面前享受所有的光環，而且這位執行長並沒有讓詹恩的日子比較好過。艾克曼會在詹恩的背後，跟同事一起嘲笑詹恩，故意破壞手下詹恩的晉升之途。他和他的秘書偶爾會取笑詹恩的電子郵件甜的令人發膩，老是說些感恩戴德的話，感謝艾克曼撥出時間見他、或是在充滿爭執的會議上支持他。

但是，即使詹恩是德國人，而且得到上司的支持，他仍然缺乏重要的領導才能。米契爾和艾克曼先後訓練他怎麼創造營收，卻也只是這樣而已。他不負責維持德銀所用科技保持良好狀況之責，不負責確保員工遵守法律或德銀規章，也不負責會計事務，甚至不負責跟經營德銀其他部門的同事搞好關係。他唯一重要的任務就是維持鈔票不斷流入。詹恩一心一意的執念和艾克曼的想法如出一徹，但是他看穿了簾幕之後的世界，表示他從來沒有做好準備，無法出任整個德銀的領袖。

詹恩在米契爾的相片俯視下，模仿他的貴人，在身邊召集了一小隊得到他信任的顧問。不過，米契爾曾經鼓勵某種程度的異見，而且不但請布羅克斯密特擔任總顧問，也請他負責激發其他人發出反對言行。艾克曼一直受到自我懷疑暗自折磨之際，認定詹恩同樣得了沒有安全感的慢性病，詹恩對手下大吼大叫、猛烈抨擊和他抱持不同意見的人，似乎都是過度補償的行為。結果詹恩召集資深團隊到他辦公室開會時，每位經理人都會團團圍坐在圓桌上，對詹恩的領導表現出畢恭畢敬的樣子，進而變成以「詹恩軍團」聞名的派系。他和他的部隊耗費極多的時間，辯論這個決定或那個行動是否正確——不是對德銀是否正確，而是對詹恩在德銀裡的地位是否適宜。因此，詹恩認為，要改善他的地位，最好的方法就是繼續推動利潤最大化，自然也就不足為奇了。

他的一些同事很快就注意到有問題的跡象。詹恩樂於縱容創造極多盈餘的員工，即使他們的賺錢方法可疑也沒有關係。這些善於呼風喚雨的賺錢高手似乎也樂於接受保護，沒有人有興趣問一些令人難堪的問題。原本默默無聞的部門報出強勁的財務資料時，詹恩的一些副手會皺著眉頭，顧左右而言他——然後大致上會沈默不語。大家都覺得，只要你能創造龐大利潤，結果可以證明你的手段正確，你的作法如何不太重要。

拉吉夫・米斯拉（Rajeev Misra）就是典型的例子。米斯拉出身印度德里的富裕家庭，十四歲時就在學校裡認識詹恩，結成好友。米斯拉的爸爸希望兒子成為外科醫師或工程師，因此米斯拉上了印度一家精英工程大學，然後轉學去念賓州大學。他還是機械工程系學生時，就在新墨西哥州的洛斯阿拉摩斯國家研究所（Los Alamos National Laboratory）找到暑期打工的機會，協助設計人造衛星，卻無法得到全職的工作，因此改到一家軟體新創企業任職，過了一段覺得不甚滿意的日子，才去讀商學所。他理想中的目的地似乎是看來精力充沛、富有企業精神、又有大錢可賺的華爾街。

米斯拉到美林公司求職面談時，誇稱自己在印度工程學府入學考試的幾十萬考生中，成績排名第一百二十六名，還得到賓州大學的全額獎學金（幾十年後，他仍然會吹噓當年勇）。他自信滿滿的態度並沒有打動跟他面談的人，他承認自己對財務所知不多，脫口說出：「你們必須教我」，同樣沒有打動口試官。

美林公司的高階經理人，只有一個人發現他坦白的回答中還有一點意思，這個人就是布羅克斯密特，他同意收米斯拉當練習生。米斯拉腳步蹣跚的走出門，三個月後，又無精打采的走進布羅克斯密特的辦公室，告訴他的上司，說他虧掉了二十萬美元，還預期自己會遭到開除。「不要連續虧損三次」，布羅克斯密特告訴他：「虧損一次還好。」經歷這件事之後，米斯拉的職業生涯開始飛黃騰達，然後調到倫敦美林公司工作，四年後的一九九七年，詹恩聘請他到德意志銀行擔任高階業務經理人。頭髮向後梳、棕色眼珠帶著悲傷神色的米斯拉不斷獲得擢升，最後做到德銀信用交易部門最高級主管，負責債券、外匯、利率之類商品的交易。他在這個部門一戰成名，原因之一是他推動手下，打進新興的擔保債權憑證（collateralized debt obligation, CDO）領域。基本上，擔保債權憑證是你把一大堆通常由房貸債券構成的證券分拆、裂解和混合，再把混合出來的這一大堆東西，分割成一大堆風險程度高低不等的細小單位，然後把這些單位當成新證券來銷售。德銀在米斯拉的領導下，成為這些突然炙手可熱金融工具全球最有創造力的銷售商。投資人（其中很多是不精明的歐洲銀行、退休金計畫和縣市政府）接受德銀的建議，買下一大堆這種證券。不久之後，光是這項業務，每年就為德銀帶來十億美元的營收。

米斯拉變成了明星，改穿全黑的正式服裝，辦公室裡裝點了眾多的獎品，紀念他所安排的交易和所贏得的業界獎項。他會讚揚米契爾，說米契爾灌輸給他樂觀進取的態度，造就了他的成就。但是在德意志銀行內部有一個公開的秘密，就是米斯拉獲准挑戰極限——不但可以把劣等證券賣給客戶，也可以超越適用於德銀大部分交易的風險限制。*米斯拉在德銀高階經理人的會議上，會大聲咀嚼含有尼古丁的口香糖，嘴唇咂咂有聲，詳細解釋保證不出問題的交易機制，說明為什麼有必要略為放寬風險限制、解釋這種出色的策略多像詹恩自己過去精心安排的交易。詹恩通常會吞下這種誘餌，開始回想米斯拉所提到的交易。米斯拉臉上會浮現一抹微笑，詹恩故作高明一番後，米斯拉會問，「這樣代表同意嗎？」實際上通常都是這樣。

詹恩有些副手擔心米斯拉的金融工具具有毀滅性，但是他們有一種感覺，覺得米斯拉不是他們可以批評的人——這種情形嚴重到米斯拉在室內，一支又一支的點起他心愛的小雪茄時，他的部下得急著去移除煙霧偵測器，而不是建議他們的上司，到戶外享受這種會發出菸臭味的習慣。畢竟米斯拉和詹恩大致上終生都是好友，而且就這件事而言，艾克曼也以在煙霧偵測器上動手腳而為人所知。

波阿茲·韋恩斯坦（Boaz Weinstein）是另一位得到詹恩加持的人。他聰明又熱情，是西洋棋大師、也是跟巴菲特一起玩梭哈的同伴——他的人是否很客氣還是很討人厭，要看你得到他多少尊敬而定。韋恩斯坦才三十出頭，卻扮演雙重角色，要監督自營交易部門（就是拿德銀自己的本錢去下注），也要管理德銀跟一大堆客戶的關係。德銀的經理人和法遵人員批准這種

＊ 米斯拉承認他的部門偶爾會銷售劣等證券，而且風險限制高的不尋常，但是他指出，他的所作所為都合乎德意志銀行的規定。

安排，但這樣做是十分明顯的利益衝突，凡是歷史比較悠久的華爾街業者，都不會接受這種作法，而且在德意志銀行內部，這種安排也引發了相當嚴重的不滿。如果韋恩斯坦和他的團隊知道某家大型法人機構客戶要怎麼在市場上操作，有什麼東西能夠阻止他們提早一步下注？詹恩的手下馬克．費隆（Mark Ferron）開始到處打聽德銀為什麼會接受這種不尋常的安排，消息很快就傳回來給他，說沒有人喜歡他的「愚蠢問題」，費隆因此罷手不問。

這一切都比不上克里斯欽．畢塔爾（Christian Bittar）的公開犯罪行為。畢塔爾在塞內加爾成長，學生時代就是數學天才，在法國的精英大學獲得學位，然後進入法國興業銀行擔任交易員。一九九九年，德意志銀行挖角他到德銀的換利合約交易中心任職。這個部門是布羅克斯密特多年前的設想，目的是要讓客戶規避未來的利率變化風險，因此，在正常的情況下，應該不是非常出色的利潤中心。但是到了二〇〇〇年代中期，畢塔爾和同事開始壓榨這個部門。同事替畢塔爾取了一個綽號，叫做「基點先生」，因為他抱持的態度是：即使利率只有微幅波動，他也要從中榨取巨額的利潤（一個基點是一個百分點的百分之一）。

擔任詹恩旗下全球市場業務部門營運長的費隆發現，這個部門也有一些值得疑慮的地方。畢塔爾展現出典型的警訊，如聰明過人、十分敏感、突然間賺到大錢。費隆在很多場合表明自己的憂心，有人卻告訴他不必擔心，經營這個部門的艾倫．柯羅埃特（Alan Cloete）將一切都牢牢控制住。費隆可沒這麼有把握，覺得要是有什麼業務單位需要進行類似直腸檢查一樣的查核，這個部門似乎就是應該檢查的地方。他得到的最後答覆是「我們不需要你的幫忙。」於是這件事情就此打住，至少暫時如此。

畢竟別人認為費隆是二流人才，而非明星。有一次詹恩告誡他，「你待在廚房裡的時間太多了，應該走出去坐在大桌上。」詹恩的意思是費隆（以及風險管理、會計、科技和營運部門的其他人）不如負責創造營收的同事，是邊際員工，只會從最重要的成本底線中把錢吸走。

在這段繁華歲月裡，德銀的高階經理人和交易員對自己的聰明沾沾自喜。他們創造了意在賺取龐大利潤的複雜結構，同時這些結構的運作符合他們的原意。自營交易的利潤占比從投資銀行部門總獲利的五%，升高到十七%時，並沒有觸發警鈴；每天投入自營交易的資金節節高升時，也沒有觸發警鈴。執行董事會的確沒有設法控制整個情勢，但是這樣的成就並不是反映這些投資銀行家天資過人。當時銀行都能以最低的價格，從各種來源（包括中央銀行、存戶、債券市場）借到幾乎毫無限制的巨額資金，當你借錢幾乎不用成本時，要賺到錢並不是這麼難。不論資產是股票、債券、抵押債券、衍生性金融商品，還是任何其他資產，只要找到報酬率高於借款利率的資產就夠了。在你的借貸成本接近〇的時候，這樣的門檻其實很低，很多大銀行都利用這種環境，但是沒有一家像德銀利用的這麼厲害。德銀的槓桿比率、也就是根據銀行資產除以銀行資本計算出來的借錢比率，高達天文數字般的五十比一（換句話說，德銀的資產負債表絕大部分都是靠著債務融通的。）相形之下，美國大銀行的槓桿比率平均只有二十比一，雖然只有德銀比率的一半以下，但根據歷史標準來看，都已經是偏高了。

然而，這種事業模式只有在金融、經濟和政治維持良好狀況時，才能順利運作，任何變數（包括利率上升、市場崩盤、管制加強、新科技改變競爭環境）都可能破壞這場盛宴。如果出現這種狀況，交易業務帶來的營收會突然減少，但是其中的高成本（至少像是德銀承諾發給很多交易員的巨額獎金）卻不會因此降低。艾克曼和詹恩努力把這種突發狀況從腦海中排除，相信自己已經把這台賺錢機器改造到盡善盡美的地步，認為自己很厲害，而不是運氣很好。

傲慢是錯誤之母。不只是德銀的交易廳干冒更大的風險，德銀本身在併購方面，也變的貪婪而輕率。併購俄羅斯的聯合金融集團就是例證，這家公司很快就會成為各式各樣問題的發源地。同樣在二〇〇六年的夏天，德銀還完成了另一件思慮不周的併購案，就是併購一家名叫房貸資訊科技（MortgageIT）的美國公司。它專門承作屬於高風險級別、名叫次優級房貸（Alt-A mortgage）的住宅貸款。事後證明，這時在美國買下承作低級房貸的業者，時機可以說是糟糕之至，同時，德銀在看來沒有問題、取名為「女傭計畫」（Project Maiden）的實地查核中，看到很多警訊在眼前迎風招展。例如，房貸資訊科技公司並沒有制定反洗錢方案，還因為推動掠奪性的放貸，遭到政府調查，而且在德銀自己的分析報告中，這間公司在確保貸款可能獲得償還方面，所做的計畫「力量薄弱或有限」。

這時正是艾克曼發揮若干領導能力的機會。詹恩簽署文件前，從某個機場的貴賓室打電話給他。最後一次討論這筆規畫中的交易時，艾克曼指出，這時似乎不是買下高風險房貸業者的大好時機。

「你不喜歡這個案子嗎？」詹恩問。「對，我不喜歡。」

「那我們放棄好了。」詹恩這樣建議，這樣應該可以結束一切，只是艾克曼卻失去勇氣，打了退堂鼓。「不必，如果你的團隊需要這個案子，就做吧。」於是詹恩完成了交易，還以德銀需要穩定的高風險房貸供應，好讓米斯拉的手下進行證券化包裝為理由，為這件併購案合理化。德銀制定了一項差勁、可笑的計畫，呈報董事會，打算把房貸資訊科技公司的產品範圍，擴大到包括「準優級房貸和次級房貸產品」以及次優級房貸。詹恩的團隊很有自信，認為自己可以克服風險。二〇〇六年七月，這項四億二千九百萬美元的併購案公諸於世，詹恩在新聞稿中宣布：「很高興這家公司能夠加入，持續擴大我們的美國與全球房貸證券化平台」，藉此表示德銀剛剛買下一家大家垂涎的業者。

這一切成長協助德銀達成十年前無法想像的里程碑。二〇〇七年時，德意志銀行的資產負債表中，資產膨脹到大約二兆美元，成為世界最大的銀行。

第十二章　救火隊員

滾滾黑煙從曼哈頓市區荒廢的信孚銀行總部冒出，時間是二〇〇七年八月某個星期六下午。這棟從九一一恐怖攻擊以來就用黑網罩住的黑色大樓會失火，是因為有一位建築工人丟了一支點著的菸蒂。幾百位消防隊員趕到火場，拚命防止火勢蔓延，也防止建築物內部的毒霧汙染附近地區。大火迅速吞噬了這棟大樓的十三樓，消防隊花了七小時才把火勢撲滅，兩位消防隊員喪生。

這棟建築物失火前後，詹恩和同事正在巴塞隆納，舉辦德意志銀行金融市場從業人員年會。會場設在海濱的豪華度假村藝術大飯店裡，白天有很多說明會和一對一的會議，但是真正的戲碼在晚上。有一天晚上安排的是滾石樂團的現場表演，德銀在詹恩勉強同意下，付給這個樂團四百多萬美元的酬勞（他不是滾石樂團的死忠粉絲，比較偏愛險峻海峽樂團）為幾百位觀眾表演。觀眾幾乎全是男性，他們不想跟男同事共舞，只好笨拙的跟著台上米克．傑格（Mick Jagger）的歌聲手舞足蹈。

在這場年會中，焦點是迅速逼近的金融風暴。美國投資銀行貝爾斯登公司（Bear Stearns）經營的兩檔避險基金剛剛倒閉，隱隱成為一場全球金融大地震的前震。詹恩和幾位同事在某一個炎熱的晚上，跟一群重要避險基金經理人和私募基金公司經理人共進晚餐，德銀的一位高階經理人後來表示，「席間談話都和怎麼避開迎面而來的火車有關。」詹恩知道情勢惡劣，但是大家有如世界末日的語氣讓他驚慌不已。到了晚上大約九點半時，他召集最高級的副手，到旅館一間沒有窗戶的會議室開會，發布「全船徹底倒貨」的命令，規定大家必須加速出售手上風險最高，尤其是跟美國房市有關的部位，而且必須立刻出售。這個大膽的行動很有先見之明，可以說是救了德銀，事後也證明這是詹恩最高明的一刻。

問題是發動跳樓大拍賣比實際跳樓還難，德銀帳上持有最差的資產大都不容易出清，畢竟當時沒有很多人想買高風險的證券。而且德銀的電腦系統整合度極低，甚至連算清楚德銀到底持有哪些資產都很不容易。除了這個問題之外，最能看清突然爆發的信用業務中所有地雷可能埋藏地點的米斯拉，卻在計畫離開德銀。他對德銀的經營方式不滿，也不滿詹恩似乎無意監控風險的危險作法。米斯拉認為，這種情形代表背離基本責任——不過有很多米斯拉的同事會把這種背離歸咎在他身上（這些銀行家會說：反省並非總是最好。）二〇〇八年初，米斯拉在拿到五千萬美元的獎金，又得到德銀的承諾，要在他規劃成立的避險基金中注資三億五千萬美元後辭職（詹恩長期以來的副手費隆，也差不多在這個時候因為焦慮不安而辭職）。

詹恩在處處爆發緊急狀態的情況下，知道自己需要幫手，就把在東京協助經營德銀亞洲業務的老同事亨利．李奇歐特（Henry Ritchotte）召回倫敦，又授予從美林公司時代就對他忠心耿耿的范昆侖（Colin Fan）崇高的頭銜。同年秋天，約莫在信孚銀行大樓失火和大家在巴塞隆納亂花錢時，詹恩打電話給布羅克斯密特，布羅克斯密特同意出任顧問，並可能進一步出任專職。幾天後，詹恩碰巧跟米契爾的兒子史考特一起吃中飯，提到布羅克斯密特要回倫敦。史考特開玩笑說，詹恩似乎成功重組整個團隊了。詹恩回答說：「我從令尊身上學到一件事，就是大難臨頭時，你會希望有一個人跟你並肩作戰，那個人就是布羅克斯密特。」

德銀迫切需要布羅克斯密特。在一大群顧問和最近四處刺探，認定德銀並未適當衡量或控制其風險，尤其是當風險正好出自獲利豐厚的業務時更是如此。連詹恩的大軍賺錢時樂於居功的艾克曼，都懷疑詹恩對手下兇猛交易員的約束是否足夠，因而歡迎布羅克斯密特的回歸。布羅克斯密特很快就得到一個含糊的頭銜，出任投資銀行部門資本與風險優化主管，掩蓋了他負責救火的重責大任，也就是負責發現山林野火火場，再撲滅火災，以免小火變成山林大火。每個人都獲知他直接對詹恩負責，知道他擁有相當大的權力。

布羅克斯密特不但有權質疑交易員，而且有勇氣對詹恩表達這類疑慮。他規定投資銀行每周必須召開內部風險評估會議（當時，並沒有定時召開這種會議的慣例），而且他像兩位高階經理人後來說的一樣，扮演「壞警察」的角色，變成否決交易建議的人。也約束不守規矩的交易員，堅持必須分配額外的資本，掩護高風險的交易，從而有效的使這些交易的利潤略微減少，降低對交易員的吸引力。

布羅克斯密特的首要任務之一是：針對僅僅在一年前併購的房貸資訊科技公司問題，向詹恩提出怎麼處理的建議。布羅克斯密特跟一些人討論，並仔細查核過帳目後，提出嚴肅的結論，也就是這家公司的價值為零。這一點不光是令人難堪而已，還表示二〇〇七年底時，德意志銀行必須在年度營運成績中認列一筆龐大的損失——這正是德銀在衝進危機時最不願意做的事情。因此布羅克斯密特提出一個變通方法：房貸資訊科技公司應該繼續貸放房貸，避免承作該公司過去專門承作的案子，改為專心對比較安全的顧客，承作大額貸款。這樣做絲毫無助於處理房貸資訊科技公司已經承作的不良貸款，卻可以讓該公司原地踏步，留下命來，期望將來「獲利退場」的可能。布羅克斯密特在二〇〇七年九月，寄給詹恩一封電子郵件，表示「即使這個平台變成不值得進一步投資，至少你可以熬過年底，不必提列損失。」這樣可以讓德銀避免揭露自己剛剛付出將近五億美元買下來的公司，是個無法解決的問題，同時不必為這家企業的慘狀對任何人撒謊。

於是房貸資訊科技公司繼續製造房貸，德銀繼續把這些房貸包裝成證券賣給投資人。檢察官後來發現，德銀對客戶謊稱曾經對房貸資訊科技公司做過實地查核，但事實上，卻沒有再做過任何實地查核。

接著，詹恩派布羅克斯密特去處理韋恩斯坦的問題。高階經理人已經對韋恩斯坦失去信任，因為他們發現，韋恩斯坦經營他在德銀內部自行創業的避險基金時，所做的決定不見得是以德銀的最大利益為先，反而可能是以自己的最大利益為主。畢竟，韋恩斯坦會從他的避險基金獲利中分一杯羹，卻不必面對下檔風險——如果他的基金獲利一億美元，他個人可能可以分紅一千萬美元；但是如果他虧損一億美元，就沒有任何分紅。根據這樣的條件，交易員會有全力出擊的強大誘因。

直到二〇〇八年，韋恩斯坦都還在抗命，不肯取消他的交易部位。韋恩斯坦一直都是心高氣傲的人，喜歡吹噓自己是「世界上最高明的信用交易員」，現在卻高聲表示，在市場弱勢時賣出是愚蠢的事情。詹恩反駁說：「我一點也不在乎」，要求韋恩斯坦遵命辦事。韋恩斯坦卻繼續拖延，他先前獲利的基金虧損不斷增加，詹恩派布羅克斯密特去勸誘這位不聽話的年輕交易員，請他放棄控制他自己的投資組合。兩人逐漸賣光投資組合的部位，最後蒙受十八億美元的損失，將韋恩斯坦前兩年的獲利完全抵銷。布羅克斯密特的下一個任務更不愉快，就是請韋恩斯坦走路。

接下來的一年裡，全球金融體系幾乎崩潰，幾百家大小銀行倒閉，危機嚴重到好多家銀行的高階經理人，因為擔心整個金融體系隨時可能崩潰，集體從自己的帳戶裡抽走數以百萬美元計的資金，選擇把這些現金藏在家裡。美國和很多西方國家沈淪於嚴重的經濟衰退中。

德意志銀行蒙受了數十億美元的損失。在任何其他時候，這樣的虧損都是大災難，甚至可能是致命的慘劇，但最後德銀反而因為全球中央銀行緊急出面救援，用無數桶免費資金構成的大水，澆灌熊熊的金融大火，把德銀變成贏家，證明該行可以承受這些虧損。這一點有一部分要感謝詹恩二〇〇七年下令出售高風險資產，另一個原因是德銀找出方法，掩蓋一部分不良投資，對主管機關和投資人隱瞞實際上高達數十億美元的虧損。還有一個原因是：德銀若干最瘋狂勇猛的交易員投入巨資，賭美國房市會內爆，因而從中獲利。

這群交易員的領袖是快人快語的債券交易員葛瑞格．李普曼（Greg Lippmann）。*李普曼在二〇〇五年時，斷定美國不動產市場即將大跌，他又知道米斯拉這幫人大力推展的擔保債權憑證（CDO）業務，可以用來當成賭房市下跌的工具。米斯拉批准李普曼動用德銀的自有資金賭一把，再勸說詹恩提高正常的風險限制，好讓李普曼投下金額驚人的賭注。李普曼會同若干大型避險基金，創設專家尼古拉斯·鄧巴（Nicholas Dunbar）所說的「虛擬擔保債權憑證工廠」。但是這家工廠跟正常的工廠不同，生產的是以失敗為目標的產品，李普曼的團隊和精英避險基金選擇的房貸證券，都是由品質最糟糕、最可能違約的住宅抵押貸款構成（其中若干房貸證券還是房貸資訊科技公司所發行的），然後用一種名叫信用違約交換合約的衍生性金融商品，賭這些金融工具會虧損。李普曼的團隊還製作了一件T恤，發給參與下注的人，上面印的「我在放空你家！」字眼令人頭暈目眩。果不其然，美國房市崩潰後，德銀賺到好幾億美元的利潤，李普曼自己在二〇〇七年時，得到了五千萬美元的獎金。

其中當然會有一些附帶損失。首先，有很多比較不精明的德銀客戶，也就是容易受騙、買了德銀所出售垃圾的人，變成了輸家。但是德銀為了自圓其說，聲稱自己只是提供這些客戶所

---

* 李普曼啟發了麥可·路易士（Michael Lewis）所著小說《大賣空》（Big Short）所改編的電影中，由雷恩·葛斯林（Ryan Gosling）所飾演的角色。

需要的東西，而且他們非常不明智地想要的東西，正是在已經漲到高峰的美國房市中提高曝險程度。李普曼大肆豪賭之際，高盛公司的交易員也在精心策畫另一個類似的計畫，兩者都產生了並非無足輕重的影響，就是加重了即將來臨的金融危機風險。因為他們在擔保債權憑證機器中添加柴火，由高風險房貸構成的房貸抵押擔保證券的需求，一直維持相當熱絡的狀態，這表示，包括房貸資訊科技公司在內的房貸業者，繼續對沒有負擔能力的人，製造這種高風險的貸款。如果沒有李普曼和他的同類，能夠大賺暴利的人（和德銀之類的金融機構）應該會比較少，因為貸款「溺水」而失去家園的人也會減少（倒掉的銀行應該也會比較少）。

不是只有李普曼從這場危機中賺到大錢，賈斯汀·甘迺迪也一樣。甘迺迪早在二〇〇五年，就設法了解怎麼對一些局外人解釋商業房貸的意義。他在辦公室牆壁的白板上畫了一張表，說明房貸怎麼包裝成證券，證券再怎麼包裝在其他證券中，然後再包裝在擔保債權憑證裡，如此這般的不斷包裝。這整個結構非常脆弱，只要有一波群眾或企業延後繳納房貸，骨牌就會開始倒塌。爸爸偶爾還會來辦公室探望的甘迺迪邀請一些同事，來欣賞他親手畫的白板藝術，預測「這種東西一定會崩盤。」，於是，他們開始設想從崩盤中獲利、或至少不會因為崩盤而虧錢的方法。他們的策略之一是跟擁有很多擔保債權憑證的銀行對賭。德銀出售極多擔保債權憑證給很多銀行的事實，有助於甘迺迪這群人了解哪些銀行最可能受害。到了二〇〇八年，他們對賭的金額已經膨脹到幾十億美元。

這是德意志銀行自豪的時刻，德銀在自己的網站上刊出一篇企業傳記，得意洋洋的自誇「德意志銀行經歷過初期的若干批評後，成為極少數公認不必靠政府的直接援助，就能克服危機的全球性金融機構。」這樣說頂多只能說是誤導，因為光是美國聯邦準備，就對德銀提供了數十億美元的貸款，只是跟美國政府買下幾百家美國銀行股權所花的金額相比相去甚遠而已。而且各國政府對德銀的交易夥伴紓困，也讓德銀間接受益，如果沒有得到這些協助，德銀可能會蒙受致命的損失。但是艾克曼卻沐浴在榮耀中，得到一千八百萬美元的獎勵金，然後在瑞士和紐約置產——他在紐約已經擁有博物館大樓五十樓的一棟公寓。他也贏得二〇〇八年「歐洲年度銀行家」的榮銜，《紐約時報》稱讚他是「歐洲最有權力的銀行家」。

艾克曼利用這股威勢，取得更多的權力。他已經是德銀執行董事會議長，卻希望成為實際的執行長（德銀過去從來沒有執行長的職缺），不必再看高階經理人同僚的臉色，只對監事會負責。監事會大致上由員工代表組成，對業務的了解通常不夠深入，艾克曼要用威勢壓制他們會容易許多。於是，在董事會的默許下，艾克曼很快的就達成願望。從此，德銀就由一位執行長來領導。

艾克曼和詹恩認為，德銀能夠避免接受納稅人的紓困，證明他們不計一切追求利潤的策略正確無誤，投資人通常也同意這一點。過去一年，德銀的總市值雖然喪失一大部分，從七百億美元降為二百一十億美元，但是在極為慘烈的銀行業戰場上，德銀仍然算得上是贏家。二〇〇八年十月，艾克曼得意洋洋的誇稱：「我們今天相當強大，原因正是我們賺到了這麼多的利潤。」但是這樣說是自以為是的推論、是各地銀行家都會誇示，以便證明自己行動正確的論證。不錯，如果其他條件相同，銀行的獲利愈多，碰到危機時，會愈不可能傾覆。但是其他條件相同的狀況很罕見，獲利最高的銀行通常是冒最大風險的銀行，這些風險一時之間並非總是很明顯，這就是為什麼自以為是模範的銀行經常會得到報應的原因。

不必等多久，德銀的報應就會上身。過去十年裡，德銀的資產負債表膨脹了四倍，資產超過二兆美元，幾乎跟整個德國的經濟規模一樣大，這種讓人瞠目結舌的統計數字中，有一個最瘋狂的因素，就是這些資產中，大約只有十五％是銀行傳統生命線的企業和家庭貸款，衍生性金融商品資產的比重卻是上述資產的三倍。這種複雜的賭博隨時可能完蛋大吉，只要爆發一家大企業意外破產、巨型天災或衍生性金融商品的基本公式出錯，就可能引發慘劇。事實上，德銀這些金融工具中，有很多項目的價值已經遠低於過去，如果德銀誠實計列這類資產的價值，應該會損失慘重。為今之計，德銀高層經理人只能謊報衍生性金融商品的價值，祈禱這些商品在任何外人知悉其價值減損前，能夠反彈回升。

德銀和美國同業不同，危機爆發後，政府沒有強迫他們增資幾百億美元的新資本，以強化銀行的資產負債表，反而深信自己地位穩固，不需要自我強化。德銀很清楚自己的所作所為，畢竟你只要看看德銀在這次畢生難逢的金融危機中表現多麼優異，極多的同業卻在危機中完蛋大吉，就可以得知這一點。這是嚴重的錯誤估計，是德銀摩天大樓警衛森嚴的執行董事會樓層中，大家的傲慢心理作祟產生的直接後果。

詹恩升到接近德銀最高階層前，一直都能夠檢討德銀從什麼地方賺錢，看出其中有一些運氣的成分。但是，現在他在米契爾照片的俯視下，坐在高階主管辦公室裡，卻把運氣錯誤解釋為技巧。擔任詹恩首席策略師八年的亞歷克斯．克羅斯曼（Alex Crossman）可以看出：傲慢和權力混合在一起，已經改變了高階主管看待世界（和看待自己）的方式。克羅斯曼認為，從危機中獲利、從生活遭到摧毀的人身上獲利的本質，是不道德的事情。克羅斯曼曾經堅持偶爾會跟詹恩小小吵上一架，例如，指責詹恩一再於周末大清早打電話來——只是為了提醒他，他不是可以任人呼來喚去的人。詹恩通常會道歉和放棄。不過多年來，隨著詹恩的權力升高，他對指責和異議的容忍程度也降低了。在企業和政治天地裡，領袖喪失傾聽建設性批評的能力或意願時，他領導的組織就會陷入險地，這種情形是典型的警訊。這種情況在當下經常難以察覺，因為這個機構的有形成就，如獲利、獎項和成長，會成為領袖及其員工、股東、主管機關暫時性的鎮靜劑。然而，克羅斯曼可以看出這些警訊，因此他辭職離開，改行去當老師。

第十三章　這個傢伙是危險人物

二〇〇八年秋天，金融危機全面告急時，川普因為他的芝加哥摩天大樓建案，積欠德銀二〇〇五年借給他的三億三千四百萬美元。現在旅館、餐廳和水療中心已經開幕，豪華公寓卻還沒有蓋好（川普宣稱：「我為這個城市蓋了一棟偉大的紀念碑。」）在經濟狀況往下走的時候，沒有人要買他的豪華公寓。

川普的貸款已經分拆，變成房貸抵押擔保債券，由德銀賣給投資人，不過德銀自己也留下一部分。這批債券在二〇〇八年五月到期，但是德銀代表自己和債券持有人，同意川普延期償債六個月。現在十一月的到期日逐漸逼近，川普希望再延六個月，這次德銀拒絕了。

然而，川普卻無意準時償還這筆貸款，他要求他的律師團想出解決方法。其中一位律師仔細研究每一份貸款文件後，跟其他律師舉行視訊會議，進行腦力激盪，設想如何協助他們的客戶擺脫債務負擔時，提到貸款協議中，有一項不可抗力（天災）的規定。這點表示，碰到自然災害之類無法預測的災難時，合約會無法履行。參加會議的一位律師說，聯準會主席葛林斯班剛剛才把這場金融危機，叫做「信用海嘯」——如果海嘯不是自然災害、不是天災，什麼才是天災？一位名叫史帝夫．史勒辛格（Steve Schlesinger）的律師，向川普說明這個構想，川普叫道：「這樣太棒了！」川普的歡欣之情讓史勒辛格和所有律師都得意洋洋，川普也訓令自己的律師團執行這個計畫。

貸款到期前三天，律師團發給德銀一封律師函，聲稱川普認為這場金融危機代表不可抗力，容許他停止償還貸款。幾天後，川普援引不可抗力條款，具狀控告德銀對他運用「掠奪性借貸作法」，協助引發金融危機。川普宣稱：「德意志銀行是必須為當前經濟功能失常負責的主要銀行之一。」川普還極度厚顏無恥的請求三十億美元的損害賠償。

德銀方也提起訴訟，索取二〇〇五年川普個人保證的四千萬美元。德銀指出，川普通知德銀，指出金融危機構成合約失效的天災當天，有兩家報紙引述川普的豪語，說他在這場危機中多麼漂亮的毫髮無損。報紙還引述川普的一位副手的吹噓，說川普的公司擁有將近二十億美元的資金，隨時可以動用。

德銀在努力促請川普償還債務時，提出了有力的論證，說明德銀從一開始，就絕對不該貸款給川普。德銀的訴狀中，引述川普大作《大膽想出狠招》（*Think Big and Kick Ass in Business and Life*）中，這位未來的美國總統解釋他在一九九〇年代的不動產不景氣時，怎麼玩弄銀行的話。川普寫道：「我把問題推回給銀行，讓他們負擔一些責任。我認為這是銀行的問題，不是我的問題。我哪裡會管他們的死活？事實上我還曾跟一家銀行說，『我早就告訴過你們，不應該借給我那筆錢。我早就告訴過你們，那筆該死的交易不好。』」德銀在訴狀中指出：「他現在借助了他在房地產大亨生涯中一貫採用的策略，這種事實應該不會讓人覺得驚訝。」的確如此。

訴訟提出後不久，川普碰到甘迺迪時說：「這件事和私人恩怨無關。」甘迺迪回答說，在商言商，他沒有什麼反感。但是德銀高階主管得知川普的提告時卻很火大。德銀的首席法律顧問問同事說：「我們幹嘛把錢借給這種混球？這個案子是在胡說八道，但是我們必須好好應付。」四年多前，川普的賭場公司垃圾債券違約，傷害了德銀和德銀的客戶，也宣告川普和德銀投資銀行某個部門的關係結束，但是這記警鐘卻沒有拯救另一個部門，免於在自己的糟糕交易中失足。現在該是投資銀行其他部門跟川普切斷關係的時候了。從此之後，川普甚至應該不會獲准在德銀的高爾夫球賽中現身了。詹恩的一位副手說：「這個傢伙是危險人物，我們跟他已經完了。」

甘迺迪在金融危機中大賺一票後，看到一位重要客戶就此沈淪，因此決定在二〇〇九年底，離開德意志銀行。

第十四章　風水輪流轉

德意志銀行可以說是以驚人的速度，從業界紅人，變成主要的問題之子。過去讓德銀成為投資人寵兒的東西，也就是德銀的證券銷售和投資銀行業務列車，在如今的危機中有如驚弓之鳥般的股東眼裡，變成了賤民。主管機關和投資人開始擔心，要是德銀沒有獲得政府或民間投資人注入新資本，會沒有足夠的財務緩衝，以便吸收未來的潛在損失。經濟合作發展組織之類的國際組織發出警告，說德銀的資產對股東權益比率、即德銀的槓桿比率，仍然接近五十比一，凡是負責任的企業都不應該這樣經營，因為如果借來的資金枯竭，企業應該會倒地不起。

德銀可以說是「良好」危機中的受益者，因此沒有感受到多少必須縮編的壓力。高階經理人不知道自己只是拖延了報應的時間，而不是避過了報應。然而，投資人知道這點，德銀的股價便反映出投資人對德銀沒有信心。在全世界遭遇金融危機和隨之而來的經濟大衰退之際，和德銀最接近的對手銀行，如摩根大通和花旗集團的股價，都反彈到危機前的水準，然後繼續上攻，德意志銀行卻不是這樣。德銀股價早在二〇〇七年五月就漲到九十一歐元以上的天價，然後在二〇〇九年一月、美國總統歐巴馬宣誓就職後不久觸底，跌到大約十三歐元。到了五月，德銀股價反彈到接近四十七歐元，和三年前的股價相比，只比腰斬稍好而已，從此德銀的股價再也沒有超過這個價位。

不只是德銀資本不足讓投資人不安。從米契爾、布羅克斯密特和詹恩十多年前投效德銀以來，德銀的衍生性金融商品存量不斷成長，併購信孚銀行後，存量更是大增。因為衍生性金融商品在剛剛結束的金融危機中，扮演舉足輕重的角色，新近適應衍生性金融商品潛在危險的投資人，開始用心計算，才知道德銀坐擁幾兆美元的這種金融工具。德銀期望這些衍生性金融商品長久以後會賺錢，已經提前把獲利入帳，只是其中很多合約都要到很多年、甚至數十年後才會到期。如果經濟狀況、管制、法規或德銀交易夥伴出現急劇變化，就可能造成德銀的驚人損失。而且因為德銀已經計列獲利，將來這些東西只有下跌的份。如果德銀必須出售這些衍生性金融商品，實際上就必須吐回這些利潤。德銀真的能夠控制自己的曝險嗎？如果德銀的計算出錯，會有什麼結果？

艾克曼這時有機會利用德銀相對強勢的地位，藉著發行新股，增加德銀的財務緩衝能力，這種作法也得到德銀若干高階經理人的支持。艾克曼可以快刀斬亂麻，清除德銀不需要的資產，這樣做會在財務上造成一些短期的痛苦，卻可以減輕投資人對德銀長期健全程度的憂心。他也可以大舉投資，大力整頓德銀亂成一團的資訊科技系統。這些事情他全都沒有做，他最大的策略性行動反而是買下備受蹂躪的德國郵政銀行（Postbank）。從表面上來看，併購德國郵政銀行，目的是要提升德銀在國內市場的力量，但是這種作法背後根本毫無道理可言。德國郵政銀行是超大型的爛攤子，所用的科技甚至比德銀的系統還古老，而且服務對象是節儉成性的德國存戶，根本不是能夠獲得豐厚利潤的事業。德銀要籌措這筆交易所需資金，必須要求股東拿出一百三十億美元，購買德銀新發行的三億多股新股，要是拒絕參加現金增資，只能眼睜睜的看著自己現有的投資價值遭到稀釋。德銀原本可以拿這些資金補強自己的資本，結果卻浪擲在買下德國郵政銀行上。好幾位高階經理人警告艾克曼，反對這筆交易，主張就在美國銀行動用幾十億美元的新資本自我強化之際，德銀浪擲這些錢等於是瘋了。艾克曼在排除這些憂慮時指出，在歐洲陷入經濟危機的當下，併購德國郵政銀行是為了德國好的正確作法、也是愛國的行動（不少經理人認為，艾克曼對擦亮自己的公共形象比較感興趣，而不是做對德銀有利的事。）但是因為德銀的董事會支持執行長，這筆交易順利完成，為將來德銀後悔放棄領導權的事情，再增加一個例子，在德銀即將面對新的財務壓力之際，更是如此。經過多年的自由放任管制和執法後，鐘擺即將往回擺動，政府對於並非初次習於把世界經濟推進深淵的銀行業，即將回歸嚴密監督的方向。過去十年內，凡俗之見都認為，大家基本上可以信任銀行業會自律——畢竟維護自身生存對他們極為有利，但是事實證明，他們自我克制的能力很差，因此政府監督的新時代就此開始。主管機關會投入更多資源，監督超大型金融機構的內部運作，檢察官會悄悄探查嚴重的不當行為。

德意志銀行具有獎勵積極進取行為的文化，又從突破極限和偶發的不法行為中獲利。在這兩個因素驅動下，德銀一直是放任時代的大贏家，但是在這個新時代，德銀應該會輸的更慘。這個問題不只影響德銀，也會影響布羅克斯密特等高階經理人。

羅德．史東第一份真正的工作是看色情片，當時是一九八〇年代初期。史東在倫敦艱困的布里克斯頓（Brixton）地區長大後，進入皇家關稅與國產稅署服務，這個政府機關的主要任務是打擊走私進入英國的商品。當時把性愛錄影帶秘密運進英國的業務興起，史東的工作就是在整卡車的錄影帶遭到攔截後，坐在房間裡，觀看每一捲錄影帶，記錄淫穢行為的性質。有好幾年，他一星期要工作五十小時，觀看和記錄色情片。到了一九八四年，他還在關稅局服務時，升為比較嚴肅的執法人員，協助追查在倫敦替利比亞領袖格達費走私武器的人，破獲若干走私菸酒的集團。他喜歡過濾有如迷宮般的稅務和不動產紀錄，也喜歡和策劃犯罪的人正面對決，他解釋說：「這樣是在鬥智。」

關稅署最後接下徵稅的責任，已經四十好幾的史東轉換跑道，發展出對於充斥詐欺行為的營業稅所需的專業知識。

理論上，假設一家公司把產品從法國運到英國，產品穿越國境時，這家公司必須繳納進口稅。但歐盟是自由貿易區，進口商隨後可以向政府申請退回所繳納的任何稅款。歐盟各地的犯罪集團制定了縝密的計畫，沒有繳納最初的進口稅，卻仍然申請退稅，英國政府因為這種詐欺式的退稅，損失了數十億英鎊。史東的工作就是揪出從事輸運產品、逃稅、又以詐術索求退稅的連鎖空殼公司。

到了二〇〇八年，史東注意到，有些詐欺嫌犯開始玩起名叫排碳量許可證的東西，這種許可證是歐盟減排溫室氣體計畫的一環，許可證每次易手，都要繳納營業稅，但是這種許可證跟歐盟境內銷售的任何產品一樣，課徵的營業稅可以退稅。二〇〇九年時，詐欺集團開始向英國政府申請假退稅。史東驚訝的發現，不少大銀行跟這些幫派份子合作，而德意志銀行因為在倫敦有一群交易員，專門從事排碳量許可證交易，便成了其中的領頭羊。直到二〇〇九年，德銀一直是營業稅，也就是加值稅的淨納稅人，接著到了六月，德銀申請退稅一千五百多萬英鎊，案子處理完畢後，德銀獲得退稅。三個月後，德銀提出另一筆退稅申請，這次金額為四千八百萬英鎊，於是史東展開調查。

史東先前曾經書面警告過德銀，指出德銀交易員似乎參與稅務詐欺，但是德銀的若干交易員（其中一位涉嫌人綽號甚至叫做「無法無天」）卻依然故我。二〇〇九年十一月，史東踏進德銀的倫敦辦公室，通知德銀的律師，德銀已經列入可能參與詐欺的書面通知中，繼續從事這種不當行為的後果可能會很嚴重。到了十二月，史東再度上門，嚴厲警告德銀律師不得再犯。

英國政府最後修改稅法來防止詐欺，德銀的倫敦交易部門跟著調整，改到德國申請退稅，再也不在英國申請。

德銀一名員工問某位同事，為什麼德銀願意干冒這麼大的法律風險，得到的答案是：「因為我們就是這麼貪。」史東協助德國稅務機關了解實際情況，二〇一〇年四月，德國警察突擊檢查德銀法蘭克福總部。最後，高階經理人取消排碳量交易策略時，這種作法已經產生將近二億五千萬美元的不法退稅。德國一位法官後來發現，詐欺行為受到主導德銀的「風險確認氛圍」加持，離奇的是，德銀的內部保護措施，諸如嚴謹的法遵小組，或「了解你的客戶」之類的規則，幾乎毫不設防。

就像費隆懷疑的一樣，詹恩寵愛的明星交易員畢塔爾一直在作弊，他的交易是成是敗，取決於倫敦銀行同業拆款利率（Libor）的微幅波動。世界上最大的銀行們每天都會估計，向其他銀行借錢要付出多少借貸成本，將估計值平均後，得到的結果就是倫敦銀行同業拆款利率。這項利率是數以兆美元計算的利率衍生性金融商品的基準，這種金融商品則是畢塔爾用來在市場中賭博的主要工具。畢塔爾知道，要操縱倫敦銀行同業拆款利率出奇容易，因為這種基準利率是各銀行所估計借貸成本的平均值，你只要讓幾家銀行調高或調低他們的估計值，就可以上下其手了。畢塔爾就是這樣做，而且很快就變成整個德銀最多產、獲利又最多的賺錢機器（他的大部分成就來自他賭整個金融市場走勢，這種作法顯然和他對倫敦銀行同業拆款利率的操縱無關。）

二〇〇九年，畢塔爾預期會領到超過一億美元的獎金，這一點要感謝詹恩所批准的一項安排，讓他可以領取替德銀所賺取營收一定百分比的獎金。這麼巨額的獎金不可能不經過上級的審核，艾克曼聽到這件事時深感震驚，詹恩打電話給這位執行長，為這筆獎金辯護，形容畢塔爾和他的同事是「投資圈中最高明的好手」，這些交易員賺了像「金山」一樣高的利潤。但是德銀在簽發畢塔爾九位數字的獎金支票前，要先針對他的交易賺到的暴利進行審核。畢塔爾擁有金手指嗎？還是有什麼其他因素在發揮作用？審核由德銀「企業誠信檢討部門」負責推動，實際情形卻是一場鬧劇：只有一位德銀員工負責篩檢幾萬份內部文件和交易，查核畢塔爾是否作弊，其中很多文件是用法文寫的，這位員工卻不懂法文。檢討結果是沒有發現有問題的地方，於是畢塔爾收到了巨額獎金。

給付巨額獎金的消息在倫敦金融圈傳開時，正好是英美主管機關開始調查倫敦銀行同業拆款利率炒作案之際，畢塔爾的財運是一種極端的例子，說明交易員會受到鼓勵，從事詐欺行為。

德銀從一九九〇年代晚期開始，一直對包括新生科技公司（Renaissance Technologies）在內的避險基金，推銷能夠幫忙他們避稅的產品。新生科技由曾經擔任解碼官員的人組成，專門利用電腦程式，偵測可以利用的微小市場無效率時點，並加以利用。這家公司錄用的工程師和數學家中，包括ＩＢＭ的程式設計師羅伯．莫瑟爾（Robert Mercer）。莫瑟爾是狂熱的極右派份子，曾經說過他寧可跟貓在一起，也不願意跟人處在一起。莫瑟爾最後升到新生科技公司的最高層，協助這家公司成為世界上最成功的避險基金之一。

新生科技總是在尋找比較厲害的新優勢，這時就是德銀上場的時候。德銀擬定了一個計畫，讓新生科技公司在德銀投入價值幾十億美元的證券和其他資產，由德銀合法擁有這些資產，但是資產的交易由新生科技負責處理。新生科技每年可以從德銀的帳戶提領獲利一次，負擔二十%的長期資本利得稅——稅負大約是沒有德銀這種結構時的一半。這種策略為新生科技省下了幾十億美元的稅負，德銀也因為設立這種結構，從新生科技和其他避險基金手中，一共收取了五億七千萬美元的費用。

不幸的是，這種交易吸引了鮑伯．羅奇（Bob Roach）的注意。

羅奇在紐約州哈德遜河谷的工業城鎮比肯（Beacon）長大，比肯會出名，主要原因是這裡是已故美國民歌手皮特．席格（Pete Seeger）的家鄉。羅奇是摔角明星，大學畢業後，繼續從事摔角工作，只是改為跟大企業摔角。他替麻薩諸塞州政府工作，從事環境調查，然後前往華府，為密西根州眾議員約翰．丁格爾（John Dingell）工作，負責抓出造成汙染的骯髒產業，要他們為自己造成的髒亂負責。羅奇不愛出風頭，舉止謙遜，笑口常開，笑容很有感染力，掩蓋了他堅持不懈的精神；他的座右銘是「志願當磨床一樣的人」，還培養出揭露文件、證明企業罪有應得的能力。一九九八年，他成為參議院常設調查小組委員會的幕僚。這個小組委員會由參議員卡爾．李文（Carl Levin）領導，以選擇調查目標時，根據是非曲直、而非政治利益而自豪。共和黨和民主黨小組委員的利益有所分歧時，共和黨參議員會簽結民主黨提出的傳票，反之亦然。

羅奇差不多是加入這個小組委員會後，才開始追查德意志銀行。一九九九年德銀併購信孚銀行後，是他第一次接觸德銀，他要調查的是德銀如何迎合獨裁者和他們的家人，協助他們匿藏侵占得來的金錢。結果得知信孚銀行透過自己的私人銀行部門，為世界上很多最富有的富豪服務，還曾經協助墨西哥前總統卡洛．薩林納斯貪腐的哥哥勞爾．薩林納斯（Raúl Salinas）搬錢。

幾年後，德銀再度浮現，這次德銀是參議院調查畢馬威會計師事務所（KPMG）安排避稅天堂事件中的一環。德銀提供畢馬威會計師事務所巨額信用額度，融通他們設立似乎是詐欺性財務結構所需要的資金。羅奇和他的小組發現了證據，證明法蘭克福的德銀高階經理人知悉這種不法的行徑。接著，羅奇查到德銀對沒有疑心的客戶，推銷穩賠不賺的擔保債權憑證。此時羅奇收到德銀和新生科技所安排稅務架構的風聲，覺得其中大有可疑，就說服老闆李文參議員，說德銀是值得發動重大調查的目標。

西恩納銀行集團（Banca Monte dei Paschi di Siena）是世界上最老的銀行，總部設在風景如畫的托斯卡尼山丘城市西恩納。西恩納最為人所知的事情，是在中央廣場熱鬧舉辦的賽馬節（Palio）。西恩納銀行集團於一四七二年成立，比哥倫布航向新大陸還早二十年。這家銀行所在的地方是一座古老的石造宮殿，牆上裝飾著中世紀和文藝復興時代的傑作。該行成立後的五百三十年裡，經營一直都平安無事，成為托斯卡尼地區的支柱。該行的慈善基金會每年捐出數億美元的善款，捐給本地大學、運動隊伍、博物館之類的機構，金額比西恩納市的年度預算還多。

到了二〇〇二年，西恩納銀行集團找上德銀，買了一些衍生性金融商品，目標是要釋出現金，以便參與正在改造義大利銀行業的併購浪潮。西恩納銀行集團先前曾經投資義大利另一家銀行，現在這家銀行叫做聯合聖保羅銀行（Intesa Sanpaolo），西恩納銀行集團希望出脫這筆投資，卻希望未來聯合聖保羅股價上漲時，西恩納銀行集團不會喪失獲利的權利。德銀收取高額的費用後，製作出價值會隨著聯合聖保羅銀行股價起伏的一系列衍生性金融商品。

這筆交易按照計畫順利運作了幾年，但是金融危機開始，市場陷入混亂之際，這些衍生性金融商品出現了巨額損失。二〇〇八年，西恩納銀行集團回頭找德銀求助，於是德銀製作出更多的衍生性金融商品。

現在這筆交易分為兩部分，追根究柢，交易的第一部分是保證西恩納銀行集團會賺到夠多的錢，掩蓋他們在二〇〇二年交易中面臨的數億美元虧損，讓西恩納銀行集團可以避不揭露慘重的虧損。交易的第二部分是德銀會賺錢（西恩納銀行集團會賠錢）的保證，但是獲利要分好幾年實現。理論上，如果西恩納銀行集團將來賺到的錢夠多，就可以在外人不知情的情況下，償還積欠德銀的債務。簡單的說，德銀可以賺到巨額利潤，卻不必干冒太多的財務風險，同時客戶至少在還錢給德銀前，可以掩蓋虧損的事實。

最後負責設計這個計畫的部門經理人是密契爾・費索拉（Michele Faissola）。費索拉在義大利成長，身材苗條，服裝得體，長了黑色的眼睛和頭髮，叔叔是義大利最重要的銀行家之一。費索拉在德銀跟詹恩結合，還升任衍生性金融商品部門的主管，到了二〇〇八年，已經成為德銀的高階經理人。同事推算，這麼多年來，德銀已經發給他幾千萬美元的薪酬，他在切爾西的市區透天別墅裡，有一座室內游泳池（費索拉和太太瑪麗亞與布羅克斯密特夫婦過從甚密）。

二〇〇八年下半年，德銀的風險經理委員會開會，討論擬議中的西恩納銀行集團交易案，費索拉是這個委員會的最高階經理人之一。他的手下高興的指出，擬議中的結構可以複製，用在其他可能也想掩飾財務問題的客戶身上，德銀可以一而再、再而三的賺錢。一位高階經理人興奮的叫道：「這樣真是太美妙了！」於是這筆交易獲准進行，預期中的幾千萬美元獲利（其中包括西恩納銀行集團為了得到跟德銀合作的特權，所付出的費用），會算在費索拉主管部門的頭上，以便計算年底的獎金。

布羅克斯密特的大部分同事認為，在很多件即將變成弊案的交易中，布羅克斯密特扮演了一部分角色。這些案子不是他促成的，他甚至曾經努力阻止其中的一些案子，但是主管官署追究銀行業很多罪過的責任時，很容易忽略這種差別。

第十五章 一無所知的老頭

在德銀又深又大的紐約和倫敦交易大廳裡，魯莽和忽視規則是大家的行事標準，這點當然不是新鮮事，因為從一開始，米契爾就鼓勵目空一切的漫不經心態度。但是，他偶爾會受到約束，約束他的人是古板、老派的德國上司，他們和沈迷於獲利、鼓勵一切行動的艾克曼不同。米契爾還有布羅克斯密特這位副手，而且當時大家都聽布羅克斯密特的話，如今卻早已不是這樣了。

狄克森是德銀一位性急的年輕交易員，他的部門專門承作住宅抵押貸款構成的債券，是早年米斯拉主持部門分出來的單位。狄克森好比直接從演員選派部門挑出來的人（唯一的不同是他是非裔美國人，好萊塢拍攝和華爾街有關的電影時，通常不會選用黑人演員。）一切順利時，狄克森會歡呼雀躍，讓每個人都知道他的部門好運連連。情勢不太好時，他會沒精打采，趴在桌上，神情憂鬱，一言不發。

二〇〇九年夏天，狄克森的部門投入驚人賭注，賭負擔高利率房貸的美國人不會違約，這有點和德銀先前大賣空美國房市的作法對作的味道。狄克森的部門承作的房貸債券部位十分驚人，高達一百四十億美元。這些交易一開始都還賺錢，但是風險經理人擔心狄克森是在鋌而走險，他的賭注極為龐大，大到如果出問題，整個德銀會落入非常嚴重困境的地步。風險部門花了幾星期的時間，製作出一份檔案，詳細說明狄克森已經瀕臨失控。他們把檔案呈交布羅克斯密特，布羅克斯密特同意情勢看來似乎並不安全，就跟狄克森開會，勸他控制情勢，但遭到狄克森拒絕。一、兩個星期後，布羅克斯密特回頭找風險部門，他們期望布羅克斯密特在德銀高層中，扮演發揮約束力量這種難能可貴的理性角色，布羅克斯密特卻表示，他在努力節制狄克森時，碰到了「強烈的反彈」。

布羅克斯密特繼續提醒，因此狄克森對手下抱怨，說某些顯然缺少殺手本能、無法升到華爾街高層的書呆子正在騷擾他。狄克森和他的手下相當確定一件事，就是布羅克斯密特無法掌握他們所作交易的精髓。他們認為，這些交易太複雜，不是布羅克斯密特這種年齡、又不精明的人所能了解的東西。

布羅克斯密特看得出自己已經激怒狄克森，因此決定擺平整件事，邀請狄克森和手下，到曼哈頓翠貝卡（Tribeca）地區的義大利餐廳共進晚餐。他們坐在一張用燭光照明的大桌上，四周裸露的磚牆上掛著花掛毯。聚餐開始時氣氛尷尬，布羅克斯密特和狄克森繼續為房貸證券交易的對錯爭執不休，兩人都不願退讓。同桌的一些交易員彼此交談，低聲嘲笑布羅克斯密特力有未逮。最後，談話終於轉到似乎比較安全的話題，談起前美國大學美式足球教練傑利・桑達斯基（Jerry Sandusky）因為性騷擾兒童，剛剛遭到判刑入獄之類的事情，布羅克斯密特卻從來沒有聽過這個人。有人談到桑達斯基在監獄裡會很難過，布羅克斯密特問為什麼。這些交易員面面相覷——這個傢伙是說真的嗎？有一位交易員回答說，因為他性騷擾小男孩。布羅克斯密特的回答是：「那又怎麼樣？」他不知道囚犯最痛恨猥褻兒童的犯人。布羅克斯密特一直問問題，透露出他對大學足球和監獄階級一無所知。交易員又開始咯咯笑，這個老頭子真是無知的可以。飯後，布羅克斯密特去結帳，然後幾乎連再見都懶得說，就直接走去地鐵站。其他交易員跑去酒吧續攤，繼續嘲笑他，接下來的幾天裡，在工作崗位上還是繼續取笑他說：「這個傢伙真是他媽的怪胎。」

這些事情強烈顯示，從幾十年前，布羅克斯密特開創衍生性金融商品市場以來，世代變化已經橫掃華爾街和德銀，成長時把銀行視為賭場的交易員世代，已經取代把衍生性金融商品視為工具，可以協助客戶避險，交易員又可以從中賺錢的世代。新生代的賭徒不知道自己並非全知全能（狄克森的交易最後慘敗，造成德銀損失五億四千一百萬美元，還引來美國主管機關的注意。）布羅克斯密特精明而敏感，並未漏掉那些粗糙的暗示，只是他的時代已經過去了。

二〇一〇年，德銀聘請一位叫做艾力克・班亞濟（Eric Ben-Artzi）的年輕人，到風險管理部門工作，叫他要特別注意德銀難以評價的衍生性金融商品投資組合。班亞濟在以色列成長，家族裡盡是個性固執的大人物，他的祖父輩曾經為爭取以色列獨立而戰，他的叔伯中，有一位是在作戰時陣亡的傘兵，姑丈納坦雅胡是未來的以色列總理。他的一位兄弟是以色列最著名或最聲名狼藉的拒服兵役者——也就是因為逃避以色列強制徵兵義務，因而遭到關押的良心犯。艾力克・班亞濟沒有這麼戲劇化，他成了數學家和電腦程式設計師。他像極多擁有類似資格的人一樣，受到金錢和挑戰解決複雜財務謎題的誘惑而投身銀行業。但是他在高盛公司工作一段期間後，發現自己的個性並不適合華爾街，認為自己不夠積極進取，無法成為優秀的業務員，又不夠貪心，無法成為優秀的銀行家。他的目標是轉進學術界，因此認為德銀的工作（強調如何決定衍生性金融商品價值的理論研究）是向正確的方向踏進一步。他也認為，超大國際銀行應該知道自己的所作所為。

班亞濟的工作之一是利用微軟的Excel試算表建立模型，檢查衍生性金融商品的價值，看看衍生性金融商品在各種不同的情境中（包括千年一遇的金融風暴）會有什麼樣的表現。班亞濟很快就發現，德銀笨拙的系統會產生模糊又不精確的結果，最大的問題是他輸入Excel的數據都帶有槓桿，也就是交易員利用借來的資金，製作衍生性金融商品，這種手法可以提高他們的獲利，卻也使衍生性金融商品的風險大為提高——但是他拿到的數字，卻沒有考慮融資在財務上的影響。換句話說，這些數字嚴重低估交易中所涉及的風險。班亞濟起初對德銀採取無罪推定的態度，假設這是作業馬馬虎虎的結果，而非意圖詐欺，而且德銀的上級經理人並不知道他們的模型有多糟糕。不過，他在幾星期內就問了夠多的問題，也遭到夠多的阻攔，足以斷定經理人不想知道模型錯誤的原因，只希望結果符合德銀目前的路線。他對上級示警槓桿的問題時，上級叫他不要問這麼多問題，他堅持要追問時，有一位上級大踏步走到他的桌前大吼大叫，要他罷手不管。

班亞濟像他的親戚一樣固執，並沒有罷手。他愈追查，就愈擔心。德銀先前評價為幾十億美元的交易，基本上似乎是一文不值的東西，這種情形看來不像是意外，德銀似乎有系統的膨脹數百億美元衍生性金融商品的價值。這點表示，德銀在金融海嘯期間大力吹噓的彈性似乎是幻影，是做假帳的結果。這件事驚人之至，以致於一開始他懷疑其中的真實性。

他的疑慮很快的就消失了，當時風險部門由前戰車指揮官班齊格負責。班亞濟進入德銀後不久，班齊格在華爾街六十號的地下室，召開過一次全部門會議，一位資深經理人問道，德銀多善於應付來金檢德銀的所有政府主管官署時，班齊格嘲笑的說：「這些該死的主管官員」。班亞濟不知道這是不是德銀正常的態度，但是高盛絕對不會這樣做。幾個月後，班亞濟在羅馬一家大飯店參加德銀的靜修會時，答案出來了。這次另一位資深風險經理人談到員工應該怎麼配合不同的聽眾，編造跟風險有關的解釋說詞，例如，如果他們是跟主管官員談話，應該壓低所牽涉的風險金額。班亞濟和同事坐在冷氣開到非常強的會議室裡，交換不安的眼神，聽著這位高階經理人告訴他們，如何蒙蔽主管機關的雙眼。這位高階經理人結束說明時的話語帶著惡意，他警告說，如果風險經理人不讓交易員冒險，德銀就必須縮小規模，這就表示沒多少風險經理人能夠保住工作。班亞濟和同事聽了目瞪口呆，這聽起來像是威脅他們必須合作，否則可能會失業。

班亞濟受夠了，現在是時候遵循哥哥的表率了，他必須堅持自己的原則。他撥了德銀內部的熱線電話，舉報他認定德銀在評價衍生性金融商品上，涉及嚴重的不當行為，而且他和若干同事認為，詐欺的規模極為龐大，以致於如果德銀在金融海嘯期間，全盤說明自己的資產，應該已經失去償債能力。他擔心德銀可能會以他揭發這些錯誤行為為由，拿他祭旗，於是也向美國證管會提出投訴。德銀很快就禁止班亞濟繼續查核德銀的衍生性金融商品，並在不久之後將他開除。同樣警告證管會德銀隱藏重大損失的另一位員工，也被打進冷宮。德銀把自己的眾多問題都掩蓋起來。

二〇一一年十二月七日星期三約莫午餐時間時，法蘭克福德銀雙子星大樓地下室的收發室員工注意到，有一個龐大的褐色信封，指名寄給艾克曼。他們把信封放進X光機檢查，看到類似榴彈炮之類的東西。警察和拆彈小組急速趕到，警笛長鳴。信封裡的東西是小型的爆炸裝置，由義大利一個無政府主義團體寄出，信封中附了一封信，說是要攻擊「銀行、銀行家、跳蚤和吸血鬼」。

艾克曼像先前的阿布斯和赫爾豪森一樣，繼承了政治家的衣缽。他搭著利捷航空（NetJets）的私人飛機，飛到世界各地，跟包括普亭和小布希之流的世界領袖共進晚餐，更不用說歐洲的政客和王室了。現在歐洲陷入自己的金融危機，希臘和愛爾蘭等國分崩離析，艾克曼變的有點像是整個歐洲大陸的影子財政部長。德國是歐洲最強大的國家，主導失敗國家的紓困條件，德國總理梅克爾會定期向艾克曼請益財政相關建議。但是艾克曼扮演的角色跟赫爾豪森不同，並非敦促各國豁免第三世界債務之類的事情，他提供的建議通常都對銀行有利——而且是對某一家銀行特別有利。他警告說，以對希臘有利的方式，重組希臘支離破碎的債務，應該有助於希臘經濟復甦，卻會造成希臘的債權人蒙受危險的損失。對德銀來說，這種作法確實很危險，因為德銀擁有數量驚人的希臘政府公債（這些公債風險相當高，因此債息也比較高，吸引渴望追求利潤的金融機構。）艾克曼如願以償，希臘政府因為無法大舉降低公共債務，為了尋找財源，必須再度採用其他嚴苛方法，例如削減預算、出售寶貴的公共資產，來籌措財源。結果相當殘忍，島嶼、小艇碼頭和機場必須拿出來大拍賣，導致失業、流離失所、犯罪和自殺率飆升。

艾克曼製造恐慌的結果，也得不到大眾的歡心，他在世界上許多地方都變成了惡人。柏林一位作曲家寫了一首諷刺歌謠，歡欣的呼籲別人暗殺他。他收到郵包炸彈前幾個月，國際貨幣基金組織前首席經濟學家說他是「世界上最危險的銀行家」。

美國占領華爾街運動人士占據了下曼哈頓，抗議者揮舞著標語牌，睡在帳篷裡，把華爾街六十號德意志銀行總部樹木圍繞、十足保暖的公共中庭，變成了活躍分子的聚集地。美國監理機關也把德銀列為監測目標，在柯林頓和小布希兩位前總統以把頭埋在沙堆中那種管制方法的時代，德銀將自己龐大的華爾街業務，放在一些不受美國人監督的空殼公司裡。當時美國政府總是假設美國的主管機關，不需要擔心龐大外國銀行的美國業務，因為如果這些銀行出問題，母公司應該會出面救援。但是金融海嘯已經顯示，這種想法是一廂情願。脆弱的銀行讓外國分行自生自滅的例子很多，德銀的財務狀況已是岌岌可危，在德銀陷入衍生性金融商品無底洞、又對歐洲經濟曝險的情況下，碰到緊要關頭，德銀總行似乎可能將美國分行棄之不顧。因此美國的監理機關推出法規，規定德銀這類銀行要強化美國業務。

德銀的初步反應是，調整旗下美國主要企業實體的法律結構，以便利用法律上的漏洞（法律起初不適用某些類型的控股公司）規避新法規。但是這個計畫曝光後，美國的立法和主管機關憤怒之餘，填塞了漏洞。德銀厲聲抗議，艾克曼威脅說，要求將較多資金留在美國，表示可以用在世界其他地方的資金會減少，可能會傷害世界經濟。這種說法並不可信，但是他處於十分便於影響主管機關的地位，主持一個強而有力的遊說團體，名叫國際金融協會。包括美國財政部長蓋特納（Tim Geithner）和美國聯邦準備理事會主席柏南克（Ben Bernanke）在內的決策官員開會、討論新法規時，國際金融協會的代表（通常就是艾克曼本人）經常都會在場（這個協會也是最大聲疾呼、反對希臘和南歐其他受災國家債務重組的單位）。

在主管機關似乎占上風時，實際情況變的更複雜，許多國家都急於捍衛自己對本國銀行的權威。德銀幾乎比任何多國金融機構，更善於利用各國主管機關的競爭心理，防止自己受到更嚴苛的法規規範、或是更廣泛的外界查核。德國的主管機關，尤其是以保護本國企業自豪的聯邦銀行監督廳（BaFin）迅速嚴陣以待，努力稀釋限制德銀等銀行風險程度的國際法規建議案。外國政府試圖調查德銀時，聯邦銀行監督廳會加以干涉，堅持外國政府需要任何資訊時，都必須向迷宮般的德國官僚體系索取。

英美主管機關受挫之餘，嘲笑德國的主管機關是「德意志銀行的代表」，因為他們極為明顯的聽從德銀命令行事。現在德銀的高階經理人穩如泰山，享受各國主管機關的地盤之爭，但是他們不會再高興多久了。

第十六章 羅絲瑪麗・傅瑞布麗

艾克曼身居執行長、大權在握的最後幾個月裡，高傲、乖張、渴望獲利、無視客戶名聲的德意志銀行貸出三筆貸款。這三筆將來會困擾德銀許多年的貸款，都由傅瑞布麗女士負責推動。

傅瑞布麗在紐約布朗克斯區成長，十歲時搬到紐約市郊的史卡斯岱爾（Scarsdale），由當時十三歲的姐姐協助撫養她長大。傅瑞布麗上的海星中學（Ursuline School）是私立的天主教女校，接著她進入福特漢姆大學（Fordham University）。她每天通勤至布朗克斯校區上課，過著不欲人知的生活。大學四年，福特漢姆大學的年鑑或學生報紙上，她的黑白照片只在大四的年鑑中出現過一次。一九八二年，她拿到經濟學學位，從福特漢姆大學畢業，卻碰到經濟衰退，唯一能夠找到的工作是銀行出納。她懷著雄心壯志和熱誠去上班，卻注意到除了分行經理外，銀行業幾乎沒有女性高階主管。分行的女經理告訴她：「你必須有耐心。」傅瑞布麗模仿這位經理，穿著附有肩墊的套裝和飾有鬆垂式蝴蝶結的罩衫，還時時提醒自己「要當淑女」。

有一天，她在曼哈頓經歷一場不成功的求職面談後，搭上通勤火車，要回史卡斯岱爾和父母同住的家，結果火車故障拋錨。其他乘客口出怨言之際，她卻跟同座一位名叫霍華・羅斯（Howard Ross）的乘客聊天，兩人都在銀行界服務，傅瑞布麗針對銀行業，交叉提出尖銳的問題和深思熟慮的見地。兩小時後，她終於下火車時，羅斯交給她一張自己的名片，寫著他是以色列國民銀行（Bank Leumi）紐約分行的高階經理人。羅斯說：「噢，你剛剛完成你這輩子最完美的面談」，還邀請她打電話給他，商量工作機會。傅瑞布麗無法確定他的意圖（一九八〇年代中期的銀行業，性騷擾是正常狀況，而非例外），因此她等了半年才打電話給他。打過電話後，羅斯介紹她跟另一個人聯絡，將她納入以色列國民銀行信用培訓計畫。以色列國民銀行為俄羅斯富翁服務的業務相當興隆，正巧是一個逃稅樞紐，後來則會因為打擊洗錢不力而關門。傅瑞布麗就是在這裡學習到如何掌握要領的。

最後她在另一家銀行找到分析師的工作。雖然別人替她取了帶有貶抑意味的「小羅絲瑪麗」綽號，她卻找到一位貴人，幫助她做好攀爬企業階梯的準備。一九八九年，一間獵人頭公司替她找到花旗集團私人銀行部門的工作，這個部門專為服務超級巨富個人和家族而設。私人銀行一向都是擔任財富經理人，為客戶提供經過強化的管家服務，但是花旗集團把提供的服務套餐擴大，業務內容增加了提供貸款，融通客戶的大型建案。傅瑞布麗從初階銀行家做起，卻急於闖出名號，因此，她發揮蓄積多年的精力和雄心壯志，迅速學會利用其他私人銀行無法和花旗集團比擬的優勢，提供客戶新的貸款服務。沒過多久，她就用融通客戶營建開發計畫巨額貸款來誘惑潛在客戶，然後開始透過客戶轉介，看著自己的客戶名單不斷擴增。幾年內，她就成了紐約超級巨富的主要銀行家。

在花旗集團服務六年後，未來會變成美商美國銀行（Bank of America）的金融機構聘請她，協助他們設立新的私人銀行部門，此部門專攻投資資金超過五千萬美元的客戶。一九九九年時，她曾經解釋說：「他們有一些資產和很多住宅，以及很多前妻和子女。」傅瑞布麗專門跟難纏的男性打交道，「他們很成功，而且是靠著頑強起家，繼而賺到財富。」

到了一九九〇年代晚期，傅瑞布麗小小的朋友圈裡，都以她的小名小羅稱呼她，其中有少部分是酗酒的賭徒。身材高挑纖細、留著褐色短髮的她，卻能夠把握自己的分寸，怡然自得的周旋在一巡又一巡的敬酒中，還經常穿著紐約遊騎兵冰球隊的舊球衣，開多種運動賽事的玩笑。她透過這家銀行，可以輕易拿到洋基棒球隊和遊騎兵隊比賽的前排座位門票。她不把這些門票用在客戶身上時，偶爾會送給朋友，讓朋友心存感激，又能略為體會她所過的好日子。這些朋友經常流連在曼哈頓東城地板黏滑的愛爾蘭酒吧裡，喝的醉醺醺，滿嘴口臭，沈迷於運動，但都對這位不愛出風頭的女性，怎麼會過著和世界最富有富豪聊天、打屁的平行生活，覺得驚嘆不已。

沒多久，傅瑞布麗就在公園大道上，擁有價值四百四十萬美元的頂層豪華公寓，又在西點（West Point）附近，買下形狀不規則、幾乎每個房間都可以看到哈德遜河全景、帶有美術工藝運動風格（Arts and Crafts）的周末度假屋。還捐給海星中學一筆獎學金，紀念「雙親教她人生必須勤奮、獨立、致力追求目標的啟發。」她也偶爾捐款給參議員恰克・舒默（Chuck Schumer）等民主黨員。

傑瑞德・庫許納（Jared Kushner）是她最年輕的客戶之一。庫許納繼承了家族小小的不動產帝國，其家族和以色列國民銀行的關係源遠流長，傅瑞布麗的事業生涯正好就是在這家銀行，出現第一次重大的突破。

當時德銀還在不眠不休，致力成為美國家喻戶曉的企業，艾克曼一直在努力擴大德銀小小的私人銀行部門，這是德銀併購信孚銀行時繼承而來，後來遭到冷落的部門。艾克曼期望這個部門變成業務比較興隆、能夠承作大筆貸款的單位，指派德裔瑞士同胞皮耶・戴維克（Pierre de Weck）負責振興這個部門。戴維克從花旗集團聘用了幾位經理人，其中一位名叫湯姆・包爾斯（Tom Bowers）。他調查紐約的銀行界和社交圈，探問誰是當地最厲害的私人銀行家，一個人的名字一再跳出來，這個人就是羅絲瑪麗．傅瑞布麗。她在照顧客戶、了解和滿足客戶所有需要和承作大筆貸款方面的名聲，已經到了十分出色的程度。包爾斯跟傅瑞布麗見面後，大為折服。她經過多年的訓練，善於建構能夠滿足客戶、又能把違約風險壓到最低的貸款。二〇〇六年夏天，德銀說服四十六歲的傅瑞布麗離開美國銀行，條件之一是她只對包爾斯負責，同時在很多年裡，保證每年會得到大約三百萬美元的薪酬，以當時來說，這是很罕見的安排。德銀為了慶祝聘請她擔任董事總經理和「資深私人銀行家」，在《紐約時報》上刊登廣告，列出她的專線電話號碼和電子郵件地址。德銀宣稱，將私人銀行提升到「主導地位……是德意志銀行的核心策略要務。」包爾斯大力宣傳說：「大家公認羅絲瑪麗是美國超級富豪族群的頂尖私人銀行家。

德銀為了與眾多競爭對手有所區隔，計畫推動風險太高或太複雜、對手銀行無法接受的案子，這與十年前歐費特開拓商業不動產業務時所採用的策略相同。傅瑞布麗的一位舊同事解釋說：「德銀需要受過損害的客戶。」財務健全、沒有爭議的億萬富豪可以輕易的去找比較大、比較有名的美國銀行，德銀必須揀拾碎片，其中包括具有不尋常需要的客戶。億萬富豪史丹．克倫克（Stan Kroenke）需要貸款，以便購買英國代表性的兵工廠足球隊時，美國的一些大銀行裏足不前，傅瑞布麗卻代表德銀，和克倫克敲定一筆貸款。德銀接受克倫克將他在美國擁有的若干職業運動隊伍做為擔保品，做成貸款，德銀因此賺到幾百萬美元的顧問費和貸款利息，並爭取到在未來多年裡，和這位大鬍子運動大亨繼續業務往來的優勢。

「羅絲瑪麗再度讓我們化險為夷」變成了德銀內部經常聽到的說法。德銀靠著她，每年撈進幾千萬美元的營收。她變成勇冠群倫、業績超越德銀紐約分行所有人員的頂尖業務女將，現在得到「RV」（她姓名的首字母）這種老掉牙綽號的傅瑞布麗，辦公室裡擺著從眾多貸款案中收到的紀念品，其中包括紀念她所承作融資建案開工的一支金色鏟子。在德銀內部，她成了極力推動案子過關、贏得難以取悅的客戶耿耿忠心的名人。有一次，她率領幾位德銀經理人和投資銀行家，和紐約大型不動產公司執行長史帝夫・羅斯（Steve Ross）開會。每個人都魚貫進入會議室，跟羅斯握手，但是傅瑞布麗卻得到這位億萬富豪溫柔的擁抱。羅斯和這些投資銀行家隔著會議桌坐下來，然後請傅瑞布麗坐在他旁邊。會議室裡的每一個人，對其中的意味都清清楚楚，就是他們擺出的態勢是，傅瑞布麗屬於羅斯陣營，兩人聯手，要聽取德銀投資銀行家為羅斯公司這個案子所做的說明。

傅瑞布麗雖然能力高強，在德銀裡卻很不得人緣——能力高強也可能是她不受歡迎的原因之一。嫉妒她的投資銀行家認為，她會威脅到他們跟自己客戶的關係。她通常十分直率，拒絕跟私人銀行的同事合作；到了年度績效評鑑時，她會收到通知，說她需要改善她的團隊合作精神。德銀高層叫她去區域辦公室，教導德銀的財富管理員工怎麼提升貸款金額時，反而激起更深沈的怨恨（有一位財富管理經理人嗤之以鼻的說：「我們覺得不受尊重。」）不管傅瑞布麗做了什麼交易，都可以繞過私人銀行部門的執行長，直接對美國財富管理部門的最高主管包爾斯負責，其他所有同事卻必須對私人銀行的執行長負責。這種看來像特殊待遇的安排，更增加了同事對她的憤恨。

川普為了拒絕償還自己的芝加哥摩天大樓建案貸款，和德銀纏訟兩年後，終於在二〇一〇年和解。德銀同意給川普兩年時間，清償包括個人四千萬美元保證在內的債務，這表示，川普必須在二〇一二年之前掏出一大筆錢。如果他希望擴大自己帝國，就需要找到新的信用來源，但問題一直都一樣，認真看待自身品牌的銀行不會接近他，因為其中的財務和信譽風險實在太大了。現在看來，連德銀在經歷芝加哥建案的挫折後，恐怕都會跟他保持距離，尤其實際上，這是德銀同一個部門第二次把他踢出客戶名單。

傑瑞德．庫許納二〇〇九年和川普的女兒伊凡卡結婚後，逐漸熟悉川普家族的財務狀況，知道岳父正在找尋現金。他認為傅瑞布麗是他合作過最棒的銀行家，傅瑞布麗也已經成為庫許納家族的好友（二〇〇七年，庫許納在四季餐廳舉辦酒會，慶祝自己買下《紐約觀察家報》時，傅瑞布麗是他的座上客，和美國知名作家湯姆・伍爾夫之流的嘉賓共處一堂。）因此二〇一一年，庫許納邀請傅瑞布麗到川普大樓去，跟太太和岳父川普會面，解釋川普的狀況，然後提出一個大問題：如果川普用芝加哥的川普國際飯店大廈作為擔保，德銀的私人銀行部門願意貸給川普四、五千萬美元嗎？這樣他就可以償還因為芝加哥那筆貸款案，仍然積欠德銀的私人債務。

德銀的一個部門到底為什麼該考慮貸出資金，讓貸款人償還他因為債務違約，而積欠德銀另一個部門的債務呢？答案是傅瑞布麗覺得很興奮，認為有機會找到新的大客戶、承作一筆大案子。於是她向包爾斯提出建議案，包爾斯同意這個案子值得考慮。一小隊人馬查核川普個人和公司的財務紀錄和報稅表單，這些銀行家最先注意到的是，川普為自己的不動產資產，設定了高的離譜的價值。有個特別荒誕的例子，是他宣稱自己大約用七百萬美元，買下的紐約州西切斯特縣（Westchester County）一塊地產，現在價值二億九千一百萬美元。曾經檢視過相關文件的一位銀行家回憶說，他天文數字般的估價「極度積極，採取了有史以來最樂觀的假設。」德銀最後把這筆資產的價值砍掉七十%之多。

有趣的是，川普雖然一貫誇大，基本財務狀況卻沒有那麼糟糕。他的債務有限，至少和他的不動產大亨同行相比，確實如此。而且《誰是接班人》節目，以及授權把名字掛在他並未擁有的不動產建案上，讓他的財富源源而來。對德銀來說，這個案子更令人垂涎的地方是：川普個人願意當這筆貸款的保證人，因此在理論上，如果川普不還款，德銀可以沒收他的資產（川普在最初的芝加哥貸款案中，提供金額比較小的類個人保證，而這未能防止他違約的事實，不過德銀似乎並不在意）。除了債務違約累犯的小問題外，看起來川普似乎是有吸引力的貸款人，因此傅瑞布麗和包爾斯暫時同意貸給他四千八百萬美元。

由於這是私人銀行部門第一次貸款給川普，案子必須經過德銀內部的幾個委員會審查才能放行，這就是麻煩的地方。

詹恩的投資銀行部門聽說另一個部門要跟川普重拾舊好，簡直氣瘋了。詹恩在德銀的高階經理人會議中清楚說明：川普這個傢伙如此公開的傷害德銀後，德銀到底怎麼還能夠跟他做生意？這樣會為潛在賴債的人立下什麼樣的先例？川普完全有可能再度賴債，如果這樣，德銀要怎麼對投資人和主管機關解釋？

包爾斯和傅瑞布麗主張，從私人銀行部門的觀點來看，這筆貸款相當健全，此外，德銀和川普的訴訟已經在二〇一〇年和解。他們為了安撫同事，指出一個超現實的事實，就是德銀私人銀行部門撥發的新貸款，會用於讓川普償還他積欠投資銀行部門的錢。包爾斯和傅瑞布麗埋怨說，投資銀行部門只是嫉妒私人銀行部門能夠想出對德銀來說，幾乎完全沒有風險的方法，來重組川普向德銀申貸的一筆貸款。

包爾斯不怕和別人對著幹，在同事之間一直以打硬仗聞名。現在他向上司戴維克求援，希望打通這筆貸款的關節，於是戴維克向艾克曼訴說此事。艾克曼擔任執行長的日子只剩最後幾個月，已經開始進行全球告別之旅，並沒有把心完全放在工作上。他在安度金融海嘯後，認為德銀擁有剩餘資金可以動用——確實如此，他認為這點是德銀明顯的優勢，因此他告訴戴維克，他不反對川普的貸款。*

案子現在交給德銀的律師團評估。二〇一一年十二月，其中一位名叫史帝芬·哈伯（Steven Haber）的律師發電子郵件給包爾斯，報告「這位客戶通過審查。」（哈伯曾經擔任川普的姐姐、法官瑪麗安妮·川普·巴瑞〔Maryanne Trump Barry〕的手下）。德銀的美國事業營運長斯圖亞特·克拉克（Stuart Clarke）也發電子郵件給包爾斯，通報相同的訊息，回報法蘭克福負責審查可能影響德銀名聲案子的委員會，已經批准這個案子：「德銀不反對和這位客戶往來。」這封電子郵件中，附有一份龐大的ＰＤＦ檔案，內容是川普個人和公司財務狀況，

* 艾克曼和戴維克都說，他們不記得有過這次談話。

清楚表示每個審查此建議貸款案的人，都充分了解這位新客戶的沈重包袱。

大約同一時間，川普宣布計畫購買多拉度假村及水療中心（Doral Resort & Spa）。這筆房地產占地大約六百五十英畝（二百六十三公頃），上面附設一個已經老舊、擁有七百間客房的旅館和四個分開的高爾夫球場，包括極為難打的藍魔鬼球場（Blue Monster）。這個度假村正在執行破產程序。川普已經把價格壓低到一億五千萬美元，而且了解自己很可能要再花同樣的金額，為高爾夫球場和旅館升級。高爾夫球業內人士認為，川普付出過高的價格，來買下這塊位在邁阿密國際機場航道下方的不動產，但是川普無意用個人的名義購買這筆不動產。

他首先打電話給柏恩，幾年前，柏恩曾經協助川普的賭場公司銷售垃圾債券，獲得海湖莊園週末假期之旅的獎勵。後來川普公司發行的債券違約，打斷了他和柏恩現在經營的德銀證券部門之間的關係，但是兩個人仍然有聯絡。二〇一二年初，川普告訴柏恩，他準備買下多拉度假村，不知道德銀願不願意提供資金。柏恩同意看看帳目，卻沒有告訴川普，實際上德銀幫助他的機會是零。

不過柏恩不知道私人銀行部門已經參與此事。川普邀請傅瑞布麗到佛羅里達州參觀這塊地。她回紐約後的隔天，走進包爾斯的辦公室說：「川普想買多拉度假村。」希望德銀貸款給他去買。包爾斯在幾星期內，第二次派出一隊人馬，研究貸款給川普的可能性。私人銀行部門已經知道他的財務狀況，結論是川普似乎是以合理的價格，準備買下這筆不動產。而且川普不但同意個人為這筆貸款提供擔保，也發誓說，要在他德銀的財富管理帳戶裡增加幾百萬美元，德銀可以從管理這些資產中收取費用。因此德銀應該可以從這層關係中多賺到一點利潤。

川普和他女兒伊凡卡警告說，問題是如果德銀不能迅速批准這筆貸款，他們就要去找德銀的對手銀行。這樣說當然是虛張聲勢，畢竟沒有別家銀行會碰川普，不過這些話卻達到了預期的效果，促使德銀超速推動放貸程序。私人銀行部門已經做好貸款的準備，但是紐約的投資銀行部門再度聽到這個案子的風聲，詹恩的手下再度憤怒的抗議，還警告說，當時正在散布歐巴馬不是在美國出生，因此是非法總統謊話的川普，不是德銀應該進行業務往來的那種客戶（這番話出自對客戶名聲大致處之泰然的人嘴裡，說的稍微重了一點。）私人銀行部門認為，這純粹是酸葡萄心理，私人銀行部門的一位高階經理人後來告訴我：「他們不希望我們贏得勝利。」

多拉度假村的貸款案層層上報，投資銀行部門的擔心遭到否決，交易獲得批准。德銀透過在美國的一個法律實體，即美國德銀信託公司（DBTCA），將總額一億二千五百萬美元的兩筆貸款，電匯給川普機構（其中一筆大約在三年內會到期，到時候德銀應該可以選擇是否續借。）事後，川普打電話到柏恩的辦公室，柏恩不知道私人銀行部門已經同意放貸，不想接電話，他認為川普會糾纏他，要他查問德銀是否會貸款給他。柏恩的秘書提醒他，川普會一再打電話、會愈來愈火大，他最好排除萬難，接川普的電話。

她把電話轉給他，川普大吼著說：「柏恩，我只是打電話來謝謝你！我知道你一定會批准貸款，但是，撥款給我的是傅瑞布麗和她的團隊。」柏恩反應敏捷，樂於居功，假裝自己知道一切，恭喜川普，然後順便問傅瑞布麗他們收取的貸款利率是多少，川普說，遠低於三％。柏恩不敢相信德銀在跟川普痛苦糾纏這麼久之後，現在居然以這麼低的利率，貸給川普九位數字的貸款。

川普在公開場合裡，對一位新聞記者堅持說，他買多拉度假村時，其實不太需要德銀的資金，但是他承認，無論如何，他都感謝德銀伸出援手，還說：「我們的關係非常好。」

第十七章 詹恩高升

一九〇九年，德皇威廉二世為法蘭克福室內體育場揭幕。擁有粉紅色的廊柱式門面、寬廣大廳和四十公尺高圓頂的多功能中心，立刻變成法蘭克福文化場景的地標。

幾十年來，這個地方舉辦過無數場音樂會、汽車展、運動比賽、甚至還舉辦過魔術表演。二〇一二年春天的某個星期，有兩場重大活動要在這裡舉行，第一個活動是傑斯（Jay-Z）與肯伊・威斯特（Kanye West）的演唱會，另一個活動是五月三十一日的德意志銀行股東會。德銀股東會通常不是什麼大事，但是這次股東會很重要，代表了艾克曼擔任德銀執行長的最後一刻。

這天法蘭克福極為酷熱，市政府的車輛在街道上灑水，以便冷卻柏油路面的溫度。超過七千位股東來到法蘭克福室內體育場，這是歷來最多人參加的德銀股東會。自助餐桌上堆滿了香腸、馬鈴薯沙拉，以及一萬一千多份三明治。如果有人想把參加德銀股東會的盛況景象帶回家，會場上還有一個攤位，可以提供紀念照。德銀印了一堆又一堆精美的雜誌，紀念艾克曼出任執行長的十年盛事，雜誌上刊登許多他和世界領袖的合影，例如跟普亭一起坐在會議桌前、擁著國際貨幣基金組織（IMF）總經理克莉絲蒂娜・拉加德（Christine Lagarde）共舞、對著梅克爾微笑、跟面無表情的戈巴契夫坐著合影等等——雜誌上還引述了學者、記者和國際名人的讚譽，前美國國家安全顧問亨利・季辛吉（Henry Kissinger）的讚語是：「他高明的領導德意志銀行，安度經濟困難時期，啟發了全世界的金融圈。他在五月退休離開後，人人都知道德意志銀行已經準備週全，會信心十足的面對未來。」

和大多數人對眾多銀行及其領袖的熊熊怒火相比，這些精英可說是不食人間煙火。特別在德國，德銀的問題愈來愈嚴重，已經廣為人知。法蘭克福室內體育場外面，穿著西裝的抗議人士厲聲呼喊著「肥豬銀行家」的口號。有人在體育場大廳入口附近傾倒廢水，希望銀行高階經理人和股東，會踩著污水進入會場。

他們的不滿其來有自。德銀魯莽的經營失當對股東不利，更使全世界陷入險境，還不提德銀努力稀釋管制、排擠檢察官，破壞金融監理機構規範銀行體系能力的手段。如果有一家規模像德銀一樣大的銀行出現問題，不只是這家銀行會崩潰而已，還會拖垮其他大銀行。這時離全球金融海嘯才只有幾年，不必別人提醒，大家也知道這種連鎖事件會怎麼發展。銀行內爆的震波會傳到世界各地，對國家經濟和個人財富造成嚴重傷害。

艾克曼走上講台時，歡迎他的是零落的噓聲和高聲的叫罵。股東不滿自己的投資價值腰斬又腰斬——德銀股價比起五年前的天價下跌了不只七五％（他們當然不知道，這間銀行像班亞濟和同事向美國證管會舉報的一樣，蒙受了幾十億美元的隱藏性衍生性金融商品損失。）艾克曼的臉孔投射在這座體育館前方的巨型螢幕上，搭配德銀的官方口號：「熱心追求績效」（*Leistung aus Leidenschaft*）。艾克曼經營這家銀行十年後，頭髮斑白、眼睛下方出現黑眼圈，卻絲毫沒有歉意的緩緩說道：「我已經盡到責任，全力為這家公司服務。」艾克曼花了一年時間，推舉德銀主要監理機構的德國央行總裁艾克瑟爾．韋伯（Axel Weber）接替他出任德銀執行長（德銀現在已經成了憑藉旋轉門而受益的專家）。韋伯似乎占了上風，但是經過董事會激烈爭辯後，拒絕了艾克曼的建議，選擇詹恩和長期在銀行界服務的德國籍尤爾根．費晨（Jürgen Fitschen），擔任未來的領袖（詹恩藉由表明如果他無法得到這個職位，就一定會離開，從而鞏固了最後的結果）。詹恩和費晨搭檔，以及有兩位執行長、而非一位的事實，代表董事會在投資銀行派和德國傳統派之間的妥協。

艾克曼沒有掩飾自己對繼任者不滿的事實。他擔心詹恩缺乏魅力和國際聲譽，無法扮演艾克曼自己極為享受的外交官角色，而且他把德銀目前大部分的問題，包括投資銀行不折不扣的不當行為模式，都歸咎於詹恩。艾克曼在股東會上的演說中，幾乎沒有提到兩位繼任者，只表示他希望他們「能夠在我們共同創造的成就上繼續努力。」

艾克曼喋喋不休時，詹恩從背包裡拿出一台iPad，似乎對艾克曼的演講充耳不聞。艾克曼此刻說的話絲毫無法阻止他登上高位，或是改變他是德銀一百四十二年歷史中，第一位非歐洲白人出身的最高經營者的事實。此刻，他幾十年的雄心壯志終於修成正果。他從零開始，協助創造了這番成就，現在他正在完成米契爾的宿命，皇冠（或至少是半頂皇冠），正要加冕在他頭上。而且按照他的想法，費晨會成為德銀在德國檯面上的公眾形象，他自己會成為實際掌控日常營運的人。為了慶祝自己的高升，他替父親買了一輛銀色的BMW X5休旅車。

詹恩擁有十足的理由，為自己的高升感到自傲。他從高盛公司認為他太像科技人員、不適合在高盛工作的生疏、年輕交易員起家，走過漫漫長路。到現在，他已經擁有成熟政客優雅而超然的光輝，說話時信心十足，愛瑪仕領帶緊緊的打成豪氣的圓球形。他搬進法蘭克福富人區的一棟豪華公寓，刻著字母J的金色名牌，那是象徵屋主身分的唯一標記。他現在不是一個無名小卒，而是一家機構的代表人物。

這種變化不是自然發生的。他研讀過一本探討德國公司治理的書籍，且曾走遍德國全境，進行如同選戰般的傾聽之旅。德銀每位高階經理人都配屬一位領導教練，作為私人顧問，詹恩的顧問努力的教導他，如何像執行長一樣自持的精妙藝術（有些高階經理人懷疑這些教練也充當間諜，將他們的秘密回報給詹恩）。

但是，再多的教導都無法改變詹恩不會說德文的事實（他上過課，但效果不大），也無法改變詹恩的膚色是黑褐色的事實。詹恩當上執行長前，曾經請教一位資深德國政客，「詹恩先生，我希望你做一件事」，這位政客說：「去學德文。」詹恩一笑置之，指出他在法蘭克福和柏林認識的每一個人，都說的一口無懈可擊的英文。這位政客回答說：「沒有一個決定是用英文作成的。」

即使詹恩學會了德文，德國既有的體制應該還是會看不起他。本地媒體幾乎在每一篇報導中，都堅持指出他是印度人。這麼公然的替他貼標籤，有時候是種族主義的行為，跟《經濟學人雜誌》替他取的「染患債券毒癮的印度人」綽號不謀而合。詹恩受到攻擊，卻沒有還手，但是他的同事承認，這些偏見會讓他更難以有效經營這家銀行。費晨曾經帶著歉意，對一位同事解釋說，過去德國人並沒有善待銀行界的外國人，納粹黨崛起、猶太人主宰德國金融界，然後遭到掃地出門前，情形的確是這樣，現在的情形也是這樣，只是沒有人願意承認這一點。

詹恩也沒有做好充分的準備，難以因應包括超大企業的日常管理、在經濟與政治變化出現前做出預測、以及以公司共同執行長、而不是單位主管的身分，做出艱難決定之類的艱鉅任務。最迫切的問題是德銀的財務狀況非常糟糕，完全依賴借來的資金，對於眼看著金融海嘯期間看似安全的資金來源，在轉眼之間就立刻消失無蹤的投資人和金融監理機構來說，這一點是重大警訊。這個問題明顯反映在德銀的資本適足率只有六％，大約只有當時金融業平均的一半左右——資本適足率是一種指標，可以說明企業資產負債表中，有多少是由股本支持，而不是風險高多了的融資支撐。德銀擁有幾千億美元的高風險、會產生無盡巨額虧損、又難以出售的資產。更糟糕的是，詹恩和費晨接任時，整個銀行業的動態已經逆轉，美國和其他國家的金融監理機構，正在把金融危機時學到的教訓內化，以致於突然之間，銀行要靠著借來的資金經營業務，同時靠著自有（或存戶的）資金賭博，所能賺到的利潤大為減少。這種情形對德銀之類的金融機構形成了重大威脅，因為他們的命運取決於借來的大量現金，獲利則大部分從自營交易賺來。的確如此，德銀已經看到自己的財務變成赤字，其經營模式需要重大變革。

詹恩整個事業生涯都在銷售和交易上打滾，還沒有做好面對巨變的準備。他的首要任務是把自己的人馬，安插在德銀各個掌權位置上。他要出任執行長的消息明朗化後，包括班齊格在內的艾克曼子弟兵就接到通知，要他們在股東會開會日前，把他們的辦公室清空，這些寬大的辦公空間現在要由從美林公司時代，就追隨在詹恩左右的高階經理人占用。大家可以理解聚攏忠誠徒眾的慾望，不過這樣卻表示，突然間，有些高階經理人必須在他們幾乎不具備相關知識技能的領域中擔起責任。

亨利．李奇特（Henry Ritchotte）獲任命為營運長，負責管理包括德銀亂成一團的科技系統等事務，但是他對這些事務並不擅長。現在費索拉要主管德銀全球資產與財富管理服務，但是他卻沒有出任此職位明確可見的資格。至於班齊格的風險長職位，詹恩選用的人是布羅克斯密特，布羅克斯密特起初擔心自己無法勝任，但是詹恩跟他保證他是絕佳人選，布羅克斯密特才勉為其難的答應。他從目前的投資銀行投資組合風險優化主管改任風險長，是一次大躍進，負責的不只是投資銀行的風險管理，而是整個公司的風險管理業務。他也要加入德銀傳說中的執行董事會，不過現在已改稱經營董事會。

布羅克斯密特的擢升公布後，德銀認定，這項任命交給聯邦銀行監督廳處理可能是好主意，因為根據德國的法律，聯邦銀行監督廳有權否決這麼高階的任命。於是布羅克斯密特急忙趕去聯邦銀行監督廳所在的波昂，接受資深主管官員的面談。這種作法不符合標準程序；根據傳統，銀行在確定重大的擢升前，會先知會聯邦銀行監督廳，這麼一來，如果主管機關有意見，銀行可以先行處理；如果問題無法解決，也可以在公布前，悄悄撤銷任命。

詹恩認為，聯邦銀行監督廳會像橡皮圖章一樣，通過這項任命。他和布羅克斯密特都不知道，班齊格因為錯過執行長一職，覺得憤怒不已，又因為新團隊上任，遭到粗暴的掃地出門，覺得深受侮辱，正在幕後出力報復。他花了幾個月的時間，在聯邦銀行監督廳高官耳邊竊竊私語，警告他們詹恩無法勝任要職、拉攏沒有經驗的狐群狗黨，還說布羅克斯密特沒有管理龐大而複雜的全球性風險的技能。令人驚訝的是，布羅克斯密特和班齊格一直是朋友，例如，早在二〇〇六年，布羅克斯密特夫婦還曾經到英國鄉間的一處豪華莊園，參加班齊格的五十歲生日慶祝會，跳舞到深夜。但是在班齊格心裡，長久的友誼不敵他要傷害詹恩的首要優先任務，這樣一來，有什麼方法能勝過公開打擊詹恩，同時讓他不能借助布羅克斯密特的專業技能呢？

班齊格的破壞行動生效了。長久以來，聯邦銀行監督廳一直對德銀百依百順，但現在他們逐漸了解一件事，就是如果他們希望抵擋外國的主管機關，就必須開始規範德意志銀行，同時對大眾展示一些成果。因此，聯邦銀行監督廳在波昂拷問布羅克斯密特一番後，得出了令人震驚的答案，說布羅克斯密特不適任風險長。他的擢升因此遭到撤銷，布羅克斯密特第一次感受到遭到公開羞辱的痛苦。他的擢升引起財經媒體相當多的關注，整個月裡，道賀電子郵件和電話不斷擁入。現在他必須一而再、再而三的解釋工作已經遭到撤銷。他打電話給媽媽，接通她的語音郵件，試著用平靜的聲音告訴媽媽：「來的快，去的也快。」他弟弟彼得聽這段訊息時，可以聽出布羅克斯密特的苦痛，因此發了一封電子郵件給布羅克斯密特，告訴他「不用掩飾傷痛」。布羅克斯密特發了一封電子郵件，告訴曾任美林公司風險經理的布雷特，說從這種高壓工作不可避免的頭痛和胃灼熱來看，他知道自己應該覺得寬慰，「但是一旦我開始思考，我就會愛上這份工作。」詹恩知道布羅克斯密特深受嚴重傷害，不過更糟糕的事情還沒出現。

第十八章　垃圾場

二〇一二年底，這類痛苦的選擇和否決再度重演。詹恩提議，讓布羅克斯密特經營德銀所謂的非核心部門，也就是德銀遲遲才建立，負責擺脫包括不當估價衍生性金融商品在內，虧損資產堆積如山的單位。這份工作雖然不光鮮亮麗，對德銀的前景卻十分重要，結果聯邦銀行監督廳再度拒絕同意。

再度錯過另一個備受矚目的工作後，布羅克斯密特遭到下放，出任默默無聞的美國法律實體，美國德銀信託公司董事。這家公司是過去信孚銀行舊有的企業外殼，長久以來，一直是傾倒不良業務的垃圾場，跟新生科技公司有關的避稅交易就藏在這裡，放貸給川普的貸款也放在這裡。不論是倫敦還是法蘭克福的高階經理人，都不太注意這個古怪單位裡發生的事情。事實上，沒人會注意這裡，美國德銀信託公司只有一百位員工，相形之下，其他部門都擁有成千上萬的員工，這家公司沒有自己的財務長或風險部門，卻成為至為重要的控股公司，德銀幾乎所有美國事業都要透過這家公司進行交易。

過去十年來，美國德銀的營運由沃夫負責。有些下屬嘲笑沃夫是輕量級主管，他確實也不夠注意自己主管部門所發生的事情，比較喜歡在高爾夫球場上跟別人密切互動，促銷德銀的品牌，而不是推動重要卻乏味的管理工作。

二〇一二年，詹恩和費晨擺出即將接班領導德銀的態勢時，沃夫決定下台。他告訴朋友，費晨是十足的好人，但詹恩卻不值得信任。接替沃夫、擔任德銀美國事業執行長的是資深投資銀行家傑克．布蘭德（Jack Brand），他和沃夫聯手，聘請布羅克斯密特加入美國德銀信託公司董事會，作為公司努力改善人才庫作法的一環。布蘭德跟布羅克斯密特不熟，卻深知他的威名，知道他是心思敏銳、誠實不欺的好人。布羅克斯密特接受了這份工作，並告訴布蘭德，這讓他找到藉口，可以更常回紐約探望女兒。

布羅克斯密特和布蘭德發現美國德銀信託公司的內涵後，深感震驚。有些問題十分特殊，例如一位投資銀行家被抓到收受一家汽車服務公司的回扣，換取德銀額外業務的案例，其他則是存在已久的問題。紐約州和聯邦監理機構查遍整個公司，進行金檢已經有十年之久，但是德銀似乎沒有採取任何行動，以減輕主管機關的擔憂，就好像德銀決心看看自己可以拖延多久，拖到主管機關實際下重手，真正嚴厲處理德銀時，才放棄自己的惡劣作法一樣。此外，德銀和美國聯邦準備理事會的關係尤其糟糕。

主管機關擔心美國德銀信託公司沒有設立任何系統，用來確保員工守法，也害怕美國德銀信託公司沒有必要的財力，估算自身財務狀況，更別說確保財務健全了。該公司的科技是在信乎銀行時代建置的，很多員工工作時還得仰賴版本古老的蓮花筆記（Lotus Notes），也有人以手動的方式，把預訂的交易細節，輸入Excel試算表，一切都還沒有自動化。你從某個電腦程式中提取出來的財務資料，和你從另一個系統中提取出來的帳目一定不同。該公司的科技系統極為混亂，導致公司的財務報表也凌亂之至，以致於沒有人真正了解公司的基本帳目。法令遵循部門的職員偶爾得靠要求高階經理人，當場用手動的方式，檢查他們大量的交易資料，看看他們是否遵循法令。

以上種種代表著非常嚴重的大問題，而且這不只是美國德銀信託公司的問題。德銀信託是德銀在美國的主要營運工具，有可能引發整個德銀的嚴重問題。有些高階經理人設想：大有可能爆發的最糟糕情境是，一旦美國聯準會大發雷霆，德銀可能會被美國這個世界最大經濟體一腳踢開。

布羅克斯密特除了繼續在倫敦執行風險優化的例行工作外，另一個任務是幫助釐清這個可怕的爛攤子。他私下向太太艾拉透露，他希望在遭到德國聯邦銀行監督廳羞辱後，接下這個吃力不討好的任務，或許這可以稍稍恢復他失去的地位。

大約在他接受美國德銀信託公司的職務時，他和米契爾的兒子史考特恢復了聯絡。兩人已經失聯很多年，布羅克斯密特支持艾絲黛兒的行為，傷害了他們之間的關係，因為米契爾的家人認為，布羅克斯密特的作法是不可原諒的不忠行為。但是事情已經過了十多年，史考特已經知道，人生比他青少年時所了解的還複雜，現在該是向前看的時候了。

二〇一二年春天，史考特到倫敦拜訪詹恩，現在框裱好的米契爾相片擺在書架頂端，正好放在詹恩放板球球具上方略高一點的地方。兩人見面結束時，史考特起身準備離開，詹恩提議說，或許米契爾和布羅克斯密特兩家的友誼現在應該重續前緣了。他建議由他的助理安排聚會，史考特表示同意，詹恩辦公室助理就在倫敦一家米其林星級的印度菜餐廳，替史考特和布羅克斯密特訂下一場午餐餐會。

約會的日子到了，史考特卻臨陣退卻，和從小開始就被訓練要對他近乎膜拜的布羅克斯密特叔叔見面，引發了讓他難以承受的焦慮，他也擔心布羅克斯密特知道他從來都不夠專業時的反應。史考特知道，在某些情況下（部分原因是他的外表、部分原因是他爸爸的魅力仍然發揮著影響力），大家在他身上仍然會看到他爸爸的影子；史考特可以從他們的眼睛裡，看到這種神情；可以從他們的聲音中，聽到這種眷戀。這種情形讓他十分難過。

幾個月後，史考特和布羅克斯密特再度嘗試，這次是布羅克斯密特的助理促成好事。他們兩人不斷努力重新安排見面時間後，布羅克斯密特的女兒亞麗莎接管這件事，在紐約東十五街聯合廣場上的一家高價日本餐廳訂了一桌。亞麗莎打算來吃這頓晚餐，而且因為布羅克斯密特會帶女伴來，史考特決定也要帶女伴同行，就請了住在紐澤西州的妹妹艾蓮出席，他自己則搭飛機前來重聚聯歡。

史考特和布羅克斯密特已經十二年沒有見面了。史考特其實已經長到跟父親一模一樣，只是比父親矮了幾公分、頭髮稍紅一點而已。布羅克斯密特看到史考特走向他們的桌子時，站起來跟他打招呼。「他簡直就是他老爸再世嘛，天啊！」亞麗莎喃喃說道。史考特為了壓住自己的焦慮不安，來餐廳前，已經先在旅館裡灌了好幾杯，現在顯的醉醺醺的，又滿頭大汗。大家在一張光潔的木頭桌子上坐定後，兩個害羞的男人花了一點時間，才開始開誠布公。但是布羅克斯密特選了一些很好的葡萄酒，大家愈喝，心情愈放鬆。史考特親切的模仿詹恩，告訴布羅克斯密特，說他不負眾望，然後用模仿的印度腔說道：「你太精明、太有才，我們要怎麼讓你達成你的標準？」布羅克斯密特十分開心，很快就跟史考特開起銀行業和政治方面的玩笑。布羅克斯密特整個人亮了起來，就像切斷很久的電器接頭重新焊接回去一樣。晚餐快要結束時，亞麗莎把史考特拉到一邊，比著布羅克斯密特的方向，低聲說道：「這才是他本人，從令尊走後，我從來沒有見過我爸爸這樣子過。」

那年夏末，布羅克斯密特夫婦邀請史考特去他們在緬因州的住處，整天都在喝酒和回憶，兩家人恢復了原有的關係。布羅克斯密特開玩笑說，他因為沒有得到風險長的工作，逃過一劫，正在考慮第三次，也是最後一次退休。他也問起遺產規劃的問題，還一直說，自己仍然極為懷念米契爾。

史考特熱衷於學習跟銀行業有關的事情，尤其是他爸爸協助建立的這間機構的相關事務。他問布羅克斯密特，如果他爸爸沒有離開人世，德銀會有什麼變化，今天會變的更好還是更差？布羅克斯密特做出陷入深思時常有的拉眉毛動作，最後說道：「我們在景氣好的時候，賺的錢應該會比較少，但是在景氣不好的時候，虧的錢應該也會比較少。」

第十九章　索取資訊

二〇一三年二月發完年終獎金後，布羅克斯密特問詹恩，他們兩個可不可以坐下來開個會。他告訴這位德銀執行長，以及他二十多年間斷斷續續的同事，說他這次真的準備退休了。他現在又虛又累，覺得自己在德意志銀行已經不能再發揮什麼了。

這是詹恩現在最不願意見到的事情。他和費晨上任的頭幾個月裡，充其量只能說是動盪不安，德銀正在失血，好幾個部門都出現幾億美元的損失。到了十二月，超過五百位政府幹員坐著警車和直升機，擠進德銀的雙子星摩天大樓，占據大廳，搜索整棟大樓，尋找德銀透過詐欺性排碳許可證計畫，從事逃漏稅的證據——這是史東幾年前揭發的事件（德國已經修法阻絕這種騙局，卻到現在才對罪犯收網。）德國警方在史東的協助下，破獲了一件複雜的多國稅務詐欺案件。

十二月某天，警方在法蘭克福首席檢察官率領下，進行突襲檢查後，收押了五位德銀員工，還要對包括費晨在內的德銀二十多位員工進行後續調查——他們已經證實德銀二〇〇九年的稅務報表確實涉及詐欺。僅僅一星期後，警方再度突襲德銀總部，進一步證實，在德銀背後，還有一個重大的目標。

布羅克斯密特宣布準備離開時，詹恩已經陷入十分驚慌失措的地步。他懇求他最信任、為他服務最久的副手布羅克斯密特，至少再多留幾個月，而且永久擔任美國德銀信託公司的董事。布羅克斯密特心一軟，答應了下來，這件事代表詹恩的小小勝利，但是情勢即將嚴重惡化。

最大的問題是財務。艾克曼風光離開，德國很多領袖稱讚說，艾克曼是他這一代最偉大的銀行家（他離開德銀後不久，在他的領導下，蓄積無與倫比權力的國際金融協會，在哥本哈根郊外的一座古老城堡中為他舉辦歡送會，由身穿中世紀服裝的服務生侍候，還鳴放禮砲致敬）。知道德銀已經支離破碎的人不多，原因是德銀真正的健康程度，無法根據任何一季的獲利數字來衡量。真正重要的數字反而是聽起來很複雜、衡量銀行對借入資金有多麼依賴的槓桿比率，而非對股東投入、換取股本的資金有多麼依賴的比率（這個比率是用第一類資本比率計算），以及可能有危險、卻難以出售的金融工具庫存（第三類資產）。德銀這些至關重要的健康指標全都落在危險區，不是太低、就是太高。已經沒有不會造成痛苦的方法可以解決這些問題，發行新股或要求現有股東拿出更多的錢，會讓已經受到打擊的投資人更加痛苦。處理超過一千五百億美元沒有人要的虧損資產，無疑是應該做的正確行動，但是這些資產價值的減損，卻表示德銀出售這些資產時，必須吸收遠超過數十億美元的慘重損失。詹恩沒有撕掉急救膠帶，而是小心翼翼的行動，拉長清理時間。

同時，另一種不同的危機正在展開。多國政府的主管機關終於注意到，德銀習於讓獲利凌駕於道德之上。問題從托斯卡尼開始爆發。德銀投資銀行的一位員工看到西恩納銀行集團的交易，深深覺得不以為然，認為德銀這種魯莽、好鬥的行為模式，一定會普遍應用在世界各地。他離開德銀後，把大量和義大利往來交易的相關文件，洩露給新聞記者和主管機關。彭博新聞社報導德銀協助世界最老銀行掩飾虧損的傳說後，西恩納銀行集團陷入致命困境。投資人全力拋售這家銀行的股票，義大利當局展開刑事與民事調查，包括調查德銀在銷售似乎帶有欺騙性質的衍生性金融商品方面，到底扮演了什麼角色。詹恩害怕的是，當時德銀完成西恩納銀行集團的交易後，還對包括巴西和希臘等國的銀行，推銷類似的交易。

就在布羅克斯密特向詹恩表明，他要從德銀的全職工作退休之際（他保留擔任職責大為減輕，純為兼職的可能性），調查相關交易的義大利警方突襲大衛・羅西（David Rossi）於西恩納的家中。羅西是西恩納銀行集團的溝通主管，身體健康、打扮時髦，他不只是這家銀行的發言人，還是高階經理人，而且後來的事證還證明，他也負責制訂策略，對西恩納銀行集團的若干客戶，提供個人理財服務。警方突襲之後兩星期，羅西於二〇一三年三月某個雨夜，從他在西恩納銀行集團總部四樓辦公室的窗戶跌落到地上，他躺在院子裡至少一小時，身體間歇性的抽搐，直到不再抽動為止。遭到政府調查的銀行高階經理人死亡（當時本地主管機關判定為自殺），成了世界各地的頭條新聞，推動相關機構加強調查西恩納銀行集團和德意志銀行。

那年夏天，德銀針對自己和世界各國政府互動的情況，製作了一份內部機密報告。指出德銀在二〇一三年的頭八個月裡，收到主管機關五千七百七十七件索取資訊的要求——平均大約每小時一件，遠超過德銀前一年收到的要求總量。報告中預測，「二〇一三年剩下的時間裡，沒有跡象顯示主管機關的查核會減少。」

會出問題的地方似乎都出了問題。到了八月，光是芝加哥商業交易所（CME）就發現，德銀有四十六件衍生性金融商品的交易，違反技術性規則。根據德銀的內部報告，衍生性金融商品的另一個主管機關商品期貨交易委員會（CFTC）「傳達了強烈的訊息，強調糾正一再發現事件的急迫性、以及迅速採取行動的必要性」。監管美國德銀信託公司的聯邦準備理事會特別火大，德銀的內部報告指出，聯準會「已經明顯改變語調，針對完成尚未完成補救措施的急迫性問題，傳達了強烈的訊息。」內部報告提到，聯準會針對德銀理當補救的問題，列出一長串清單。聯準會最關心的問題之一，是美國德銀信託公司所提供、然後由聯準會公布的財務資料正確與否。其中有些資料似乎不正確，聯準會現在因為公開發布錯誤數字，落的相當難堪。

問題不斷爆發，羅奇在美國參議院裡加強了避稅調查，然後，傳言指出，德國中央銀行和美國證管會正在調查德銀在金融海嘯期間，刻意藉著膨脹衍生性金融商品價值數百億美元，藉以隱瞞巨額損失的事件（班亞濟向證管會報告的就是這檔事。）主管官員開始訪查德銀過去的員工，其中有些人說，主管機關應該跟某個人談一談，這個人了解衍生性金融商品，而且是德銀所有高階經理人中最誠實的人，這個人就是布羅克斯密特。美國司法部也從很多方面追查德銀。聯邦檢察官起訴房貸資訊科技公司，為德銀「多年來的魯莽貸款」和不誠實，尋求十億美元的損害賠償——根據德銀在併購這家公司前，幾乎沒有進行什麼實地查核的情況來看，這種狀況應該不足為奇。美國司法部也在調查德銀在全世界銷售的房貸抵押擔保證券。

最後是倫敦銀行同業拆款利率的弊案。美國和外國的檢察官發現成堆的證據，都證明交易員和營業員以書面方式規劃犯行。德銀聘請外界稽核人員深入調查，發現畢塔爾和手下從事廣泛的炒作利率操作。德銀收到美國主管官署索取文件的要求後，在幾星期內，就把畢塔爾調到新加坡——主管官員後來指出，這件事相當巧合（二〇一八年，畢塔爾承認犯了詐欺罪，被判處五年以上的徒刑）。

某個星期五下午，德銀營運長李奇特要求德銀的法務部門，交給他很多箱有關倫敦銀行同業拆款利率案的證據，其中包括內部聊天和電話錄音的謄本、交易紀錄和電子郵件。

李奇特請布羅克斯密特快快來他的辦公室，那天晚上和周末的大部分時間裡，兩個人都坐在一起，檢查這些該死的資料。說一口流利法語的李奇特把畢塔爾的通訊內容，翻譯給布羅克斯密特聽，到了星期一早上，他們知道德銀要倒大霉了。

二〇〇六年德銀藉著併購聯合金融公司，打進俄羅斯市場的事業，已經成長為龐大的企業。聯合金融現在擁有幾百位員工，年營收接近二億美元，總部設在莫斯科河附近一棟八層樓的玻璃大樓裡。聯合金融的若干業務，例如，是不是真的想跟寡頭企業家同床共枕之類的問題，當然還是會讓德銀的高階經理人疑慮不安，但是這種憂慮必須臣服於獲利之下。

接著，二〇〇八年金融海嘯爆發，俄羅斯的營收腰斬。德銀為了重振旗鼓，利用貪腐的手段接近克里姆林宮，以便爭取業務。例如，德銀聘用俄羅斯財政部副部長女兒的安排，得到了德銀莫斯科和倫敦高階經理人的祝福。這項任命迅速得到報答，副部長在數十億美元的俄羅斯公債發行案中，把一項獲利豐厚的任務交給德銀。隔年，德銀把一系列的臨時工作，交給俄羅斯一家國營企業某位高階經理人的兒子，他的表現無比差勁（德銀人力資源部門指出，這位仁兄不來上班，還曾經考試作弊），但是德銀獲得了為他爸爸的公司服務的機會。

最大的操作是提升小柯斯汀的職位。小柯斯汀先前已經從德銀的倫敦分行，調到莫斯科分行。二〇〇九年，德銀把留著山羊鬍子，有著黑色眼珠與銳利眼神的小柯斯汀擢升為高階經理人，以便協助德銀拓展俄羅斯股票和債券的銷售與交易業務。在普亭統治下的俄羅斯，有一位姓柯斯汀的員工，為德銀帶來難以估算的好處，業務從俄羅斯外貿銀行湧來——這家銀行仍然由老柯斯汀經營，也仍然和克里姆林宮情報機構掛鉤。當時，高盛莫斯科分公司主管告訴記者路克．哈定（Luke Harding）：「我們發現他們和俄羅斯外貿銀行的業務性質和集中程度，達到令人無比惱火的程度，別人完全無法接觸俄羅斯外貿銀行。」

二〇一一年初，小柯斯汀再度升官，這次基本上是經營德銀在莫斯科的整個業務，他直接對接替賴恩的德銀俄羅斯最高主管伊戈．羅耶夫斯基（Igor Lojevsky）負責。羅耶夫斯基衣著華麗，有著積極進取、熱愛風險的管理風格，還有許多親戚都在德銀找到工作的事實，都讓一些同事深感震驚。

這時，德銀再度為俄羅斯客戶洗錢，美國聯準會和紐約監理機構二〇〇五年對德銀所下的反洗錢禁令，已於二〇〇八年撤銷，德銀迅速恢復原形。參與洗錢的人為這種最新的安排，取了一個相當平凡的名字，叫做自助洗衣店。俄羅斯的犯罪之徒（其中有些人和克里姆林宮有關係）利用這家自助洗衣店，將他們掠奪來的錢洗出俄羅斯，流進歐洲的金融體系。德銀是其中至關重要的一環，德銀為規模太小，沒有設立外國分行的銀行安排跨國交易（法律規定，德銀協助本地貸款機構轉移資金時，必須查核資金來源，但是德銀鮮少這樣做。）德銀代替俄羅斯協助這些比較小的銀行，把剛清洗乾淨的資金，匯到世界各地，並從每一筆交易中，收取少少的費用。到了二〇一四年，透過這家自助洗衣店轉來轉去的資金高達幾百億美元，德銀的莫斯科團隊賺到了德銀迫切需要的利潤。

直到二〇一一年七月某個艷陽高照的星期六為止，這項業務看起來情勢大好。小柯斯汀駕著越野車，穿越俄羅斯雅羅斯拉夫爾（Yaroslavl）郊外的森林時，那輛四輪傳動車摔進溝裡，撞上一棵樹。小柯斯汀傷重身亡。這麼一來，德銀在俄羅斯擁有的內線優勢即使沒有完全抹煞，也大大的減損了。

德銀要怎麼重振旗鼓呢？大約在這個時候，德銀的一群莫斯科員工在英俊的美國青年提姆·魏斯韋爾（Tim Wiswell）領導下，想出一個新計畫，希望捲土重來。魏斯韋爾從聯合金融公司起家，慢慢往上爬。二〇〇八年，德銀將二十九歲、綽號魏斯、熱愛航海和滑雪的魏斯韋爾，擢升為俄羅斯股票部門的主管，現在他的團隊計畫協助俄羅斯人，將錢秘密移轉到國外。俄羅斯客戶會把錢交給俄羅斯的經紀商，然後，由這家經紀商用盧布，向德銀的莫斯科分公司購買一檔績優股。接下來，同一家券商會用在某個司法管轄權不透明的地點，例如賽普勒斯等地註冊的合法實體，把數量相同的股票，賣回給德銀的倫敦分公司，德銀再用美元，而不是盧布，付款給俄羅斯的經紀商。這樣一來，兩次股票交易會互相抵消，但是資金已經變成美元，而不再是盧布。然後這些美元會轉入用原始俄羅斯顧客的名字，在西方民主國家開立的銀行帳戶中。因為兩筆交易是彼此之間的相反形像，這種非法交易就叫做鏡像交易（mirror trade）。

同事都知道魏斯得到上級主管的背書，而且偶爾會催促他，為這種獨一無二的作法收取較高的費用。這種寶貴洗錢服務的相關消息流傳開來後，德銀莫斯科分行成了暗黑俄羅斯人一定要去的地方。接下來幾年，成千上萬筆，總金額一百億美元以上的鏡像交易，會從莫斯科流往倫敦，再透過紐約的美國德銀信託公司，將資金換成美元，回流到賽普勒斯或歐洲其他地方。這項服務的顧客包括普亭與他的親朋好友。獲利大筆湧入德銀，魏斯和手下大肆慶祝，偶爾會利用銀行的公款，從事直升機滑雪或高空跳傘之類的運動，更不用說在莫斯科的高檔酒吧和脫衣舞俱樂部、夜夜醇酒美人的享受了。魏斯的一位同事寫道：「我們過著搖滾明星般的生活。」

若是經營良善的銀行，警報一定會響起，警告法遵人員，有什麼可疑的事情正在進行，這些事情包括背對背交易的規模完全相同、只有貨幣不同；包括德銀服務的很多客戶都有司法問題的紀錄——有些客戶的紀錄極為公開，甚至到了遭到嚴密控制的俄羅斯媒體都報導過的地步（凡是願意簡單的上谷歌網站搜尋的人，都可以看到這些報導）；也包括德銀在以組織犯罪和國家認可劫奪行為聞名的俄羅斯，業務量瞬間突飛猛進的事實。

但是德銀不是經營良善的銀行。德銀在莫斯科、倫敦和紐約的電腦系統不能互相連結，在這個情況下，正好便於隱瞞鏡像交易許多規模和時間點類似的現象。莫斯科德銀分行，只有一位沒有任何法遵經驗的律師，同時擔任德銀本地法遵、法務和反洗錢三個部門的主管。德銀在當地推動的實地查核程序，頂多只是請顧客填寫一張簡短的表格，聲明他們希望運用的錢，是從那裡得來的。而且德銀和大多數同業不同，可能是因為德銀進入俄羅斯市場的歷史悠久，又於二〇〇六年併購聯合金融公司，而沒有把俄羅斯列入高風險評等名單中，不會自動對源自於俄羅斯的交易，加強內部查核。

的確如此，德銀在艾克曼的領導下，受到了崇拜俄羅斯、願意無所不用其極求生存這種精神的制約。對艾克曼來說，這樣的作法好處極多。從德銀下台一個月後，他就前往聖彼得堡，參加一項經濟論壇會議。俄羅斯總統普亭邀他私下見面，提出一個建議，問他是否願意為克里姆林宮服務？普亭說，他提議的工作涉及協助經營俄羅斯龐大、卻並非總是乾淨無瑕的主權財富基金。艾克曼說，他樂於考慮這個工作。最後這個提議沒有實現，卻顯示德銀在艾克曼的領導下，跟克里姆林宮的關係變的有多親密。

佛羅里達州傑克森維爾（Jacksonville），美國聯邦調查局當地分局所在的一條車水馬龍的公園大道旁邊，有一棟三層樓的建築，融入郊區的景色之中。這棟白色的辦公室建築裝有藍色的玻璃窗，建築物外頭停了不少顏色鮮艷的肌肉車，其中很多輛的車牌顯示出車主是軍人。要是訪客沒有看到車道旁「禁止進入」的告示，也會看到安全警衛坐著高爾夫球車，在頭上有海鷗盤旋的現場巡邏。每天會有幾百個人，走過棕櫚樹和修剪整齊的草坪，走進德銀一座最不光鮮亮麗、卻堪稱最重要的辦公室。

德銀在這棟建築物裡，集結了一大群待遇不算很好的員工和約僱人員，詳細檢查德銀每天在世界各地，為客戶所做的成千上萬筆交易。這些人的工作是查出可能涉嫌洗錢或其他金融犯罪的跡象。工作小組每天徹查幾十個個案的檔案，拿客戶的名字跟一系列的資料庫交叉比對，看看會不會有明顯的法律或名聲問題跳出來。有問題的案例很多，一位員工回憶說：「我們有一大堆我們知道是俄羅斯人的資料，他們會在一個國家註冊，然後在另一個國家交易，但是他們的地址是在俄羅斯。這種情形相當古怪。」德銀經常透過無法追查的空殼公司，每天為俄羅斯人調動好幾千萬美元的資金，大家沒有明確的方法，可以辨明這些有限責任公司之類的企業，屬於無害的富人、貪腐的政府官員、還是寡頭企業家。德銀在傑克森維爾的很多員工和約僱人員都很年輕，經常都是剛從本地大學畢業一、兩年，也沒受過什麼專業訓練。很多員工都不知道要怎麼分辨有風險的客戶和純粹的秘密客戶。

這種狀況有幾種方法可以處理，一種是盡量把每個可疑的客戶都列入黑名單，再向金融犯罪防制署（Financial Crimes Enforcement Network）申報「可疑活動報告」。這樣做的好處是可以讓銀行的後勤得到某種程度的保護，卻無法阻止交易繼續出現。德銀傑克森維爾的辦公室隔間裡，若干團隊每天申報幾十個案例，然後隔了一、兩個月後，另一筆涉及同一家俄羅斯空殼公司的交易，會再度擺在某一位員工桌上，員工會再度申報可疑活動報告，然後又是沒有什麼結果。這種情形令人相當沮喪與困惑，德銀為什麼不乾脆就不再跟這些不清不楚的客戶往來呢？（員工承認，答案是處理這種交易有利可圖。）

以上是一種方法。不過傑克森維爾辦公大樓中的其他團隊採用另一種比較簡單的戰術：乾脆全部放行。這樣有一個好處，就是比較容易達成目標、達到每星期和每個月必須放行多少交易案的配額。另一位舊員工解釋說：「德銀的文化是，只要結束（完成）交易就好。」

對魏斯韋爾這種野心勃勃、喜歡突破極限的交易員來說，這表示他所受的限制很少。二〇一二年到一三年間，倫敦有人多次詢問，為什麼這些奇怪的俄羅斯交易，會一直出現在德銀的帳目上。莫斯科方面都會傳回含糊其詞的答案，沒有清楚交待顧客的身分或交易的目的，但也沒有人會再繼續追究。這時莫斯科是由一位俄羅斯經濟學家所領導，但是他過去的雇主也曾與洗錢扯上關係。

第二十章　壓力重重

二〇一三年八月，布羅克斯密特正式退休前幾天，皮耶．沃提爾（Pierre Wauthier）自殺身亡，他太太發現，他先生在跟她和兩個子女居住、經過改裝的一家旅館裡上吊自殺。沃提耶享年五十三歲，原本是蘇黎世保險集團的財務長，他在影印出來的遺書中，譴責公司董事長在他身上施加的提高利潤壓力，讓他難以承受。結果，董事長正是艾克曼。

普亭提議的工作沒有下文後，艾克曼出任蘇黎世保險公司董事長，過沒多久，他就為了蘇黎世保險的財務狀況，跟沃提耶發生爭執。艾克曼當然不是喜歡別人讓他失望的人，偏偏蘇黎世保險的財務數字、尤其是股東權益報酬率這個艾克曼領導德銀時十分沈迷又至為重要的數字，卻正在下降。於是沃提耶遭到艾克曼的嚴厲批評。

沃提耶自殺後幾天，艾克曼辭去蘇黎世保險董事長的職務，還解釋說：「我有理由相信，這家人認為我應該承擔一部分責任，這點和任何指控一樣，毫無根據。」＊布羅克斯密特和沃提耶的一些朋友，從沃提耶在摩根信託銀行任職時就認識他。他們交換電子郵件，討論這件悲劇時，衍生性金融商品奇才巴特曼在寫給群組的信中說：「艾克曼在這件事情上，看起來（不像）太好」。布羅克斯密特最後一天上班，是八月三十一日，他在寫給兒子華爾的電子郵件中，談起命運多舛的風險長職務時，跟兒子解釋說：「對我而言，加入德銀董事會的任命失敗是好事，從那之後，我在德銀其實已經沒有合理的下一步了。我在德銀待的時間比我想像中久太多了。」兩個月後，詹恩在德銀倫敦總部的小餐廳裡，舉辦小型午餐會，向布羅克斯密特致意，大約有十多個人參加。這些銀行家吃著沙拉、羊肉和水果三道菜構成的簡餐時，詹恩簡短的說了一段話，為布羅克斯密特的辛勤工作敬致感激之意。

這年秋天，布羅克斯密特過五十八歲生日，他和艾拉打算在倫敦至少再住一年，做好明年春天去南非和伊朗旅遊的計畫。他也試著學法文，報名寫作班，還準備考取英國駕照。他也試著下廚，用他設計衍生性金融商品的方式，設計食譜，而且他的酒愈喝愈多，因為喝酒是應該要做的事。

感恩節時，布羅克斯密特和艾拉飛到紐約。布羅克斯密特和德銀過去的同事、現在擔任耶魯大學教授的沙曼・馬伊德（Saman Majd）共進午餐。布羅克斯密特抱怨說，他懷念自己的工作、懷念市場、懷念那種興奮之情和智力上的挑戰，「你是怎麼處理的？」他問馬伊德有關退休的問題，馬伊德說，他在學術生涯中找到成就感，他建議布羅克斯密特找一些新的東西來填滿自己的心靈。

但是布羅克斯密特仍然埋首於美國德銀信託公司的工作中，無法走開。他每個月都會飛到紐約參加董事會會議，雖然可以用電話會議的方式參與，但他覺得這樣是不負責任的態度。

問題太多了，布羅克斯密特覺得。雖然歐洲沒有人注意這家子公司的作為，美國德銀信託公司卻也沒有多少自己的資深職員。布羅克斯密特敦促美國德銀信託公司聘用一位財務長——對於要處理數百億美元資產的公司來說，這個建議並不是什麼古怪的想法；布羅克斯密特也敦促美國德銀信託進行內部調查，了解公司到底為什麼會對世界各地的其他德銀實體，貸放這些複雜又紀錄不良的貸款。他發電子郵件告訴布蘭德：「我知道這種建議一定不受歡迎，但是我們或許需要比目前所提議的改造更為激烈的改革。」事實上，布蘭德正在努力招募更多員工，卻很難找到能夠讓德國上司滿意的高級人才。有一陣子，他希望僱用一位聯邦調查局前幹員或檢察官，負責防止金融犯罪。他提出幾位有希望的人選，法蘭克福的回應卻是全都不能接受，

---

* 三年後，沃提耶在蘇黎世保險的老長官也自殺了。

因為他們都不會說德文。這個職位最後落在一位會說德文的人身上，他做了六個月就被趕走；而布羅克斯密特所遊說的財務長職位，從來沒有補上過。

布蘭德迅速採取行動，和聯準會官員建立關係，希望能安撫他們的憂慮，同時希望出問題時能夠自保。他對聯準會一貫的解釋是：他在倫敦和法蘭克福的長官，對於迫切需要擴充法遵、法務、財務和科技人員的問題，似乎並沒有十分重視。有時候，他知道法蘭克福有高階經理人來美國視察時，會邀請聯準會官員參加公司的內部會議（大權在握的監理官員參加閉門會議，通常可以作為有用的警鐘，以喚醒德國來客）。布蘭德認為，聯準會應該會對德銀施加壓力，協助他完成德銀可能並不自知，不過長期來看卻對德銀有利的事情。

二〇一三年九月，聯準會發表實地深入金檢美國德銀信託公司的報告。美國德銀信託公司一位職員發了電子郵件給董事會，說明他們剛剛收到聯準會對德銀的斥責，指出德銀的系統是「我們同行中最糟糕的，每個重要領域都有很多問題」，德銀在設法處理自己的缺點時，有著「嚴重的缺失」，而且聯準會看到的問題「只是其中的皮毛而已」。聯準會很快就會降低美國德銀信託公司一項重要評等，這項評等與德銀能夠向聯準會拆借多少資金有關，是至為重要的評等。這件事是個惡兆。

布羅克斯密特害怕將來會有很多問題。他發電子郵件給很久以前的美林公司老同事布雷特說，「我仍然跟德銀的老問題糾纏在一起。」聯準會會對自己監理的公司，推動定期的壓力測試。布羅克斯密特認為，美國德銀信託公司沒有認真看待這個測試。他一再告訴德銀為了彌補不夠完美的公司治理歷史，因而成立的「卓越中心」同事，他們的測試實在太過溫和，看起來像是精挑細選出最有利的數字，忽視應該會引發難堪質疑的數字。他寫道：「我認為，最低限度，我們應該更保守一點。」他的一些同事查覺到他的不安愈來愈嚴重。美國德銀信託公司的一位董事解釋說：「看著他協助建立的一切（德銀的華爾街事業），變成極多問題的根源，真的讓他覺得很難過。」布羅克斯密特認為，自己是被迫為他已經不再相信的機構辯護。

十二月某個下午，布羅克斯密特排定跟德銀的老夥伴羅特見面。布羅克斯密特穿著汗水淋漓的運動服，出現在切爾西的蓋兒咖啡廳，兩人坐在擁擠的咖啡店裡回憶往事。羅特因為對艾克曼不滿而退出銀行業後，到現在已經過了好幾十年，他告訴布羅克斯密特，說他必須簡化生活。他住在泰晤士河邊的一棟小房子裡——比起他以前住的倫敦貝爾格萊維亞區（Belgravia）豪宅，這裡確實算是小房子。他把時間花在慢跑、滑雪，以及和朋友去參加小酒館的益智問答上。他解釋說：「這些全都是簡單的事情。」他努力激發布羅克斯密特對人生新階段的熱情，但是他以前的老同事卻仍然老是想著德意志銀行。他問羅特，很多年前，他曾經建議羅特取消一位心懷困惑客戶的衍生性金融商品交易，然後向他轉達傑克牧師的教訓：要做正確的事情，要誠實的以合乎倫理道德的方式對待他們，最後事情一定會順利完成。羅特清楚認為，布羅克斯密特正在德銀裡，跟相同的問題搏鬥——其中包括草率的衍生性金融商品、龐大的虧損和道德上的困境。他問布羅克斯密特到底發生了什麼事，但是布羅克斯密特顯得猶豫不決。羅特可以看出他的朋友十分困擾，但是他沒有逼問。布羅克斯密特沈默一陣子後，改變了話題，羅特也讓談話順勢繼續下去。

聖誕節前，布羅克斯密特和艾拉從倫敦飛到加勒比海的維爾京戈爾達島（Virgin Gorda），跟兩個女兒在小迪克斯灣（Little Dix Bay）度假村待了幾天後（期間曾經以打電話的方式，參加美國德銀信託公司的董事會議，討論德銀和美國聯準會之間日益升高的問題），坐上布羅克斯密特的密友、華爾街老手麥克·莫蘭迪（Michael Morandi）四十七呎的帆船，一起游泳、浮潛、喝雞尾酒、抽菸，菸吸完後，就在帆船上的菸灰缸裡，尋找只抽了一半的菸屁股，然後喝更多的酒。到了分別時，布羅克斯密特和艾拉乘坐帆船，在波濤洶湧的海上航行。開往機場時，布羅克斯密特宿醉的非常厲害，開始暈起船來。後來，他寫電子郵件告訴朋友：「我上岸後，經過好幾小時才恢復平衡。」

他們回到倫敦後，一包透過德國郵政寄來的包裹，正在他們位於艾芙林花園道的公寓裡等著他們。裡面是厚厚一疊的德銀文件，主題大致上是怎麼安撫聯準會。這是美國德銀信託公司為了預定在一月的最後一個星期，要在紐約舉行一整天的董事會會議，事先寄給布羅克斯密特的東西。布羅克斯密特和艾拉都打算去紐約，布羅克斯密特除了參加美國德銀信託公司的董事會外，在紐約還有別的事情要辦。他告訴艾拉，他已經安排好要跟聯準會官員見面——他沒有說明要跟那些官員見面，艾拉也沒有問。他也安排好，要跟個人的律師見面，簽署更新過的遺囑。

在義大利，西恩納銀行集團崩潰後，震撼了大家對義大利銀行業的信心，政府準備對其他銀行紓困。德銀最近跟造成西恩納銀行集團垮台的人達成私下和解，基本上，這是德銀由於促成了世界最老銀行徹底毀滅，所表現的道歉方式。但是，即使民事問題解決了，對西恩納銀行及其員工犯罪的調查卻已經開始。費索拉等人會遭到刑事控訴，罪名是協助西恩納銀行在財務上，欺騙投資人和監理機構。

德國聯邦銀行監督廳也準備好，要針對德銀是否幫助西恩納銀行隱瞞虧損展開調查。調查由外界一家法律事務所領導，預定從二〇一四年一月二十七日星期一開始。

一月二十四日星期五那天，詹恩住在瑞士達弗斯（Davos）的一家滑雪度假村裡。在這裡舉辦的世界經濟論壇年會正開的如火如荼，世界上最重要和最妄自尊大的人每年都會在這裡聚會，名義上是要促使世界更美好，實則彼此互相吹捧。長久以來，布羅克斯密特都對這個論壇抱著懷疑的看法，幾個月前，他在寫給朋友的電子郵件中嘲諷說：「在酒精和沒有反對意見的協助下，而得以在這裡真正解決世界上種種重大問題。」

詹恩在這裡卻如魚得水。就如同其他產業和金融業的領袖一般，他每天的會議行程都塞的滿滿的，還可以留下足夠的時間，在被迫傾聽的聽眾和電視攝影機前，滔滔不絕的談論重大問題。有一段時間裡，他和其他銀行執行長，跟英格蘭銀行總裁馬克．卡尼（Mark Carney）聚會。卡尼私下譴責他們不斷替主管機關找麻煩，詹恩敦促卡尼和主管機關同行少管閒事，激起了一些惹人注目的波折。

同一天，詹恩和太太參加一場活動時，瞥見艾克曼站在大廳另一頭。艾克曼曾經是他們的剋星，擋在詹恩和他應得的寶座之間。現在艾克曼對他們揮手，詹恩夫婦走了過去，跟艾克曼打招呼，說他的氣色好極了，是不是減肥成功了呢？還邀請他參加德銀那天晚上舉辦的酒會。

酒會在麗城大飯店（Belvédère Hotel）舉行。麗城大飯店原本是富麗堂皇的旅館，世界經濟論壇開會期間，這家飯店的屋頂上還會配置狙擊手，以便保護貴賓。德銀酒會在一間沒有窗戶的大廳裡舉行。正常情況下，這間大廳是游泳池，現在這裡的燈光調暗、音樂響起，服務生托著放飲料的托盤，在賓客之間穿梭。今天晚上，游泳池用臨時地板蓋著，賓客不知道腳下站著的一、兩英寸厚的合板地板下，就是好幾英尺深加氯消毒的池水。大家可能看不到游泳池，卻足以創造悶熱的氣氛，讓德銀酒會的外牆無法藏住底下的鬱悶，因此禿頭男士頭上的汗水已經閃閃發亮。

詹恩和費晨四處遊走，忙著招呼以德國客戶為主的客人。他們不光是要讓顧客覺得窩心而已，也要努力顯示他們能夠和衷共濟，因為德國媒體盛傳詹恩想趕走費晨，獨攬德銀大權。詹恩力圖爭取德國社會的支持，也協助安排了今天晚上的盛會。詹恩夫人十分國際化、風采迷人、又善於閒談，談起她身為旅行作家的探險故事，讓陌生人大為傾倒，也讓她丈夫增加了不少人味。

讓詹恩訝異的是，艾克曼居然在酒會上現身。或許是因為他在蘇黎世保險公司的悲劇中受到懲罰，似乎變的比較柔和了。兩位對手熱切的談起在德銀一起奮鬥的往事，輕鬆帶過兩人近來的敵意。

酒會一直持續到星期六半夜，會場上美酒流溢，詹恩和費晨勾肩搭背，公開展示情誼。大家在這個阿爾卑斯山脈的小鎮上，遠離日常壞消息的衝擊。對德意志銀行而言，此時此刻似乎是完美的一刻——最高主管同心協力（可能也醉了），客戶心情愉快，銀行前途光明。

在離會場西北方幾百英里的倫敦，布羅克斯密特和艾拉外出共進晚餐後，躺在床上，悄聲聊天。布羅克斯密特有感而發的問道：「我們怎麼可能比這一刻還幸福呢？我們實在太幸運了。」接著，他最後一次，陷入沈睡。

第二部

第二十一章　華倫亭

三十八年前，艾拉和亞歷山大．切雷季尼琴科（Cherednichenko）夫婦在烏克蘭首都基輔，生下一名叫做華倫亭的男嬰。兩夫婦很年輕，艾拉才十八歲，夢想成為畫家，但她是猶太裔，而一九七〇年代的烏克蘭對藝術家和猶太人來說，都不是友善的地方。迫害有知識份子傾向的人得到國家認可，顯的相當猖獗。艾拉的雙親受到大屠殺回憶的折磨，害怕納粹黨徒或像納粹黨徒的其他人，總有一天會在基輔街頭橫衝直撞。一九七七年，艾拉從莫斯科農業學院畢業後，為自己、先生、妹妹、媽媽和正在學步的華倫亭，取得出境簽證。根據家人間的說法，他們是靠著出售祖父戰時得到的勳章，支付簽證所需的費用。

他們在第一站維也納停留了幾個月，艾拉已經二十歲，這是她第一次離開蘇聯。她抱著哭泣的孩子，徘徊在奧地利最大城市的街頭上，媽媽、尤其是身為難民媽媽的身分，讓她覺得自己孤立無援。接著，他們前往羅馬，等待入境美國的簽證。移民文件發下來後，這家人於一九七九年前往芝加哥，這裡是日漸增多的蘇聯猶太裔難民家園——一九七三年至七八年間，大約有兩千人來到此地。切雷季尼琴科抵達前幾個月，芝加哥猶太裔社區中心的領袖告訴本地報紙：「這種情形可說是大規模的流亡。」

切雷季尼琴科夫婦租了一間小小的公寓，華倫亭學會了兩種語言：跟父母學到俄語，從電視上學會英語。兩人的婚姻破裂，一九八二年，切雷季尼琴科夫婦分手，到美國後名叫華爾的華倫亭跟著爸爸住。華爾從這段歲月留下來的片段回憶，大都不很愉快。有一次，爸爸帶著兒子去看恐怖片《萬聖節》，五歲大的小男孩嚇到在戲院裡的走道上嘔吐。還有一次，華爾看著爸爸倒在公寓的地板上，口吐白沫，身體抽搐。不久後，父子倆就住進密西根湖畔的救世軍遊民庇護所。一九八二年五月一個炎熱的日子，庫克縣青少年法庭接管華爾的監護。法院文書根據「父母精神或身體失能」的理由，指出：「父母沒有提供未成年人福祉所需的照顧，導致這位未成年人受到忽視。」法院官員試圖尋找艾拉，卻找不到人，法院甚至在《芝加哥太陽報》刊了一則小廣告，說明法院即將宣告華爾「要受到法院監護」，卻沒人回應。於是，驚恐又惶惑的六歲小孩就這樣前往芝加哥郊區，住進寄養家庭。

華爾偶爾會坐車前往社工辦公室，跟父母見面——這時，艾拉已經知道兒子的下落，能夠來看他。他媽媽每隔幾星期就會來看他，爸爸偶爾會來一次，陪他玩紙板遊戲，但是間隔的時間愈來愈長。最後，華爾終於發現，自己已經好幾個月沒有見到爸爸，而且很可能再也不會見面了。華爾長的愈大，記憶就愈清晰。會想起他和一群別的寄養小孩，一起待在社工辦公室的地下室裡，彼此為了四子棋的規則爭論不休。當樓梯頂端的門打開，照亮了燈光暗淡的地下室，孩子們就會停止手邊做的事情。一位幸運兒的名字會響起，表示他的父母來了，其他小孩就會聽到笑聲和哭聲從樓梯口傳下來。這一天有人叫到華爾的名字，他急急衝上樓梯，心想媽媽可能終於要帶他回家了！但是他衝到樓梯頂端，來到點著日光燈的房間時，沒有看到媽媽，卻看到一位社工。社工告訴他，要把他送去一個新家。他的失望極為痛切，以致於幾十年後，他仍然清楚記得疼痛從腸胃開始，再痛徹全身，一直痛到渾然不覺身外之事，最後陷入麻痺狀態為止。

接下來的三年裡，華爾在庫克縣的寄養照顧系統中流浪。他媽媽艾拉遇見布羅克斯密特，然後嫁給他，搬到紐澤西州。又過了一年多以後，伊利諾州一位法官把華爾的監護權判給艾拉，這時華爾已經九歲，布羅克斯密特依法領養華爾，艾拉跟華爾解釋說：「你現在姓布羅克斯密特了。」

布羅克斯密特和艾拉用送很多東西給華爾的方式，表示他們對他的寵愛。紐澤西州一位個案工作員觀察到，他寬敞的臥室裡，有非常多的玩具，就在報告裡指出：華爾想要什麼東西，通常都會得到。他跟父母逐漸變的更親，會擁抱他們，會親吻他們、道晚安，卻堅持叫他們的名字（多年來，他經歷多個寄養家庭的父母要他叫他們爸媽後，對這兩個字產生了強烈的反感。）一九八六年，那位個案工作員訪問這一家人後指出，布羅克斯密特和艾拉認為：「華爾是在考驗他們的權威和對他的承諾。」華爾面對父母的要求時，通常都會問「為什麼？」而且對於父母提出的每一個解釋，都會重覆問這個問題。（布羅克斯密特對這位個案工作員抱怨，說華爾做事時，「偶爾會『偷工減料』」。）報告結論指出「他們遇到的困難，都在所有有關人員提高技巧的情況下，適當的解決了。主要原因在於十分樂觀的態度。」兩年後，布羅克斯密特和艾拉生了亞麗莎，再過三年後，他們的女兒卡塔麗娜出生。

小男孩時期的華爾愛惹事生非，也愛生氣，會在班上作怪，又不尊敬師長。布羅克斯密特試著跟他建立關係，偶爾會帶他去美林公司的交易廳。對十二歲的男孩來說，這種地方令人不知所措，是一個瘋狂的蜂巢，耳朵聽到的盡是大吼大叫，眼睛看到的都是互相推擠、同時講好幾支電話的傢伙，還有數位報價機環繞著寬廣的大廳。布羅克斯密特把兒子介紹給同事認識，有一位交易員說：「噢，我可以看出你們很像。」布羅克斯密特和華爾相視一笑，然後安慰不知所措的交易員說，「這是一個內線笑話。」不過布羅克斯密特跟兩個女兒在一起時，會帶著滿面笑容，朋友和同事注意到，他對華爾就比較沒有那麼溫情。華爾和朋友爭吵時，「你老爸不是你真正的老爸」常常變成朋友拋出來的嘲笑。

華爾十三歲時，前往新罕布夏州的都柏林中學寄讀，再度覺得自己是被趕出家門，同時把這種心態表現在行動上。不久之後，他就因為吸菸和房間裡藏有大麻遭到退學。

華爾經常問為什麼要讓他接受寄養照顧，卻從來沒有得到一個滿意的答案。外祖母告訴他，他的生父酗酒又吸毒，這點也是他消失的無影無蹤的原因。艾拉則拒絕討論這件事。

布羅克斯密特和艾拉對這個任性的兒子，都不知該如何是好。他們兒子唯一的激情和慰藉是音樂。他從都柏林中學退學後，他們最後把他送到洛磯山中學。這是另一所比較嚴格的寄宿學校，華爾在這裡念完初中和高中。洛磯山中學是類似教派式的實驗中學，深受子女難以管教的有錢人父母歡迎。這所學校會要求學生經常在不很愉快的狀況下，從事劈材和其他體力勞動，不願屈服的學生會遭到剝奪睡眠，以及在酷寒夜晚睡在帳篷中的懲罰。

華爾有一位十六歲的德州同學，名叫喬納森・艾維拉，是個呆子，折磨他成了華爾和一眾學生喜愛的娛樂。一九九四年某天，艾維拉用皮帶在宿舍房間的一條管線上上吊自殺，一位替來訪父母導覽的學生發現他懸吊著的身體。華爾從此無法克服曾經參與大家，把這位同學逼上絕路的愧疚感。往後的歲月裡，他會自問跟艾維拉有關的問題，他把皮帶套在自己的脖子上時，到底有什麼感覺？他到底有多絕望、多無望？

華爾去上賓州歐布萊特學院（Albright College）時，他的惡行變的更嚴重，他會煽動大家在半夜三點，去找一些古柯鹼，會故意對任務的負責人表示輕蔑，他還會告訴朋友，他的座右銘就是請求寬恕勝過請求准許。有一次，他勸誘一些好朋友，跟他在午夜時一起去為非作歹。他們潛入學院裡一間沒有上鎖的音樂廳，肆意破壞一大堆電子產品，包括十幾支麥克風和一些錄音設備，都是對華爾有用的東西，因為他是自稱為「好時光查理」樂團的團長。他跟朋友解釋說，這件事都是學校的錯，因為學校沒有適當的保護這些設備。參與其事的共犯麥特・高德史勃羅（Matt Goldsborough）回憶說：「我認為這件事相當無法無天。」但是校方從來沒有抓到他們過。

華爾從歐布萊特學院畢業後，搬到紐約，上了影視製作班。父母替他負擔學費，但是他和父母的關係仍然讓他們十分頭痛。華爾仍然是布羅克斯密特家庭的邊緣人（布羅克斯密特有很多同事都知道他有兩個女兒，卻不知道他還有一個兒子。）布羅克斯密特善於從別人的觀點看待事情，至少曾經試著要了解華爾的叛逆。華爾曾經告訴朋友，他覺得自己從媽媽帶著小小孩的他，逃離烏克蘭的時候開始，就一直是媽媽的負擔。

華爾游走在不同的零工之間，曾經做過一些製作網站的工作，卻一直醉心於音樂。好時光查理樂團變成了比基尼機器人大軍（這個名字跟人類試圖在常見卻沒有意義的東西上，強制加上意義和個性有關，像替機器人穿上比基尼泳裝就是個例子。）這個樂團基本上是華爾和他臨時拉進來的人所組成。他自己是很有才氣的音樂家和歌曲作者，善於從他深沈的痛苦經驗中擷取靈感，創作出哀傷、憤怒、曲調又優美的吉他或鋼琴民謠。他在二〇〇二年、大概是艾克曼出任德意志銀行執行長前後寫的《嘿，媽咪》，就是一個例子。

也許你認定

你會不會認定
當傻瓜也許比較好？
我曾經試過行動冷靜，
我試著表現殘酷無情。

像你一樣的生物出擊前，
豈不是理當會出聲警告？
我太疲勞，無力奮戰，
我太疲倦，就在今晚。

嘿，媽咪，
你是不是不愛
你唯一的獨子？
嘿，媽咪，
來看你鍾愛的兒子……

你會不會就這樣
永遠不來看一看？
看我現在出了什麼問題，
看我曾經出過哪些問題。

華爾擁有一種瘋狂的魅力，他就是靠著這股魅力打進錄音室、認識音樂產業的專家。他的歌曲曲目持續增加，也得到表演機會，讓他說出「跟觀眾在一起比較不寂寞」的話。二〇〇八年，他在曼哈頓的歐文廣場（Irving Plaza）表演前，遇到一位在觀眾席中賣東西、名叫珍妮的英國女性。兩人開始約會，而且起心動念，搬到倫敦北邊爵士樂迷聚居的肯迪什鎮（Kentish Town），回到父母所在的城市，租了一棟兩房的公寓——這時，布羅克斯密特剛剛回歸德意志銀行。他每個月都去看父母，父母會替他出房租，每年還會給他大約三萬美元生活費。布羅克斯密特對這種安排似乎不以為然，華爾要求把他每個月的津貼增加到一千八百美元時，布羅克斯密特罵道：「你真是白癡，要去賺點錢啦。」華爾已經三十好幾，卻幾乎沒有穩定的工作，不過還是靠著不穩定的表演賺了點錢。身材高瘦的他吸很多毒品，留著蓬亂的鬍子，及肩長度的骯髒頭髮垂在兩側，頭頂卻像蠢老頭一樣光禿禿的。一位英國朋友回憶說：「他看來像個十足十的流浪漢。」

二〇一一年某個晚上，華爾到一位朋友家參加聚會。一位長著紅髮、名叫貝絲的威爾斯女性，看到他在房間的另一頭招呼大家，散發出迷人的風采，就走了過去，兩人開始聊天，貝絲大為傾倒。很快的，珍妮就出局了，貝絲搬進華爾位於肯迪什鎮的公寓。

二〇一三年六月，布羅克斯密特問華爾：「想去看幾場網球嗎？只有你和我，女生不去。」他們搭火車前往溫布頓，從一座草地網球場，逛到另一座草地網球場，看人兼看網球賽，也在全英草地網球和槌球俱樂部門口合影，形成強烈的反差：布羅克斯密特穿著領尖有鈕扣扣在衣服上的藍色襯衫，襯衫下擺塞在卡其褲裡，灰白色頭髮梳理的十分整齊，嘴角掛著一抹微笑；華爾高出幾公分，戴著褐色太陽眼鏡和褪色的舊金山巨人隊棒球帽，身上的牛仔布襯衫扣了一半，露出胸膛，留著鬍鬚的臉孔散發著非常時髦的疏離感。兩個人站在一起，彼此卻沒有碰觸。

六個月後的十二月十五日，華爾和貝絲約華爾的父母，來吃一頓假期前的晚餐，因為布羅克斯密特和艾拉很快就要去度假幾個星期。晚餐結束時，餐廳裡的聖歌合唱團歌聲響起，布羅克斯密特擁抱華爾，送給他一張聖誕賀卡，上面寫著：「好好享受你們的國內假期，我們一月再見。」卡片正面是艾拉畫的狗狗黛西畫像，整張卡片都是藍白色調，只有狗鍊是紅色的。

第二十二章　生命結束

二〇一四年一月二十六日，布羅克斯密特起床後，穿上牛仔褲和領尖用鈕扣扣在衣服上的襯衫。

外面下著雨，雨水從他住的公寓玻璃窗滴下來，扭曲了他所望見的戶外景觀。

他和艾拉星期天固定會到當地的一家餐廳去，但是他說今天他沒有心情去。早上大約十一點四十五分時，艾拉獨自微微生著悶氣，悄悄走出家門。他們家磚造建築厚重的大門發出吱吱響聲，門鎖鎖上後，她就踏進雨中。

艾拉和布羅克斯密特已經安排好，大約一個小時多一點後，要在薩奇畫廊附近的一家餐廳，和華爾一起吃早午餐。布羅克斯密特在黛西的床上，放了七封用手寫的信，灰白色的信封在色彩鮮艷的狗墊上顯的很突出。他拿了黛西的紅色皮帶，把一端固定在公寓高高的法式雙扇落地大門的把手上，再繞過其中一扇門的頂端，然後把另一端纏在自己的脖子上，確定很牢固後，就往前一撲……

大約十二點二十五分時，艾拉從餐廳回來。她爬上兩層樓梯，打開四樓的門，他們還有幾分鐘時間可以耗，然後就要出去跟華爾見面。她走進公寓，布羅克斯密特吊在狗鍊上，不省人事。她撥了九九九（英國的一一九），調度人員告訴她，援手已經上路。

艾拉衝進廚房抓了一把刀子。壁櫥裡有一座小梯子，她把梯子拖到法式雙扇落地門邊，爬上去，割斷狗鍊，布羅克斯密特重重的摔下來。艾拉把他鬆垮的身體翻成仰面朝天。她不會心肺復甦術，但在電視上看過，就擠壓他的胸膛，還設法進行口對口人工呼吸，卻完全沒有用。

十二點三十一分，倫敦救護車醫護人員，在接到調度人員呼叫後三分鐘抵達，艾拉趴在布羅克斯密特身上，仍然做著心肺復甦術，但是她尖叫的太厲害，以致於即使她知道應該怎麼急救，也沒產生任何效果。

一位急救專家把狗鍊從布羅克斯密特的脖子上拿下來，檢查他的呼吸和脈搏，完全測不到。另一位急救人員壓住頸托，把一根管子插進布羅克斯密特的喉嚨，打開他堵塞住的氣管，開始灌氧氣進去。他們還掛上靜脈注射器，將腎上腺素注進他的血液裡，有人用無線電呼叫救護直升機。

一切都太遲了。到了下午一點，急救人員宣布布羅克斯密特「生命結束」，艾拉結結巴巴的說，他一直都很沮喪，還在服用心臟病的藥物。十分鐘後，急救醫護人員收拾東西時，華爾從塔森書店趕到。

第二十三章　天翻地覆

公寓起居室的咖啡桌上，擺著布羅克斯密特最近才修改過，理當在幾天內，當著他在紐約的律師面前簽署的遺囑，還有一疊最近才由德國郵政快遞送來、厚度接近三公分的德意志銀行文件。華爾翻閱這些文件，美國德銀信託公司的縮寫DBTCA躍然紙上，他不知道這些字母代表什麼意思。

有人在黛西的床上發現了一些信件：布羅克斯密特留給艾拉、亞麗莎、卡塔麗娜、華爾、媽媽、詹恩和莫蘭迪各一封遺書，他們的名字用黑墨水寫在信封上。華爾打開布羅克斯密特留給他的遺書，裡面的白色影印紙寫著：

親愛的華爾：

抱歉之至，我是冷淡之至的父親，你卻是熱情、機智的年輕人，還是疼愛妹妹的兄長，和愛心滿滿的兒子。

我所有的朋友都喜歡跟你在一起，你總是有著可愛的女朋友。你為我給你的姓增加榮耀，然後卻因此蒙羞。

父字

華爾把遺書裝信封裡，有些話他看不懂。

急救醫護人員告訴華爾，警察很快就會趕到。直覺不信任警察的華爾拿出自己的蘋果手機，拍了這種可怕景象的一些照片，然後問媽媽，可以打電話給什麼人求援；他們有家庭律師嗎？媽媽使勁的說：「打給費索拉。」華爾從爸爸的褲子口袋裡，掏出他爸爸的手機，尋找費索拉，然後撥通電話。「我是華爾，布羅克斯密特的兒子」，他努力的讓聲音平靜下來，說：「我們需要你的幫忙，家父去世了。」住在附近的費索拉急忙趕來。

警察來了以後，開始檢查遺書。一位警察示意華爾看其中一份遺書，問說：「華爾，這是令尊的筆跡嗎？」看布羅克斯密特留給他的四句話遺書已經把華爾逼到極限，讓他無法再多看什麼了，因此他抗議說：「我不能再看了。」警察告訴他，他必須看，還把一封遺書放在華爾的手上。華爾瞄了一下，淚水湧出，確認是他爸爸的筆跡。然後，警察交給他另一封遺書，華爾把頭轉開。警察敦促他，「只要再努力一下，你不必看每句話。」他瞄瞄每一封遺書，確認這些都是他爸爸的筆跡，但是沒有細看上面的話，唯一有看的是寫給他媽媽的遺書，這封遺書寫在方格紙上，寫了好幾張紙。給他妹妹的遺書寫在精美的問候卡上，寫給詹恩的短簡跟寫給華爾的遺書一樣，都是寫在普通的影印紙上。

貝絲這個週末在威爾斯替她媽媽慶生，正搭著巴士，要回倫敦，也暗自對不可靠的男朋友生悶氣，因為那天下午，他沒有回應她發的多通簡訊。最後，簡訊終於傳來：「家父去世。」貝絲以為華爾一定是聽到失聯已久的生父死訊。她打電話給華爾，聽到他說不是這樣，是他的養父去世。她覺得沒有道理——她上次看到他時，他似乎顯的非常高興，在他們共進晚餐時，襯著聖歌合唱團的歌聲，閒聊流行音樂的話題。貝絲在剩下的車程中，不停的哭泣。

她回到倫敦後，將過夜用品打包，就搭著計程車，到他們位於艾芙林花園道的公寓。華爾在這棟建築物白色的拱形入口等她，極度震驚的華爾一言不發，貝絲擁抱著他。這時警察已經離開，驗屍官已經把屍體移走，哀傷、震驚的沈默籠罩整棟公寓。費索拉的太太瑪麗亞過來照顧艾拉。布羅克斯密特一家住在這棟建築物的兩間連棟公寓裡，其中一棟是生活區域，走廊對面的另一棟則是做為布羅克斯密特的辦公室。費索拉和華爾進入這間辦公室，「這是令尊的電腦嗎？」費索拉問：「我可以檢查一些東西嗎？」華爾站在後面，看著費索拉仔細搜查這台蘋果桌上型電腦。*

那天晚上，華爾和貝絲進入充作辦公室那側，睡在摺疊式沙發上。華爾的頭腦飛速轉動，從一個跡近瘋狂的想法，跳到另一個跡近瘋狂的想法。他爸爸為什麼用黛西的狗鍊上吊？還把遺書放在黛西的床上？這是什麼線索嗎？是否理當象徵什麼事情？或者只是因為他愛他的狗？他的思緒飛回很多年前，他和父親一起看一部跟監獄有關的電視劇，劇中有一個囚犯利用門把手上吊。華爾現在想起他們曾經討論過，是否真的可能這樣子上吊。他們短暫的討論物理學後，得到的結論是可能，實際上還相當容易，他可以在跪姿的情況下窒息。想到這裡，華爾的身體顫抖起來。

華爾和貝絲一起在這間辦公室裡，檢視他爸爸的電腦。他爸爸習慣用這台電腦，登入德意志銀行的安全電腦網路，裡面存放了布羅克斯密特二十年來的個人和工作檔案。他的雅虎和谷歌電子郵件帳戶已經登入，華爾開始尋找其中是否有什麼秘密，可以解釋他爸爸不可思議的行動。他有另一個家嗎？他是否負債累累？華爾閱讀這些郵件時，發現他爸爸曾經轉傳極為大量的德銀郵件——看來似乎有好幾百封，到他的個人帳戶裡。而且他從幾個月前退休後，就一直利用自己的雅虎帳戶，收發跟他在美國德銀信託公司董事會中現有工作有關的訊息，甚至就在華爾瀏覽這台電腦時，最後一封德銀的電子郵件還在下午八點四十二分寄到。內容是說美國德銀信託公司董事會排定下周要開會，公司秘書長希望告訴布羅克斯密特，事前送達開會資料的事情有點延誤，資料會送到布羅克斯密特在紐約公園大道的公寓裡，等他拆閱。

這些資訊對華爾毫無意義，他吞了一堆嗎啡和贊安諾藥片，設法睡著。

莫蘭迪半夜飛來，處理一切事情。他協助詹恩草擬了一封電子郵件，把布羅克斯密特去世的消息，告訴德銀所有員工。這封訊息由詹恩和費晨聯名發出，他們寫道：「我們必須哀傷的告訴你，我們的老同事比爾·布羅克斯密特於星期天在倫敦的家中去世，享年五十八歲。」他們也指出，布羅克斯密特一直是我們建立投資銀行的靈魂人物，很多同行認為，他是風險和資本管理領域中最高明的人物。」

---

* 這一點是根據華爾的回憶寫成，得到另一位看到這件事的人證實。費索拉則堅決否認碰過布羅克斯密特的電腦。

德銀派了一位強壯的保全人員，進駐布羅克斯密特的公寓。記者、攝影記者和攝影人員都守在外面——這是最新的銀行家自殺案件，是倫敦金融圈和世界最大、問題最多銀行之一內部腐敗的另一個證據，尤其是布羅克斯密特是詹恩最親密的親信，因此需要有人來守衛。

德銀因為極力控制媒體，已經變的惡名昭彰。德銀的若干發言人和高階經理人說謊的名聲流傳在外。德銀保密的傾向極為強烈，以致於德銀發文給董事時，會在每一張紙上，都植入一個隱藏的密碼，密碼可能是一段文字中略微不同的美元金額，或是文件上方不同的日期——以便這些資料落入媒體手中時，德銀可以追查洩露的途徑。現在德銀利用這些手法，試圖左右媒體對布羅克斯密特自殺的報導，當務之急是設法降低媒體的興趣。德銀派了一位公關人員，針對這一家人怎麼應付如潮水般湧來的媒體詢問，提供建議。最簡單的建議是什麼話都不要說。德銀編造故事的高手跟新聞記者爭辯，說布羅克斯密特的死亡，跟他在德銀服務時的事務之間，完全沒有關係——在他死亡後，才經過這麼短的時間，這時發表這樣的宣言根本不可能讓人相信。

雖然德銀採取這些作為，不過跟布羅克斯密特自殺有關的細節，很快就洩漏出去。德國媒體得知，布羅克斯密特留下的遺書中，有一封是留給詹恩的，謠言瘋傳這封遺書的語氣，類似蘇黎世保險公司的沃提耶所留下來、譴責艾克曼的遺書。記者打電話給德銀的公關人員，探問這點是否屬實時，公關人員不情不願的證實詹恩確實收到一封遺書，但是他們堅持這封遺書毫無惡意。其中一位宣稱親眼看到內容的公關人員說：「那封文字的內容十分友善。」

家族成員、朋友和舊同事接踵而至，光臨布羅克斯密特和艾拉的公寓，帶來大量食物和美酒。「一切事情現在都變得錯綜複雜、真假難辨了。」華爾發電子郵件給前女友珍妮。他希望繞行街廓一、二十次，好讓頭腦清醒，他希望連抽幾支菸，希望避開所有這些他其實不認識、卻自稱跟他同樣悲傷、憤怒和困擾的親戚朋友。但是艾拉不准華爾離開——他看起來像無家可歸的遊民，而且一大群記者堵在外面，如果看到她大嘴巴的兒子走出去，一定會猛撲上來。華爾變的絕望之至，甚至編造了一個藉口，認為這樣可以打動媽媽，說他想理個髮、整飾儀容一下，結果他的花招適得其反，媽媽把自己的美髮師召來家裡，華爾坐在爸爸的桌子旁，接受美髮師的細心呵護。

那天下午，樓下的德銀保全人員放了一位德銀派來的人上樓，這位纖瘦科技人員負有一個任務，就是把布羅克斯密特電腦中的內容，拷貝到行動硬碟裡。華爾替他登入電腦，看著他工作。這是繼費索拉之後，對他爸爸的電腦感興趣的第二位德銀員工，華爾心想，電腦裡不知道有什麼值得德銀擔心的東西（華爾不知道的是，莫蘭迪曾經邀請德銀，派人來保存這台電腦的內容。）華爾認為，確保他和家人握有讓他們取得他父親電子檔案的權利，應該是謹慎合宜的作法。他在電腦上，發現一張登入布羅克斯密特所有電子郵件、財務和其他數位帳戶的密碼清單，他把這些通關密碼都抄錄在一張紙上。

媒體很快的退散、離開，華爾可以安心出門了。他回到自己住的公寓，躺在床上，筋疲力盡，卻無法入睡。每次他閉上眼睛，就看到爸爸躺在地板上，蓋著白色的床單，一根管子從他的嘴裡伸出，頸托歪斜的支撐著他的頭部，他不知道自己會不會永遠忘不了這個景象。因此，他乾脆放棄睡眠，選擇音樂，放了辛妮·歐康諾的歌曲《我們認識的最後一天》——正是米契爾死後，布羅克斯密特一再播放的同一首歌，華爾現在重複這個儀式，一遍又一遍的聽這首憂鬱的歌。

詹恩把布羅克斯密特留給他的遺書帶去辦公室，給德銀的副法律顧問西蒙·杜茲（Simon Dodds）看，杜茲看完簡短的遺書後，問詹恩布羅克斯密特指的是什麼事。詹恩說：「媽的，我要是知道就好了。」

杜茲收起遺書，鎖在保險箱裡。

艾拉飛去紐約。幾天後，華爾也前往紐約，和父親的靈柩同機，得有人陪著父親完成最後一次旅程。華爾到了倫敦的希斯羅機場，出入境警衛檢查他的護照時，發現他的簽證早已失效，他是在英國非法居留。警衛交給他一張表格，聲明不歡迎他再回來，為這次悲傷的旅程添上了壞的開始。這架維珍大西洋航空公司的班機在晚上十點前，降落在紐約甘迺迪機場，一部靈車開到停機坪上，接走靈柩。

追思禮拜在二月八日舉行，好幾百位來賓頂著冰冷的寒風，匆匆進入公園大道上的長老會紅磚教堂。來賓進場時，每個人都拿到一張夾了好幾層的卡片，一面是布羅克斯密特面帶笑容、穿著西裝的照片，另一面是美國詩人愛默森有關人生成功意義的一首詩。教堂中長長的木椅上坐滿了人，來哀悼的賓客多到擠在陽台上。

布羅克斯密特的弟弟鮑伯站在講台上，述說他哥哥怎麼把送報工作分包給弟弟、以及怎麼替親戚支付醫療費用的故事。他也談起哥哥怎麼討厭在網球場上輸球、怎麼變成「廚房中一股自然力量」的情形。華爾在叔叔鮑伯的指示下，朗誦了幾句經文：「我們原知道，我們這地上的帳棚若拆毀了，必得上帝所造，不是人手所造，在天上永存的房屋。」莫蘭迪在發表悼詞時，比著整棟教堂，指出布羅克斯密特在聚光燈下，總是會覺得不舒服，然後他總結一切，說道：「如果他正在俯視這場聚會，一定會覺得奇怪，問說這麼大驚小怪到底是怎麼一回事。」

接著輪到艾拉上台，她在淚眼模糊中，朗誦英國詩人奧登（W. H. Auden）的《葬禮藍調》（Stop All the Clocks）。

他是我的北，我的南，我的西，我的東，
我的工作天，我的歇息日，
我的正午，我的夜半，我的話語，我的歌，
我以為這愛會天長地久：我錯了。

追思會後，很多人回到這家人住的公寓吃喝和說故事。公寓四周放了海報大小的布羅克斯密特相片，包括布羅克斯密特坐在草坪躺椅上看《金融時報》，黛西蹺伏在他腳邊的照片。詹恩、費索拉和德銀其他高階經理人都擠了進來，其中一位客人是艾絲黛兒，她在米契爾去世後十三年，仍然傷心欲絕。她走近艾拉，兩人互相擁抱，現在她倆都失去了生命中的男人。

艾拉輕聲說：「他們現在在一起了。」

第二十四章 不必擔心

布羅克斯密特去世前後，賽普勒斯一間小小的希臘銀行（Hellenic Bank）起了疑心，因為有些俄羅斯人在這家銀行開戶，大量不明資金灌了進來。

這種奇怪的事情在賽普勒斯發生的話，不會讓人覺得震驚，背景見不得人的人，喜歡到賽普勒斯辦理金融事務。賽普勒斯兼具歐盟和歐元區成員國的身分，政府的監理強而有力，因此，至少在理論上，賽普勒斯的金融體系比世界上許多國家都安全。但是賽普勒斯在阻止非法交易方面，卻也傾向於採取絕對最少量的行動。在設計上，這樣就會讓賽普勒斯，變成俄羅斯人和尋找藏放不法資金地點的人首選目標。除了陽光明媚的氣候外，寬鬆的金融體系和融入歐洲，大概就是賽普勒斯最大的賣點。

要讓賽普勒斯銀行家覺得不安，需要很多錢，但是，短期間湧入特定俄羅斯人帳戶將近七億美元的資金，足以產生這種效果，希臘銀行檢視這些資金從何而來時（針對這麼巨量的金流進行實地查核時，這樣做是基本的第一步），發現資金來源是德意志銀行，這點應該是讓人安心的跡象，因為德銀雖然問題多多，卻是受到嚴格監理的歐洲主流金融機構，不像那些可能會明目張膽參與洗錢的可疑銀行。

但是，希臘銀行簽過要追蹤這種狀況的協議，這種協議規定該行必須向德意志銀行發出「請求協助」的申請，希望就這些不尋常的匯款，得到更多的資訊。希臘銀行在二〇一四年一月，對最初啟動這些交易的德銀倫敦分行發出這項請求，要求德銀解釋該行跟這些俄羅斯顧客的關係、這些交易的目的、以及德銀「是否有任何理由，相信這些交易的性質……有任何讓人懷疑的地方。」德銀原本可以用迅速回覆的方式，擺平這件事，不料德銀卻忽視這項請求。到了下個月，希臘銀行發出一封提醒德銀的信，結果同樣沒有得到回音。到了三月，希臘銀行發出第三次請求，這次這項請求轉到德銀另一個不同的部門，這個部門的人把信轉給另一個辦公室，這個辦公室再把訊息轉發給莫斯科的魏斯韋爾。

魏斯很清楚，這些交易全都是俄羅斯顧客和德銀合作進行的鏡像交易，把德銀的美國德銀信託公司當成自助洗衣店，好把盧布從俄羅斯抽走，換成美元，再把美元快速匯到賽普勒斯，讓俄羅斯受益人可以隨意運用這些資金——唯一的問題是希臘銀行現在起了疑心。魏斯必須壓下這種疑慮，否則德銀和顧客就得找到另一個比較沒有這麼一絲不苟的地方，藏放新近洗好的錢。魏斯向希臘銀行保證，說德銀徹底查核過顧客，認為「這方面沒有擔心的理由。」

然而，希臘銀行並不滿意，該行顯然知道資金是透過美國匯來，美國又以重罰違反美國法律的金融機構聞名，因此希臘銀行送出最後一次查詢，這次查詢是發給紐約美國德銀信託公司，受信人是負責防止銀行內部金融犯罪的主管。就像幾個月前布羅克斯密特說的一樣，美國德銀信託公司員工極度短缺，甚至沒有自己的財務長或法遵部門。果不其然，美國德銀信託公司的法遵人員根本沒有回信，也沒有理會這件事。他後來對監理機構解釋說，他太忙了，「必須處理很多事情，必須分清輕重緩急。」

德銀總部一直要到二〇一四年十月，在試圖阻止資金外流的克里姆林宮敦促下，才知道自己的莫斯科據點一直在從事大規模的俄羅斯洗錢陰謀，而且還得到德銀倫敦和紐約分行可能是無心之下的協助。在希臘銀行首次警示這種可疑的交易後一年，德銀把自己的發現，通知多國金融監理部門，於是美國和英國政府發動調查，最後發現魏斯的太太擁有若干境外銀行帳戶，其中存有像是她從俄羅斯人手中收到的幾百萬美元，部分存款是德銀的鏡像交易客戶，透過美國德銀信託公司交付給她的（魏斯偶爾也會收到巨款）。布羅克斯密特對美國德銀信託公司行事散漫的擔心，現在證實為確實有先見之明。

詹恩一年的大半時間裡，都公開堅稱德銀的資本夠多，足以在另一次金融崩盤中保護德銀。沒有多少投資人或主管官員相信他的話，原因之一是德銀的緩衝機制比同業薄弱，原因之二是德銀仍然坐擁數兆美元的衍生性金融商品，這些商品的價值隨時可能在瞬間化為烏有。利空消息一點一滴的流出，股價又持續下跌，也讓德銀的客戶愈來愈緊張。銀行是建立在顧客、投資人、主管機關和其他銀行的信心上，否則每個人都會把資金抽離，這家銀行很快就會倒閉，因此，德銀的處境相當險惡。

詹恩向公眾發出信心十足的信號之際，私下卻和副手共同承認手上有一個問題。數字不會說謊，德銀的股價跌到低檔，市場對德銀的前途顯然沒有信心。詹恩對這種爛攤子有一個偏愛的解決之道，就是拋棄德銀在德國境內的零售銀行業務。德國以銀行太多、分行更是多到不像話聞名於世（德銀因為艾克曼併購德國郵政銀行的關係，在德國擁有遠高於一千家的分行），競爭把獲利打趴到地上，這種情形對消費者非常有利，卻對銀行極為不利。詹恩告訴監事會主席保羅·阿赫萊特納（Paul Achleitner），他們應該把這項業務丟掉，回歸德銀的舊模式。畢竟德銀根據原始的典型經營時，並不關心零售業務的小客戶，而是專注在德國出口商和多國企業上。仍然擔任德銀營運長的李奇特對監事會解釋說：「這一點不在我們的DNA中」，希望能夠贏取他們對這個激進計畫的支持。但是這個計畫胎死腹中，阿赫萊特納或其他董監事（監事會中充斥著勞工代表，他們必須根據德國籍一般德銀員工的意願行動）不可能同意會造成很多同事失業的議案。詹恩的核心班底後來感嘆的說，他們沒有直接片面對大眾宣布這個計畫，這樣的話，阿赫萊特納和其他董監事要阻擋他們，就會變的困難許多。

詹恩覺得好像德銀每一位員工都知道他遭遇挫折，他認為，德銀的十萬多個員工，大部分都討厭他——不管原因是他的褐色皮膚和不會說德文，還是因為他喜歡的企業策略會造成很多員工失業。

詹恩太太看煩了丈夫遭到公開打擊，晚上又常常哀嘆自己的失敗，就敦促他辭職。二〇一四年三月，詹恩結束新加坡的出差之旅，在飛回歐洲的長途飛行中，考慮自己的選擇。飛機在法蘭克福降落前，他已經下定決心，請阿赫萊特納到外面吃晚飯，告訴阿赫萊特納，說他低估了這個工作有多困難、要得到德銀監事會和員工的少許支持有多難；他懷疑德銀目前的策略不會成功，認為自己應該辭職。

阿赫萊特納對詹恩到目前為止的表現，並不是太滿意，但是他知道，如果詹恩突然離職，可能引發毀滅性的信心危機。長久以來，他就感受到詹恩嚴重的不安全感，因此，他保證自己支持詹恩，並且懇求詹恩留下來。這份保證讓詹恩覺得安心，同意繼續擔任執行長。

詹恩在新信心的支持下，知道德銀開始自救的時機已經來臨。二〇一四年五月，他宣布德銀要發行價值八十億歐元（一百一十億美元）的新股。增資可以為德銀爭取一點喘息空間，詹恩也決定動用一部分這些取自外界的資金，加速德銀在美國和其他國家的成長。德銀的若干董事質疑這個決定，跟詹恩和阿赫萊特納爭論，主張應該把這些資金，當成德銀防備未來金融風暴侵襲的資金，兩人拒絕了這種保守的看法。詹恩的計畫是要讓德銀變成總部設在歐洲的唯一「全面銀行」——他認為，這種差別會為德銀爭取到很多歐洲客戶的業務，也爭取到很多希望在歐洲做生意的外國公司。因此，在其他銀行經歷危機後有如驚弓之鳥般退卻之際，德銀卻航向相反的方向。這是另一個重大錯誤。

同時，政府對德銀的調查一直在加速進行，這些案件可能演變成比公開難堪還嚴重的問題。主管機關和檢察官不滿一再遭到議論、譏嘲他們毫無約束力的狀況（多年來，無足輕重的罰款對銀行的行為毫無明顯影響），已經開始對嚴重犯規的銀行，科處金額愈來愈高的罰款，超過一百億美元的罰款不再是不可能的事情。這種規模的罰款足以把德銀新近募得的資本幾乎全部吃光。

即將展開調查的魏斯俄羅斯洗錢案，只是德銀所遭遇的其中一項威脅（德銀還沒有發現，若干分行在鏡像交易計畫之前，就已經開始推動不同的洗錢操作。）紐約主管機關針對德銀刻意違反國際制裁，跟伊朗、敘利亞、緬甸、利比亞和蘇丹的實體進行業務往來的毀滅性調查，已經接近尾聲（二〇一五年，紐約金融服務廳會對德銀科處二億五千八百萬美元的罰款，要求德銀開除員工、在銀行內部設置獨立的監察人員，設法防止德銀進一步犯罪。）

在倫敦銀行同業拆款利率的相關案件中，至少有三個國家的檢察官和主管機關斷定，德銀是犯行最嚴重的銀行，必須為這項犯行負責的人遍及德銀高中低層員工，罰款一定會高達數十億美元。

在華府，羅奇主導的參議院委員會剛剛完成避稅案的調查，得出的結果是一份語氣嚴厲的報告，點出德銀如何協助新生科技公司之類的巨型避險基金，逃避數十億美元的聯邦稅。這份報告公布前不久，布羅克斯密特家族從德銀得到令人不安的預警，說報告會提到對布羅克斯密特不利的地方。報告一在網上貼出來，華爾就搜尋這份文件，果不其然，這份九十六頁的報告中，他爸爸遭到八次點名，他爸爸的客串演出時間很短、卻很重要。早在二〇〇八年，德銀跟新生科技公司加強合作，推動這種利潤豐厚的操作時，詹恩就派布羅克斯密特，去確定一切作為都合乎規定。布羅克斯密特花了好多個星期的時間，設法了解德銀交易員為這檔避險基金建立的錯綜複雜結構，他最後的結論是：他除了對這種結構耗用太多德銀財務資源有些微詞外，這種交易的處理方式大致上沒有不對的地方。但是他和同事沙帝須·拉瑪克里斯納（Satish Ramakrishna）通電話時，坦白談到這些交易是「為了稅務原因」而設計的。德銀紀錄了本身電話系統中的所有通話，這通電話的錄音藏在參院票傳的德銀檔案中。這通電話是個問題，德銀的辯護是新生科技的交易具有合法的商業目的，不是純粹為了避稅而設計。德銀幾位高階經理人準備了冗長的參院作證證詞，主要目的都是表明這些交易和稅務無關的根本原因，但是現在布羅克斯密特卻公開宣稱人人都知道、卻只有他誠實或純真的大聲說出來。

布羅克斯密特死前幾個月，得知參議院的調查鎖定這通電話錄音。二〇一三年夏末某個下午，寶維斯法律事務所（Paul, Weiss, Rifkind, Wharton & Garrison）的律師團來到倫敦，為了新生科技的交易問題，訪談布羅克斯密特。這次會議的目的是要了解布羅克斯密特知道哪些事，也讓他知道參議院的調查人員拿到了哪些文件和錄音。他們坐在一張桌面極為光滑、以致於布羅克斯密特可以看到桌子上自己倒影的桌旁。律師群告訴他，他可能必須前往華府國會山莊，接受宣誓之後的面談。布羅克斯密特顯出彬彬有禮、樂於幫忙的態度，但是律師團覺得他表現出備受打擊、厭棄人世的態度。會議結束後，律師團在希斯羅機場貴賓室裡，等待飛回紐約的班機，布羅克斯密特打電話給其中一位律師，提出很多問題，問他接下來應該怎麼做。從他的談話方式來看，他似乎已經做好準備，隨時等待大難臨頭。

二〇一四年七月，參議院大張旗鼓的發布這份報告，同時配合舉行國會聽證會——正好新生科技公司的共同老闆羅伯・莫塞（Robert Mercer）開始資助布萊巴特新聞網（Breitbart

News）等，以顛覆西方政治秩序為目標的一系列右派團體。七月某個上午九點三十分，調查委員會主席卡爾・列文（Carl Levin）參議員，在哈特參議院辦公大樓（Hart Senate Office Building），召開第一次公聽會，列文和羅奇已經規劃好要質問證人的方針，其中一位證人是德銀的拉瑪克里斯納。聽證會進行了將近四小時時，拉瑪克里斯納宣稱不太清楚這些交易的避稅目的。列文問道：「你是否曾經和一位叫做布羅克斯密特的人談話過？」拉瑪克里斯納承認確實有這通電話，但是堅持布羅克斯密特只是說，稅務是進行這些交易眾多原因中的一個。列文指出，拉瑪克里斯納就在僅僅一分鐘前，才說自己對稅務原因並不知情。拉瑪克里斯納現在承認電話錄音清楚說明、同時德銀極為堅定否認的事情，「他確實說過稅務是其中一項好處」，拉瑪克里斯納承認說：「他跟我一樣清楚。」

這是布羅克斯密特可能陷入險境的第一個公開暗示。

這一切狀況攤開之際，德銀高階經理人急於控制損害。二〇一四年五月某天，范昆侖走進一座臨時電視攝影棚，錄製一段視訊，讓德銀投資銀行部門所有員工觀看。范昆侖在北京出生，在加拿大成長，念的是哈佛大學。他身材高大，長著一頭黑色直髮，臉孔極為年輕、圓潤。大部分人經常誤以為他才二十幾歲，實際上，他已經四十一歲了。他牽著詹恩的衣擺，坐上德銀投資銀行部門最高主管的位置。德銀目前許多司法糾紛，就是他手下那幫無視限制的交易員和業務員造成的。他手下的交易員在一個又一個的案子裡，表現的極為高傲又極為愚蠢無知，竟然用書面方式，承認自己的不當行為和原因，還在電子郵件和電子聊天室中，大肆吹噓這種事情。這些傢伙只要稍微謹慎一點，德銀可能可以逃過一堆代價非常高昂的司法問題。

這一點正是范昆侖要對幾千位手下傳達的重點。他開宗明義的說：「這項訊息非常重要，你們必須密切注意。」他穿著黑西裝，打著紫色領帶，雙手在背後緊握，看著攝影機說：「你們可能不知道這件事，但是目前因為主管機關的審查，你們所有的通訊都可能遭到檢討。」攝影機拉近，用比較偏向特寫的方式，拍攝范昆侖的臉孔和肩膀。他繼續說道：「你們當中有些人嚴──重背離我們既定的標準。我們要釐清這一點：聲譽是我們的一切，吹牛、輕率和粗俗都不好，對你們的事業生涯都會有嚴重的影響。」他吸了一口氣，繼續用鎮定卻近乎輕鬆的語調說：「我對這個問題已經失去耐性，從現在開始，連最沒有可能被人視為不專業的通訊內容，都必須停止。」

就像范昆侖勉強設法壓住的嘻笑一樣，這段話可能是他最嚴肅的交待，也可能是他間接承認投資銀行內部不當行為十分猖獗，或是他把重點放在處理跟不良行為有關的通訊，而不是處理不良行為。不管是什麼原因，這段視訊在網上洩露出來後，就開始像病毒一樣傳播開來。

和誰該為德銀身陷重重困境負責的譴責流傳開來後，兩個涇渭分明的陣營出現。在德銀的紐約和倫敦分行，罪人是過度熱心的主管機關和脫離現實的德國高階經理人和董事會成員，也就是米契爾曾經埋怨過的黑暗勢力；法蘭克福的員工看法不同，認為德銀在二十年前，遭到惡性而快速蔓延的英美投資銀行病毒感染，這種疾病摧殘了原本健康的德銀。

德銀還碰到另一個迫在眉睫的嚴重問題，這個問題還沒有人知道，而且即使有人知道，問題也不容易化解、甚至不容易控制。這個問題是一個有名有姓的人，也就是華爾。

第二十五章 可憐的天才布羅克斯密特

二〇一四年七月二十三日的《華爾街日報》頭版，刊登了五則重大新聞，分別報導有關以色列、歐巴馬式全民健保、俄羅斯、雞尾酒味道的家庭清潔用品，以及某家德國銀行的消息。頭版右下角報導的標題是《聯準會斥責德銀申報品質低劣》。《華爾街日報》取得的一份文件，是紐約聯邦準備銀行資深副總裁丹尼爾．穆其亞（Daniel Muccia）幾個月前，發給德意志銀行的一封信。負責監督德銀日常業務的穆其亞在信中（信文摘要在網路上發布）以美國德銀信託公司造成的問題為由，嚴厲抨擊德銀，指控德銀製作的財務報告「素質低劣、不精確又不可靠，錯誤的規模和廣度強烈顯示，該公司的整個美國監理申報結構需要大範圍的補救行動。」穆其亞進一步警告，指稱這些缺點構成「系統性的崩解，暴露出該公司嚴重的營運風險和錯誤的監理申報。」

中央銀行和金融監理機關的用語通常都相當枯燥無味，十分低調，因此穆其亞的信文可以說是強烈的譴責，表達了聯準會十多年來，對德銀不能或不願改正本身長期問題的不滿日益升高。這封信指出，聯準會的金檢人員從二〇〇二年起，就針對這件事情，對德銀表達不滿之意，但是問題並未解決，反而似乎更趨惡化。

布羅克斯密特身為美國德銀信託公司董事，親眼看到聯準會日益強烈的怒火。事實上，這封信大約在他死前一個月左右，就已經進入他的雅虎電子郵件帳戶，現在這封信出現在《華爾街日報》頭版並非巧合。

華爾在父親的告別式結束幾天後，接受了自己的生活亂成一團的事實。多年來，他一直濫用止痛藥，把止痛藥當成壓制內心痛苦策略的一環，卻沒有成功。沒有處方箋，要在美國拿到類鴉片藥物，比在英國困難多了。貝絲回倫敦後，華爾和家人坐下來，商量自己的戒癮復健作法。他媽媽艾拉其實沒有立刻抓住機會，支付在度假村戒斷毒癮的復健費用，而是敦促華爾自己出錢，到平價、舒適的大學俱樂部蹲幾天，設法戒斷毒癮。華爾知道這種沒人監督的方法行不通，最後還是說服了媽媽，送他去復健。

他最初是到佛羅里達州棕櫚灘的一家復健中心，但是幾星期後，卻因為對病人和員工發火，被人趕出來。這時華爾已經斷定，復健可能並不是這麼好的主意，但是家人安排他轉院，住進舊金山郊外索薩利托（Sausalito）丘陵上的阿爾塔米拉（Alta Mira）復健中心。院民一個月繳交五萬美元的費用，可以躺在後院休息，享受太平洋的和風輕吹、觀賞金門大橋的景色，並享用美食大廚調理的食物。但華爾卻覺得自己像是囚犯。

那年春天，艾拉和貝絲飛到舊金山，到阿爾塔米拉參加「家人週」。華爾帶著貝絲在索薩利托的山丘上散步時，怒火勃發，對媽媽尤其暴怒，因為他覺得媽媽利用丈夫的死亡為藉口，再度永遠的拋棄自己的兒子，只是這次是拋棄在一家豪華的療養院裡。華爾在家庭治療會上，怒氣沖沖的對媽媽說：「爸爸去世時，你最可怕的恐懼和最秘密的夢想同時實現了。」這些話切斷了他和家人之間僅存聯繫的一部分。貝絲也跟華爾分手，回到倫敦去，他們的關係大致上已經結束。

艾拉在格林威治村畫室的私人空間裡，會閉上眼睛，回想當年牽著華爾、流浪維也納街頭的日子。她記得孤獨、害怕和身為難民單純的純粹感受，這種感覺啟發她開始作畫。她開始上紐約市的藝術課程，戴著深色太陽眼鏡、腋下夾著黛西去教室，同學可以看出她心中有一些困擾，但是，他們探問有什麼問題時，她都客氣的拒絕回答。她曾經怨恨德銀把布羅克斯密特逼到絕境，或是沒有盡力防止他的淪落。她知道她丈夫曾經陷在某些嚴重的事情中——她不由得想到，否則他為什麼要告訴她，自己曾經跟聯準會官員談話過？——而且每次政府對德銀展開新調查的消息曝光時，她都會想起這件事。她對一位熟識的人感嘆說：「我可憐的天才老公，他們到底叫他做了什麼事情？」

艾拉擔心金錢的問題，考慮要從德銀身上擠出一些錢來，她認為德銀應該就布羅克斯密特多年的工作，付她一筆錢。她考慮提出不當致死的訴訟，她的律師開始研究金融業近年的橫死歷史，發現例子很多。例如二〇一四年四月，荷蘭一家大銀行的前高階經理人殺害妻子和女兒後，自殺身亡。再前一年，沃提耶在瑞士自殺，而且羅西從他服務的西恩納銀行集團窗戶上跌落死亡。最後艾拉沒有提出告訴，德銀同意定期支付艾拉一筆款項，這些錢代表德銀已經發給布羅克斯密特、但是布羅克斯密特死亡時失去兌領資格的股票價值。

二〇一四年夏季，艾拉和兩個女兒前往緬因州，希望把布羅克斯密特的骨灰灑在大地上，布羅克斯密特在布魯克林小鎮的家有著網球場和池塘，是很早以前布羅克斯密特和米契爾共事時，過的最快樂的地方。他的家人認為，總是務實的布羅克斯密特應該希望自己的遺骨，能夠協助滋養他深愛的土地。華爾因為沒有受邀參加，覺得傷心欲絕，猜想他媽媽會不會是想隱瞞什麼事情，因而把他隔離開來。

華爾的一些怒火慢慢消退，開始接受團體治療聚會，他和看得出他的敏感心靈備受折磨的人結成朋友，席尼．戴維斯（Sidney Davis）說：「他是個受過傷的小男孩，希望得到媽媽的愛。」有一天，有一位新的客人抵達，是一位帶著吉他和一隻狗的中年金髮女性。華爾看到她孤獨的坐在通往山坡的水泥樓梯上哭著，他坐在她身旁，花了兩小時的時間，不停的吸菸和聊天。她的名字叫瑪格麗特，她的婚姻剛剛破裂，她考慮要自殺。華爾告訴她，他父親最近怎麼自殺身亡的情形，兩個人互相為對方的不幸感到難過。後來她告訴華爾，她的真名叫佩姬．楊（Pegi Young），是一位事業有成的音樂家，也是著名的加州橋樑學校（Bridge School）創辦人，但是她最著名的地方，是即將變成搖滾巨星尼爾．楊（Neil Young）的前妻。「你他媽的是在開我玩笑嗎？」華爾問道。聽著佩姬描述自己破裂的婚姻，華爾知道，自己再也不能享受尼爾．楊的音樂了。

佩姬最後離開了阿爾塔米拉，華爾在二〇一四年七月跟著離開。佩姬樂於擔任義母的角色，協助華爾搬到舊金山北邊海濱的「草莓莊園」，過著「清醒的生活」。華爾把時間花在思考跟貝絲、他父親和中學同學喬納森．艾維拉有關的事情，在華爾心中，艾維拉的自殺方法現在跟他爸爸連結在一起了。

華爾在草莓莊園的室友是二十二歲的史賓塞。有一天下午，史賓塞、華爾和另一位住民坐著聊天，史賓塞藉故離開去上廁所。過一陣子後，他還沒有回來，華爾和那位院民跑去找他，他們敲了浴室門，史賓塞沒有回答。他們試圖開門，卻發現門後有東西卡著，讓門無法打開。華爾破門而入，史賓塞昏倒在地板上，臉色發青，服用藥物過量。有人打了緊急電話，華爾在等待急救醫護人員到來時，抱著史賓塞昏迷不醒的頭部搖動，努力不讓他被自己的嘔吐物嗆到，心想這次會不會是他今年第二次和死人共處一室，幸好醫護人員努力把史賓塞救了回來。

服藥過量很容易，華爾親身體驗過人多麼容易突破極限。他無法了解、而且一直讓他感到古怪的事情，是什麼原因促成他父親的死亡。雖然布羅克斯密特在留給華爾的遺書中，承認自己冷淡，他卻在艾拉似乎準備放棄華爾時，為華爾辯護。他的自殺破壞了家庭的穩定，使已經是害群之馬的華爾，走上遭到抹煞的道路，他一定要知道其中的緣故。

華爾離開倫敦前，曾經抄下父親所有的電腦密碼，現在他登入父親的雅虎和谷歌郵件帳號，大致上以漫無目標的方式，到處瀏覽，查看好幾千則的訊息。他沒有放棄尋找證據、證明他父親有秘密情人、負債累累或其他可怕秘密的希望，面對這種情況雖然很痛苦，卻會透露出他父親為什麼覺得除了一死之外、別無其他選擇。但是經過幾天瀏覽後，華爾斷定：即使這種明確的解釋存在，也不容易發現，而且他已經開始懷疑這種解釋存在的可能性了。

布羅克斯密特的電子郵件帳戶中包含的訊息主要分為三種類型。第一種是私人事務：詳細記錄了布羅克斯密特多年來安排晚餐聚會、度假或前往俄羅斯土耳其浴場，跟朋友和同事談論財務或政治問題，以及替太太、子女和家族中人處理巨量補給和財務管理事項的細節。對華爾來說，看這些記錄很有趣，卻沒有什麼啟發性。

第二類是垃圾郵件，布羅克斯密特持續受到常見的色情資訊供應、神奇減肥藥丸、增大手術和共和黨全國委員會募款郵件的轟炸。

最後一類跟德銀有關，正是華爾投入大部分清醒時間的地方。華爾透過消去法，開始懷疑不管造成他父親自殺的原因為何，可能都跟他的工作有關。華爾心想，這些郵件中，一定有一些什麼東西在，不然為什麼他父親一死，德銀高級職員立刻前來，進入他父親的電腦中到處刺探？還有，他父親留下的遺書中，有一封就是留給詹恩這位世界上最有權有勢的銀行家之一，這項事實強化了華爾認定他父親決定尋死時，心裡一定記掛著德銀的想法。警察強迫華爾指認他父親的筆跡時，華爾曾經瞄過父親寫給詹恩的遺書，但他並沒有細看遺書的內容。

華爾覺得，有些和德銀有關的電子郵件相當有意義。這個方向很快就變得十分清楚明朗，例如，詹恩一再向布羅克斯密特求助，要他解決那些火燒屁股的問題。顯然的，布羅克斯密特一直覺得不知所措，斷定德銀的規模已經大到無法管理了（布羅克斯密特在寫給朋友的一封電子郵件中寫道：「難以了解德銀怎麼追查每天在自有管道中流通的數千億美元去向。」）而且華爾很了解他父親，足以知道他父親什麼時候在生氣——像是他父親指責美國德銀信託公司的同事，用無精打采的方式應付聯準會所推動的壓力測試時，就相當火大。但是其中絕大部份的訊息都難以理解、充滿術語、縮寫和龐大的數字。華爾需要別人指導，以便了解應該搜尋什麼東西，也需要別人為他翻譯他所發現的東西。

五個月前，我曾跟華爾聯絡。我是《華爾街日報》倫敦分社某小組的成員，這個小組決心針對布羅克斯密特的自殺案，盡可能的了解一切資訊。他涉入政府的調查、以及他對詹恩不滿的謠言，在倫敦的金融圈裡甚囂塵上（進一步激發我們好奇心的是，最近銀行家紛紛自殺的可怕現象。布羅克斯密特死前兩天，摩根銀行倫敦分行的一位員工，從該行所在的倫敦金絲雀碼頭一棟摩天大樓樓頂跳下來。）華爾在社交媒體中，表現出相當活躍的形象，我很快就找到他的電子郵件帳號。我在布羅克斯密特去世後九天的二月初，發了一封電郵給他，要求為我可能寫的一篇跟他父親有關的報導，跟他談談。隔天，他傳來回信，問道：「你想知道什麼事情？」我告訴他，我們聽說布羅克斯密特對自己在德銀服務的歲月，深表遺憾，因此我樂於利用電話，探討更多細節。華爾要我不要打擾他媽媽和妹妹，等到事情風平浪靜時，他可能會跟我談談，他寫道：「每個人現在都非常傷心和哀痛。」

我糾纏他幾個星期後，華爾勉為其難的接了電話，當時時間是倫敦的午夜、佛羅里達州的晚上，華爾最近才來到佛羅里達州，住進一家復健中心。我在自己黑暗的公寓裡來回走動，內人和我們的嬰兒已經睡著，華爾斥責我介入他爸爸的生活，他講話的方式漫無邊際，語氣又含糊不清；聽起來不是很清醒。他錯誤的堅持說，他家人已經知道布羅克斯密特自殺的真正原因，還跟我保證這些原因跟德銀無關。他要說的是，這件事情沒有什麼好報導的。我們的談話結束時，華爾同意繼續回答問題，我則承諾會把我們計畫要寫的東西告訴他。

我們保持鬆散的聯絡，他似乎樂於用具有挑釁意味的訊息嘲笑我，卻完全不解釋其中的意義，就此消失無蹤。二〇一四年三月，他發電子郵件給我，說他會儘快打電話給我。他沒打電話，但是幾天後，他突然用電子郵件，寄給我一張低解析度、用蘋果手機拍攝的相片。是舊金山市區一棟建築物起火的相片，滾滾黑煙衝上萬里無雲的黃昏夜空。他寫了一句意味神秘的話：「想來你的記者需要一張照片。」（我們從檔案中插入的資料中，判定照片是在阿爾塔米拉復健中心後院拍攝的。）隨後四個月，我定期發電子郵件和簡訊給他，問他是否已經準備好要跟我談，他難得回覆我。

然後到了七月中的某一個星期二晚上，大約是佩姬・楊把華爾安置在草莓莊園兩星期後，他發給我一封電子郵件，問道：「你們還在研究德銀嗎？」他解釋說，他已經可以登入他爸爸的工作用電子郵件，裡面似乎有一些有趣的東西，但是他不知道他父親過去做了些什麼事情，而且需要篩選的訊息有好幾千封，我可以提供一些關鍵字和名字，好讓他縮小搜尋範圍嗎？

我同事珍妮・史特拉斯柏格（Jenny Strasburg）和我列出一張包括「傳票」和「司法部」之類字詞和縮寫的清單。幾小時內，華爾開始把他搜尋到的東西發送給我，包括布羅克斯密特和詹恩之間的通信、和即將召開的董事會有關的備忘錄、以及含有「長期平均數會趨向歸零、無法套利的持續價差」之類令人困惑片段文字的電子郵件。其中若干郵件相當有意思，而且記者難得看到企業高階經理人不加掩飾的私人通信，但是其中沒有具有新聞價值的東西跳出來。

這個情形在七月十八日凌晨一點三十三分出現變化。華爾寄給我一份文件，說其中至少包含我們列出的三個搜尋關鍵字：「聯邦銀行監督廳」、「傳票」和「紐約聯邦準備銀行」。華爾警告說：「不知道其中的意義。」我開始瀏覽，立刻知道這是紐約聯邦準備銀行的穆其亞，發給德銀的一封很不高興的信件。鑒於德銀的規模十分龐大，聯準會的不安對投資人、銀行同業，以及在全球金融體系中擁有一份利益的幾乎每一個人，都會產生重大影響。我設法按捺自己的興奮之情，問華爾是否同意我就這份文件，撰寫一篇報導。我準備跟他進行長時間的談判，但是讓我出乎意料的是，華爾說：「如果你（想）寫一篇報導，讓我老爹從中脫身，那就太美妙了。但是請不要告訴任何人，這些資訊從何而來。」

四天後，我們刊出的報導開頭第一句就指出：「《華爾街日報》評閱過的文件指出，紐約聯邦準備銀行的金檢發現，德意志銀行龐大的美國業務中，出現一系列嚴重的問題，包括財務申報素質低劣、審計和監督不當，以及科技系統脆弱。」德銀已經疲軟的股價暴跌三%。華爾看了這篇報導，思考著自己所作所為產生的影響，喜歡把德銀總市值打下十多億美元的感覺，喜歡自己能夠發揮影響的感覺。

第二十六章 北韓之亂

二〇一四年十月一個涼爽、多雲的日子，卡羅傑羅・甘比諾（Calogero Gambino）在布魯克林利奇灣（Bay Ridge）社區一棟白磚建造的透天豪宅裡，於二樓陽台的欄杆上，上吊自殺。人人稱呼他查理的甘比諾得年四十一，是兩個幼兒的父親，十一年來，一直以律師的身分，在德意志銀行紐約分行服務，擔任該行的助理法律顧問。這個頭銜表示他是德銀紐約分行最高級的律師之一，負責處理困擾紐約分行的眾多調查和其他法律問題。甘比諾深受同事歡迎，有些同事知道他很沮喪，擔心他過度驅策自己，除此之外，甘比諾還捲入倫敦銀行同業拆款利率弊案，曾經就這個案子的問題，至少跟布羅克斯密特討論過好幾次。現在，他在布羅克斯密特於倫敦上吊自殺後不到九個月，也在紐約如法炮製。雖然德銀堅決否認這一點，公關人員流著眼淚，堅持甘比諾不是因為工作問題自殺，而且繼續堅稱布羅克斯密特的自殺也和德銀無關，其中卻無可避免的出現一種死亡模式。

華爾當然是這樣看待此事。在他促成《華爾街日報》頭版刊出一篇報導的興奮之情消退之際，甘比諾的死亡形同另一支安打，激發出華爾的精力，繼續推動他以個人身分，深入調查父親死因的決心。華爾完全沉迷於解決這個謎團（或甚至判定這個謎團的最大範圍）上。「我們要把自殺想成人類所能做的最理性行為，」有一次，他跟我解釋說：「然後從這一點往回推，確實如此，這麼做是感性的行為。為什麼有這麼多人想錯方向，把自殺解釋為『瘋狂』或『無法理解』的事情，原因就在這裡。但是如果你推敲其中脈絡，這樣做就有道理。不幸的是，家父沒有留下半點理由，卻留下了一些線索。」

對華爾來說，這些線索如同象形文字，於是他向蘋果iPhone手機求助。蘋果手機裡預先安裝了一種叫做iTunes U的應用程式，提供免費的大學課程。華爾下載了一個財務學導論的課程，這門課是由耶魯大學教授約翰．蓋拿科普洛斯（John Geanakoplos）教授。蓋拿科普洛斯上第一堂課時就問：「為什麼要學習財務學？目的是要了解金融體系，金融體系其實就是經濟體系的一環……你們現在要學的語言就是華爾街裡說的話。」華爾拚命學習，不久後，就至少能夠用含糊的說法，解釋衍生性金融商品是什麼東西了，他也了解了槓桿的觀念。財務學裡充斥著術語和縮寫字詞，目的經常是為了掩蓋，而非說明。華爾把這位捲髮教授的課程，叫做他的「財務解碼環」。

甘比諾死後幾星期，一個自稱和平衛士的暗黑駭客團體，駭進超大製片廠索尼影業公司的電腦系統。這是北韓方面的作為，因為北韓政府不滿索尼影業計畫發行一部由塞斯．羅根（Seth Rogen）執導的喜劇片中，有暗殺金正恩的情節。索尼公司急忙切斷整個全球電腦系統的連線，卻為時已晚。駭客已經盜走一堆足以造成可怕傷害的素材，包括數百GB的內部檔案、電子郵件和未發行的電影。

索尼公司遭駭之後，員工打開電腦時，一個駭人聽聞的影像出現在眼前，是一顆惡魔一樣的紅色骷髏頭，上方的標題是：「由和平衛士駭進」。接下來的警告文字寫著：「我們已經得到你們所有內部資料，如果你們不服從我們，我們會對全世界釋出以下所示資料。」影像下方是連通一些駭客網站的連結。

二〇一四年感恩節前幾天，這樁遭駭事件公諸於世。華爾曾經涉足電視工作，又和電影從業人員來往過多年，因此興趣盎然的看著這次事件。十一月二十四日，他在推特上發文稱讚說：「真是神奇。他們用一個鍵盤和一包薯片，關閉了一家超大型影業公司！」他閱讀這起遭駭事件相關的一篇報導，報導中包括一張相片，顯示出索尼公司員工螢幕上閃爍的影像和連結。華爾好奇之餘，把其中一個連結打進瀏覽器，一個簡單的網站出現。上面只有連結另一個網頁的連結，華爾點了進去，遵照上面的指示，下載了一個壓縮檔案。這樣做通常是讓你的電腦遭到病毒感染的必死之路，但是華爾很走運。這些檔案裡頭滿是電腦程式編碼，華爾在其中一個檔案底下，看到了他認得的文字：「獲得更多資訊」，下面列出一些電子郵件。

過去四十八小時，華爾一直都在思考這件事。如果索尼公司的電腦系統如此漏洞百出，其他全球企業是否也有類似的弱點呢？是否可以用這種方法，得知德意志銀行內部的事務呢？這時才剛剛傍晚，華爾獨自一人在草莓莊園裡，於是他打下一段訊息，發給和平衛士提供的一個地址：「我有興趣加入你們的和平衛士，但是我想我對電腦技巧頂多只能說是一知半解。如果我能夠在任何其他機構中幫得上忙，請不吝告知。」

華爾猜想駭客不會回他的信，但是一、兩天後，一封電子郵件進來，還附了一份入門指引，告訴他怎麼存取駭客近期內準備釋出的索尼公司失竊文件。華爾已經加入駭客的電子郵件名單，這是許多採訪這次電腦攻擊的記者得不到的殊榮。十二月十一日，華爾收到和平衛士的另一封電子郵件，這封郵件附了好幾個匿名網站的連結，裡面存放的索尼公司內部資料任他取用。華爾開始下載這些龐大的檔案。他在等待下載時，發了一封電子郵件給這批駭客，問道：「嗨，你們是否想過追蹤德意志銀行？他們的伺服器裡，有好幾噸世界性詐欺的證據，其中有些證據甚至促使他們的兩位職員非常悲慘的自殺身亡。」華爾知道聯邦調查局正在追捕和平衛士，現在他卻寫信鼓勵他們，去追查另一家全球性公司，駭客團體沒有回他的信，讓他大為安心。

華爾慢慢檢視索尼公司的檔案，索尼的高階經理人在一封又一封的電子郵件中，說著電影明星的垃圾話，討論製片廠的預算和即將來臨的影片。華爾上了推特，他在推特上的比基尼機器人大軍帳號有好幾千個追蹤者。他把索尼公司內部文件和電子郵件的螢幕截圖貼上去，其中包括馬丁・史科西斯（Martin Scorsese）和法蘭西斯・柯波拉（Francis Ford Coppola）兩位導演中，誰可能執導重拍《埃及豔后》的討論；布萊德彼特對二次大戰影片《怒火特攻隊》（*Fury*）的剪輯如何勃然大怒的描述；索尼公司三年內要推出哪些新影片的秘密計畫表。隨著別人在社交網路上分享他的貼文，他的推特吸引到愈來愈多粉絲。

華爾不是唯一散布索尼公司下流素材的人，但是他的貼文數量龐大，讓他顯的與眾不同。一星期後，以超級積極進取聞名的索尼公司外僱律師大衛・波伊斯（David Boies），發給推特的法律顧問一封信，警告推特，如果不關閉比基尼機器人大軍這個帳號，波伊斯的法律事務所就會採取法律行動。推特把這封信轉給華爾，華爾同時也收到索尼公司主管內容保護副總裁的信函，警告華爾，索尼公司會要他，為他所公布材料「造成的任何損害或損失負責」。

華爾現在可以做出抉擇，是要刪除包含索尼公司素材的五十多篇貼文，還是留著這些貼文，但是不再發新的推文；或是不理會索尼公司和他們高明的律師，繼續貼新素材。華爾選擇第三種作法，然後把他收到的律師信分享給我。聖誕節前幾天，《華爾街日報》刊出索尼和波伊斯威脅這位任意行動音樂家的相關報導。

這篇報導讓華爾小小的出了一點名（司法威脅逐漸消退）。福斯財經新聞網（Fox Business Network）一位主播在電話「專訪」華爾時問道：「該如何看待言論自由？該如何看待憲法第一修正案？」她請華爾描述波伊斯的律師信，華爾在草莓莊園的後院來回踱步，說出一段很有創意的闡釋：「他說：『停止推文，否則我們會跑過去，摧毀你的硬碟機，把它埋在地下，再用球棒把它敲爛。』」福斯財經新聞網播放華爾推文的影片時，另一位主播插口說：「好像有人想把你變成替死鬼，是不是這樣，華爾？」

「有一點像，不錯！」華爾表示同意。

華爾在這件事上面，學到的有力教訓是：大眾極為渴望知道揭發超大企業內部運作文件的內容，傳播這種資訊似乎合於道德，而且華爾有很多這種材料可以傳播。

幾個星期前，華爾突然接到路透財經新聞網一位記者的電子郵件，這位名叫查爾斯・李文森（Charles Levinson）的記者寫道：「我會寫這封信，是因為我的一位消息來源告訴我，你可能想找一位記者談談」，李文森神秘的解釋說：「我認為可能的情形是：如果德意志銀行高階人員認為，令尊或許能夠告訴調查人員一些可以用來對付他們或德銀的東西，他們可能樂於找出施加壓力的方法，防止這種事情發生。」李文森寫道：「我假設他們可能找到了一些可以把人逼到絕境的施壓方法和威脅。」

華爾心中本來就傾向陰謀論。李文森的信對他很有吸引力，於是他說他很願意跟李文森見面，李文森立刻搭飛機到加州。兩人在塔瑪爾佩斯山（Mount Tamalpais）山坡上一家農村氣息濃厚的客棧見面，時間是寒冷的十一月某天下午。兩個人單獨坐在旅館的露台上，李文森喝了幾杯啤酒，華爾一支又一支的抽著萬寶路紅牌香菸，把他爸爸平生的事蹟告訴李文森。李文森說，他很想寫有關他和他在德銀所扮演角色的報導。李文森解釋說，要這麼做，他就需要查看布羅克斯密特的一些電子郵件。

華爾決定玩這場遊戲。大約一個月後，李文森回到舊金山，沒花多少時間，就在布羅克斯密特的帳戶裡，找到一些相當刺激的東西。裡面有很多大約一年前寫的電子郵件往來紀錄，布羅克斯密特在信中恫嚇美國德銀信託公司的同事，罵他們對聯準會的壓力測試漫不經心。這個例子清楚顯示德銀似乎試圖蒙蔽主管機關，以致於一位備受尊敬（而且即將死亡）的著名高階經理人，對這件事表達嚴重的關切。

李文森的報導在二〇一五年三月刊出，標題是《前風險主管警告德銀切勿輕忽壓力測試》。報導引述布羅克斯密特寫給同事的電子郵件，說他們必須「更嚴格的測試」，說他們的財務預測「實在太樂觀了」還有「和歷史相比，他們預測德銀在經濟風暴中的損失實在太輕微了。」有了《華爾街日報》的報導和索尼公司遭駭事件，現在又有李文森的報導，華爾掌握了一些寶貴的東西。他看來終於不但像成年人，還是玩家一個了。

第二十七章　信心缺缺

二〇一五年五月，索英和德意志銀行所有高階經理人與董事會成員，站上法蘭克福室內體育場舞台中央。

索英人高馬大，卻長著娃娃臉，戴著時髦的角質鏡框眼鏡，站在法蘭克福巨型室內體育場舞台上一排大都比較年長的男性中，更顯的鶴立雞群。

高中一畢業，索英就加入德銀。索英在德國西發里亞地區長大，曾經是網球明星。他爸爸堅持他上大學前要有一點工作經驗，因此一九八九年，索英在本地德銀分行得到擔任兩年實習生這個令人垂涎的機會。雖然索英的大部分時間都花在拆信上，但為這家值得引以為傲的德國銀行工作，仍然讓他振奮不已。實習生生涯結束時，索英留了下來，放棄了傳統的高等教育。

索英在德國工作六年後，德銀派他到新加坡和多倫多歷練，他開始學習衍生性金融商品和投資銀行業務，現在，這兩種業務已經成為德銀基因結構中至為重要的一環。接著，德銀進一步派他到倫敦和東京服務，他在德銀併購信孚銀行後，回到法蘭克福，卻驚駭的發現德銀的業務日趨失衡，變成努力在華爾街上競逐、卻喪失本身傳統的銀行。他對班齊格表達自己的憂慮，警告班齊格說：「我們不能犯下丟掉自身根源的錯誤。」班齊格不在乎索英怎麼想，於是到了二〇〇四年底，三十四歲的索英憤而辭職。

接下來幾年，索英在一家比較小的德國銀行服務。起初他慶幸自己可以從德銀解脫，但是這種感覺很快的就變成了煩悶。每次他打開報紙，總是會瀏覽標題，尋找和德銀有關的報導。索英的太太告訴他：「你在自欺欺人，你的心沒有放在你所服務的銀行上。」索英知道太太說的對，因此，二〇〇七年四月，也就是金融海嘯爆發前幾個月，索英重回德銀服務。

八年後，索英升任堪稱歐洲最重要公司的高階經理人，第一次獲得站上股東會舞台的殊榮。這天天氣和暖、晴朗。十幾面德銀的旗幟在法蘭克福室內體育場外的微風中飄揚，投資人坐滿地席後，往後面台階上的座位坐，然後擠進看台。股東會開始時，詹恩穿著黑西裝，打著織有紋理的藍色領帶，站上裝飾著德銀標誌的講台。他的形象投射在一張巨型螢幕上，還有幻燈片秀出近來德銀的財務數據。

這是詹恩第三次以共同執行長的身分主持股東會。二〇一三和一四年，他花了好幾星期的時間記憶自己的德語演講詞，然後結結巴巴的說出他聽不懂的演說，試圖打動德國監理官員、顧客、投資人和同事。這次他也用同樣的方式開始，先用德語說：「我代表董事會歡迎大家。今天非常重要，我們要以至為重要、又有建設性的方式，討論你們的銀行所處地位。今天的每一個字都很重要，這就是為什麼，」他繼續說道，「我要讓自己用我的母語繼續說下去的原因。」觀眾席中的記者彼此對望，聽著此刻詹恩在觀眾一片抱怨聲中，用英語重新發表的演說。德銀工作人員關掉詹恩所用麥克風的聲音，把德語翻譯聲導入大廳。索英高高坐在講台上，可以看出詹恩的英語不受歡迎的程度，大概相當於德銀加了鉛墜般重重下跌的股價。這個狀況就像是幾天前，公關人員事先向索英簡報詹恩的計畫時，索英警告他們的話一樣：大眾不是認為詹恩不會德文，而是認為他並不在乎德國。

股東很生氣，而且理由十足。詹恩和費晨聯手經營德銀的三年裡，德銀的股價微微下跌，但同一時期，德銀對手銀行的股價一飛沖天，有些銀行的股價還漲了兩、三倍。德銀在雙頭馬車治理下，股東權益報酬率（曾在艾克曼的要求下提高到二十五％）沒有突破過三％，其中一個主要原因是德銀最近支出數十億美元，解決該行面對的一長串政府調查和其他法律問題，而且這類問題沒有緩解的跡象。根據德銀統計，該行在世界各地，仍然面臨大約七千件見不得人的訴訟和監理行動。

德銀拒絕趁早收手，也拒絕徹底改變營運模式。懷抱著在華爾街競逐野心的歐洲銀行同業毫無例外，都已經擱置了這類計畫，向加強監理和降低投資銀行冒險行為容忍度的新時代讓步，德銀卻獨自堅持自己的立場——部分反映德銀雖然問題重重，投資銀行卻仍然是德銀最大獲利來源的現實；也反映了詹恩的偏心。詹恩是出身華爾街的動物，不可能重新思考投資銀行在整個組織裡，地位凌駕一切的問題。甚至連放棄投資銀行是否能夠解決德銀根本信心危機，也一樣不很清楚；畢竟，德銀的其他業務都呈現出一片混亂的狀態。

德銀的問題最近清楚的展現出來，正如詹恩毫無解決這些問題的能力一樣清楚。整個情勢從詹恩一月去瑞士，參加完世界經濟論壇會議回到德國後，開始出差錯。詹恩在瑞士跟政府官員（其中包括美國財政部長和英格蘭銀行總裁）舉行閉門會議時，大肆抨擊他們，指責主管機關過度霸道，才是造成最近市場動盪的原因。他的傲慢無禮（不是出於無知，就是忘了主管機關新近對超大銀行嚴加監督的原因）激起了強烈反彈，在全世界銀行都為主管機關帶來嚴重問題的此刻，情形更是如此。這年春天，德銀遭到美國證管會罰款五千五百萬美元，原因是德銀在金融危機期間，隱瞞高達三十三億美元的衍生性金融商品損失——這項判決的根據之一，是多年前班亞濟和其他銀行員工的申訴。德銀也首次揭露：自己因為俄羅斯的鏡像交易洗錢案遭到調查。然後，到了四月，德銀又支出高達二十五億美元的費用，和美國與英國主管官署，就倫敦銀行同業拆款利率弊案的調查，達成和解（德銀先前已經就共謀炒作另一項重要的基準利率，支付十億美元給歐洲反托拉斯主管機關。）這是到當時為止，任何銀行為了解決這類案件，所繳納的最大筆罰款。金額這麼大，原因之一是德銀的不當行為規模龐大之至，遠超過畢塔爾最初的計畫；看起來似乎整個德銀幾乎都參與其中，或參與共謀。另一個原因是德銀遲遲不把證據交給政府，甚至在政府下令德銀保留相關資料後，還銷毀四百八十二捲電話錄音帶。一位平常嚴謹的英國監理官員以紀錄在案的方式，對記者炮轟德銀說：德銀「一再誤導我們。」神奇的是，主管爆發不當行為部門的高階經理人艾倫．柯羅特（Alan Cloete），其高階官位卻穩如泰山。*

二十五億美元罰金的消息宣布後不久，詹恩召集德銀幾百位資深經理人舉行電話會議，討論德銀最新的財報結果。但是鑒於倫敦銀行同業拆款利率案判決的用詞嚴厲，與會人員都預期詹恩至少會承認，德銀已經淪落到無比悽慘的境界。監事會有些監事打電話進來，希望聽聽詹恩怎麼處理這個棘手的狀況。詹恩的對策卻是不理不睬，他大談德銀的少數強項，但絕口不提倫敦銀行同業拆款利率的案子，也不談德銀無法避免的不當行為。監事會成員大為震驚，這個

---

* 柯羅特告訴我，他「在倫敦銀行同業拆款利率案的每一次調查中，都清清白白的全身而退。」

人似乎不夠資格領導德銀，來應付當前的挑戰。

大約這個時候，有一位監事氣急敗壞，槓上詹恩和仍然在職的范昆侖，指責他們不肯為在他們監督下發生的重大疏失負責。詹恩顯的無比憤慨，堅稱這位監事不了解德銀的運作方式；還說經營董事會（原來的執行董事會）的董事都對法遵、會計和法務，負有不同的責任，因此這些疏失不是他或范昆侖的錯，他還教訓說：「德國的公司治理就是這樣運作的。」

「鬼話！」那位監事反駁說：「你是這間公司的執行長。」

到了下個月，德銀股東會開會前幾星期，聯邦銀行監督廳一位監理高官，因為身負監督德銀的不愉快責任，終於失去鎮定。這位五十五歲的金融監理官員名叫弗勞克・孟柯（Frauke Menke），是一位身材嬌小的女性，長著一雙淺藍色的眼睛，留著金色短髮。她在一九九五年取得法律學位後，就進入德國的金融監理機構服務。一開始，她專門處理洗錢案，接著在後來叫做聯邦銀行監督廳的機構裡緩慢升官。到了二〇一二年，她開始負責監督德國最大的金融機構。德國這些大銀行的男性有著過於自信獨斷的做事風格，一直以來都犯了低估這位沈默寡言女性的錯誤。三年前，擋下布羅克斯密特出任德銀風險長升官之路的人，就是這位孟柯女士。可以預見的是，德國媒體對於女性破壞有權有勢男性職業生涯的觀念，顯得相當沈迷。一本叫做《西塞羅》（*Cicero*）的雜誌，稱她為「幽靈」，說她具有神秘的影響力，留著髮腳向內捲的及肩「娃娃頭」髮型，又難得公開露面。

過去幾年，孟柯一直在聯邦銀行監督廳裡，監督該廳調查德銀在倫敦銀行同業拆款利率弊案中所扮演的角色，而且一直設法評估德銀經營階層執行負責行動的能力。她看到詹恩挑選一批看來唯唯諾諾的人，作為自己的手下，因而一再無情拒絕監理機關的作法，覺得愈來愈膽顫心驚；同時情勢日益明顯，德銀的不當行為如此猖獗並非意外，而是文化、獎勵措施，和高層散發輕忽心態造成的無可避免的後果。五月十一日，孟柯發給德銀一封信函，表面上，這封信的目的是要告知德銀，外界檢討倫敦銀行同業拆款利率案的結果，但是，孟柯的真正目標似乎是要造成傷感情的效果。這封信長達三十七頁，是用德文寫的，德銀立刻把信翻譯成英文，以便在深受震憾的德銀高階經理人和法律顧問之間，廣為流傳。這封信把詹恩和他的團隊勾串起來，說他們創造了一種有害的文化、放任胡作非為、鼓勵利益衝突、還欺騙監理官員。「如果貴行曾經及時採取適當的經營所需措施，或是如果至少在事後，針對事態採取完全不同的處理態度」，孟柯女士寫道：「這樣的話，貴行不但可能節省巨額的成本，信用也不會遭到這種程度的傷害。」

孟柯逐一點名德銀的高階經理人，還解釋說，這些高階經理人頂多只能說是失職。她在一段尖銳的抨擊中，描述德銀法律顧問華克似乎是採取最簡略的方式，來因應監理機構的查詢，「就我看來，這表現出貴行文化的一環，且現在仍然可能是貴行的特性，也就是寧可隱瞞、掩飾或完全否認問題，而非公開、主動解決問題，以便防止未來再次出現類似的問題。」

至於詹恩，孟柯滔滔不絕的列出一長串疏失，包括他如何極力替畢塔爾爭取巨額的現金獎金。「我認為，詹恩先生嚴重失職。」她在總結中寫道：「以上狀況顯示企業的經營和組織不當。」從這封信的語氣來看，二〇一三年紐約聯邦準備銀行副總裁穆其亞所發的公文，根本就是小兒科，但是其中的觀點十分明確，即德銀最重要的監理機關要求德銀輸入新血。

從每個角度來看，新危機似乎都一觸即發，嚴重威脅詹恩對權力的掌控。勢力強大的德銀工會對德銀裁員數千人的計畫，表現出公開反對的態度。員工之間流傳一封要求趕走詹恩的信，有些高階經理人也在自己的圈子裡流傳這封信，同意信中提議的補救方法。抗議人士（其中包括不滿由印度人經營這家德國金融機構的不少右派極端份子）手上舉著譴責詹恩是鼠輩的牌子，在柏林示威遊行。有人拿著寫了詹恩名字的石塊，擲穿德銀一家分行的玻璃窗。

即使在應該是詹恩最有力的支持者之間，詹恩受到的歡迎也消磨殆盡。他到倫敦召開投資銀行家大會時，告訴大家，他了解大家對德銀疲弱的股價和普遍的抑鬱感到焦慮不安，這番打氣的話原本意在改善士氣，卻激怒了經理人，認為詹恩只是感情用事，卻不會制定策略。

五月二十一日，詹恩遭到消音的臉孔出現在法蘭克福室內體育場的大型螢幕上後，投資人投下德銀董事會的成員選票，對現任領導階層而言，這種投票通常都是橡皮圖章；高階經理人和董監事基本上都會得到超過九十%的支持。但是德銀股東會結束，公布投票結果時，只有六十%的投資人支持詹恩和費晨——這是對德銀的兩位執行長非比尋常的不信任投票。在股東會的問答時間裡，有兩位股東走到麥克風前發言，實際上等於要求詹恩交出項上人頭。

股東會結束後，詹恩和德銀高階經理人私下開會，詹恩顯然十分沮喪，要求同事上網搜尋，了解在德國企業史上，到底有多少執行長的支持度如此低落。他提議說：「我不希望妨礙本行的發展，如果有必要，我願意讓位。」卻沒有人接受他的提議。但是監事會迅速集會，討論抗爭事件。他們很清楚，失去信心的不光是投資人而已，員工和董監事也失去了信心，連一些大客戶都在抱怨德銀穩定與否已經出現疑慮，導致他們考慮把資金轉移到別的地方。這種景象十分可怕：如果客戶開始抽走資金，情勢可能迅速升高，變成擠兌。監事會認定，詹恩該走路了。

詹恩看出這件事迫在眉睫。股東會後大約一星期，他告訴費晨，他不會說德語和無法融入德國社會，已經變成德銀的障礙。費晨沒有花什麼功夫勸阻他。詹恩打電話給阿赫萊特納，告訴他，說他寧可辭職，也不願坐等德銀的董事會要求他離職。阿赫萊特納和一年前不同，沒有設法勸阻詹恩。事實上，這位董事長已經在尋找一些會說德語的替代人選。

幾天後的星期日下午，阿赫萊特納在法蘭克福召開監事會緊急會議，他們開會時，通常是在德銀總部高高在上的A大樓董監事會會議室召開，但是阿赫萊特納擔心記者可能注意到裝甲大轎車車隊的行蹤，因此他們改在附近的卓美亞（Jumeirah）大飯店開會。阿赫萊特納在落地窗外是一座十八世紀宮殿的會議室裡，告訴董監事，他們來這裡開會的原因，是因為詹恩決定離職，費晨要在隔年春天下台。董事會投票接受他們兩人的辭職。然後董事長解釋說，唯一的替代人選是監事會中的自己人約翰·克萊恩（John Cryan），克萊恩是任職多年的英國籍金融家，擔任德銀監事也有好幾年了。董監事沒有經過太多的辯論，就任命克萊恩出任新執行長。

那天下午，消息洩露出去，詹恩的電話響個不停，幾百通慰問電子郵件和簡訊發進來。米斯拉同情的表示：「這是種解脫，你毫無機會了。」米斯拉還指出，詹恩因為缺少德國的傳承，從一開始就註定了下台的命運。到那個星期結束，詹恩會從同事和客戶那裡，收到兩千多通這種訊息，其中很多訊息都對他表示哀傷。這些人認為，詹恩去職代表德國的投資銀行時代結束——這個時代正好從二十年前，米契爾離開美林公司、投效德銀時開始。

詹恩對願意聽他說話的人強調，他是自動離職，現在正是讓賢給新領袖的大好時機。為了讓自己振作起來，他叫他的個人助理，收集所有慰問訊息製作紀念冊。他辭職的消息宣布那天晚上，他飛回倫敦，在家裡跟太太過了一個安靜的夜晚，他太太反倒對一切終於結束，感到相當安心。

當過瑞士銀行（UBS）財務長的克萊恩頭頂已禿，卻長了一些雀斑，起了皺紋的臉孔似乎總是帶著羞愧，因此同事替他取了「煩躁先生」的綽號。他以做事有條不紊、行為坦誠聞名，投資人對他十分尊敬（一位過去的同事說：「他和詹恩完全相反。」）換人的消息宣布後，隔天德銀股價在投資人歡慶之餘，飛躍上漲八%。克萊恩希望在蜜月期有所作為，宣布他要關閉因為最新的洗錢案，鬧出大新聞的德銀俄羅斯投資銀行部門。他也很快就會採取行動，清洗留在德銀的詹恩手下大軍：領導財富管理部門的費索拉、營運長李奇特和負責投資銀行部門的范昆侖等人，全都要去職或降級。

但是，這種內部自清行動需要耗費好幾個月才能完成。六月九日上午，離德銀選擇克萊恩擔任新執行長後不到四十八小時，十輛警車警笛長鳴，停在德銀總部外面。三十位武裝員警衝進大樓，搜索有關德銀遭到調查諸多案件中某一個案子的資訊。要是大家對詹恩去職應該會輕易解決德銀的諸多問題，還有任何疑問的話，這場突襲提供了強而有力的答案：就是沒有這種可能。

第二十八章　川普的十二家有限責任公司

二〇一五年六月，詹恩離職後的隔週，川普搭著金色電梯，下到他的住處兼辦公室所在的曼哈頓摩天大樓一樓。這棟川普大樓的大理石大廳中，裝飾了很多面美國國旗，還有跟「讓美國再次偉大」有關的宣傳器材。川普站在一大堆電視攝影機、歡呼的粉絲和大家族前面，宣布他要競選第四十五任美國總統。然後，為了利用大量免費宣傳的機會，他另外發表了一份聲明，譴責他所宣稱大量跨越美國南部邊界的「強姦犯」。

這種挑釁式的誇大其詞後來確立了川普的候選人資格，然後又確立了他的總統性格。但是即使在他諷刺想像中的墨西哥強姦犯前，種族主義早就是他公開表演的拿手好戲中的一環。幾十年來，沒有半個美國重要的政治人物像川普一樣，承認沒有什麼事情，能夠阻止他為了追求自己的政治利益，挖掘種族和族裔之間的任何裂痕。這是他花很多年時間，散布歐巴馬不是在美國出生，因此不是合法總統謊言的原因。這種說法是假話這個問題反而不重要，重要的是抓住大家的注意力和激發激情。不可否認的是，川普身為自己的電視實境秀明星，特別善於表演這種拿手好戲。

川普的事業紀錄是他競選活動的主軸，他為了維持事業成功的假象，必須做一些能夠獲得好評的交易，但是他要怎麼付款呢？他除了有多次違約的紀錄外，還有政治立場日趨兩極化的問題。大家詬病銀行業把利潤置於原則之上的說法正確無誤，但是在金融海嘯之後的歲月裡，很多大銀行在評估交易時，已經開始考慮信譽風險，可能爆出難看頭條新聞或產生政治反彈的景象，至少已經促使花旗集團、摩根信託、甚至高盛公司等銀行，有些比較不傾向融資給寡頭企業家、香菸與軍火廠商、馬來西亞億萬富豪花花公子或推動種族滅絕政策的政府。重點是應該把客戶的性格如何，當成反映你這家金融機構價值觀的重要因素來處理（也就是惡名對獲利不利。）似乎沒有很多銀行熱中於投射川普式的價值觀。

德銀透過傳瑞布麗之手，已經資助川普，併購佛羅里達州的多拉度假村，並提供川普四千八百萬美元和芝加哥大樓建案有關的貸款。到了兩年後的二〇一四年初，水牛城比爾（Buffalo Bills）美式足球隊長期的老闆去世後，這支球隊出現在拍賣場上，為該隊所屬的國家足球聯盟加盟權進行拍賣的劇碼開始上演。川普打電話給傅瑞布麗，告訴她，他考慮競標。要競標成功，必須出價十億美元上下，川普不打算自己出錢，因此，德銀是否願意給他一些現金？或至少能夠向國家足球聯盟保證：川普有財力，能夠完成這筆交易？（一九八〇年代，川普曾經是已經關門的美國足球聯賽一分子）德銀的答覆是沒有問題。

傅瑞布麗一直在擴展德銀和川普之間關係的事情，在德銀內部不是什麼秘密。德銀私人銀行部門貸放的每一筆大型貸款（包括跟川普的交易）都會登錄在試算表中，每三個月對高階經理人呈報。每次德銀對川普的公司放貸時，都會有人用電子郵件，通知美國德銀信託公司的董事會成員。二〇一二年，詹恩出任執行長幾星期後，曾經到紐約去，財富管理部門的高階經理人曾經為他簡報，說明他們的十大客戶，川普的排名幾乎是第一大。不久之後，德銀在巴塞隆納召集大約五十位高階經理人，舉行年度會議，財富管理部門在會場播放一段客戶大力稱讚這個部門的視訊，其中一位客戶是伊凡卡．川普。她在視訊中感謝德銀，說跟德銀生意往來極為容易——還點名為他們家族服務的關係經理極為專業（幾年後，這些貸款變成帶有政治放射性時，一長串的高階經理人都會假裝不知道川普手上所有的資金，都是從德銀貸來的。）最後，川普在競標水牛城比爾隊時，敗給出價十四億美元的另一位企業家，沒有標到。川普沒標到球隊，因此不需要德銀的貸款，但是幾個月後，另一個借貸機會又會出現。

一八九九年，一棟壯麗的新建築在華府揭幕，這棟城堡式建築座落在賓夕法尼亞大道，離白宮只有幾個街區遠，跟成排方形的政府建築物顯的格格不入。這棟建築的鐘樓高三百一十五英尺（九十六公尺），可以環視整個首都，是高度僅次於華盛頓紀念碑的建築。美國郵政總局曾經租用這棟貴氣的花崗岩建築十五年，作為郵局總部，但是最後這棟建築失去這家主要承租戶，隨後的幾十年裡，一連串五花八門的聯邦機構，輪流進駐這棟老郵政總局建築，最後這棟建築逐漸淪落為年久失修的樣貌。一九七〇年代，在文物維護團體的努力下，這裡變成了一座國家歷史里程碑，逃過了拆毀的命運，卻在蜘蛛網和木板封閉窗戶的坑坑疤疤陪伴下，進入二十一世紀的第一個十年。

這樣看來好像嚴重浪費了精華地段的漂亮房地產。到了二〇一一年，美國總務管理局本著管理聯邦政府不動產的職責，邀請民間開發公司，提出如何利用老郵政總局建築物，以及他們願意付出多少錢取得這種特權的競標案，結果十家業者提出詳細競標計畫，其中一家業者是川普機構。川普機構提議把這棟建築改造成豪華旅館。在川普的構想中，這家旅館會擁有二百六十多間客房、一座舞廳、一座水療館、多家餐廳和商店，同時繼續容許大眾進入這棟建築的鐘樓。二〇一二年二月，就在川普跟德銀談判多拉度假村和芝加哥建案的貸款時，總務管理局宣布川普機構贏得標案。

川普和他的事業夥伴殖民地資本公司（Colony Capital），也就是億萬富豪湯姆・巴拉克（Tom Barrack）經營的加州未上市私募基金業者，同意投資二億美元，翻修和清理這棟建築物，換取承租六十年、每年付給政府至少三百萬美元租金的租約。競標對手嘲笑川普國際大飯店提案背後的財務假設是癡心妄想，想要損益平衡，旅館每晚的房價必須高達七百美元，有經驗的旅館業者都宣稱，以華府的旅館市場來看，這種房價相當不切實際。總之，華府會有什麼人，願意住在川普品牌的俗麗旅館中呢？川普或美國政府不為這種懷疑所動。二〇一三年，總務管理局官員宣布川普的計畫時表示：「我們找到的夥伴川普機構，了解這筆歷史資產的殊榮和責任，也了解古蹟維護是很好的事業。」

這個計畫所需要的資金，原本幾乎全部由殖民地資本公司承擔——該公司擁有民間投資人供應的雄厚資金。但是殖民地資本公司很快就退出，川普因此陷入圈套，變成承諾要用二億美元，重新開發這棟建築物。要迅速籌募這麼龐大的資金並不容易，對於習於賴債的川普來說，更是不容易。川普卻宣稱，「每家銀行都希望做這筆生意，我們甚至不需要融資，可以用現金完成這個案子。」

最後一句話可能正確，也可能不正確（第一句話顯然不正確），但是在最好的情況下，這個計畫也會造成川普的風險無限升高。因此，他在二〇一四年夏天，和伊凡卡再度跟傅瑞布麗見面。傅瑞布麗和她的上司樂於提供更多的資金，這時正好是他們的明星客戶川普進一步妖言惑眾之際，這次川普引發的最新爭議和伊波拉病毒有關。伊波拉病毒正在西非若干地區蔓延，川普一再要求聯邦政府，立刻禁止「所有從感染伊波拉病毒國家飛來的航班」入境。川普似乎不是擔心公共衛生問題，而是試圖激起種族歧視。但他是德銀的重要客戶，而且至少在表面上，川普的行為並未使得貸款給他的財務吸引力生變。傅瑞布麗已經說服川普，如果德銀保持中立，川普就會以非正式的方式，同意在德銀的帳戶中，多存入幾千萬美元，讓德銀賺到可觀費用，藉以提高這筆交易的誘惑力。傅瑞布麗為了讓上司簽准這個案子，還在申貸紀錄中，明文寫出這個交換條件。

傅瑞布麗的上司認為，她和詹恩關係密切，也有助於確定這筆交易。她所屬部門的執行長跟著她，去見她最好的客戶時，表現的好像是要去見大明星一樣，十分激動。跟著他們一起去的一位經理人說：「他似乎成了追星族。」而且德銀的同事注意到，這位執行長特地在客戶面前稱讚她，讓她變成私人銀行部門中，唯一享有這種尊榮待遇的人。某個起霧的日子，詹恩陪同傅瑞布麗，前往川普大樓，跟她十分寶貴的客戶川普共進午餐。川普的行政助理羅娜．葛拉芙（Rhona Graff）像老朋友一樣，跟傅瑞布麗打招呼，詹恩立刻知道傅瑞布麗在這裡熟門熟路。進到川普凌亂的辦公室後，傅瑞布麗不但對川普熱情洋溢、舉止輕鬆，伊凡卡闖進來時，她也表現出同樣的態度。詹恩在這次見面前，收到一份小檔案，說明川普的背景，以及德銀跟他的關係。吃中飯時，他們簡單談了一下川普的財務。詹恩說，他對川普的債務水準相當低落，覺得有點訝異。餐會結束後，詹恩對傅瑞布麗刮目相看。傅瑞布麗回到自己的辦公室後告訴同事，說詹恩對貸款給川普抱持著樂觀的態度。

德銀很快就同意透過美國德銀信託公司，貸款一億七千萬美元給新近在德拉瓦州設立的川普老郵局有限責任公司（Trump Old Post Office LLC）。這筆貸款十年內不必全額清償，但是川普個人要為大部分的貸款負責，如果他違約，德銀可以追查他的個人資產。

幾年後，川普會舉他的華府新旅館，證明他可以把財務和管理能力帶進白宮。他能夠從照顧他的德銀員工手中，擠出最後的每一分錢，的確證明他有其精明之處，不過這種才能不見得是川普想要吹噓的地方。就像多拉度假村貸款案利率低到讓柏恩震驚一樣，對信用史中滿是違約紀錄的貸款人來說，老郵局貸款案的成本便宜的讓人驚異。「我以約莫二%的利率借到錢，」川普對記者柯恩宣稱：「真怪異！我從來沒有見過這種事情。」一開始德銀內部為了跟川普恢復關係的事情發生過爭吵，後來的老郵局貸款案受到的審查就沒有那麼多。這筆貸款跟先前的貸款一樣，要以報告的形式，送呈美國德銀信託公司監督董事會。董事有權召喚高階經理人，來說明到底為什麼要輸送這麼多錢給川普，尤其是在任何其他銀行都不敢碰他的時候。但是沒人對此表示太多質疑。

德銀的工作現在已經擴大，遠遠超出只貸款給川普和他的公司而已。二〇〇九年，川普的兒子小川普創設一家泰坦阿特拉斯製造公司（Titan Atlas Manufacturing），他吹噓自己的公司會掀起預製房屋工業的革命。到了二〇一一年，這家公司的業務崩盤，小川普向傅瑞布麗求助，因此德銀借給他將近四百萬美元，還款期限三年的抵押貸款，讓小川普得以在短短的一段時間裡，維持成功企業家的美夢於不墜。貸款到期前幾天，川普利用一家特別成立的德銀佩斯併購（DB Pace Acquisitions）有限責任公司，向德銀買下這筆貸款。這是針對川普而發的另一種優待，正常的銀行客戶不可能就這樣走進銀行裡，買下自己家人的問題貸款。小川普一如預期違約時，德銀佩斯併購公司查封了小川普公司的倉庫，把倉庫留在川普家人手中，讓這家公司的其他債務人無可奈何。

庫許納家族也開始從傅瑞布麗的部門，申貸到個人貸款。多年來，庫許納家族都不可能申貸這種貸款，因為川普女婿庫許納的父親、名叫查爾斯·庫許納（Charles Kushner）的老庫許納，曾經因為逃稅和干擾證人遭到判刑。即使是像德銀這麼不關心客戶名聲的貸方，碰到家族族長曾經下獄的狀況，大致上，也會把整個家族當成拒絕往來戶。但是傅瑞布麗和川普的女兒伊凡卡來往愈來愈密切，兩人雖然不是好朋友，卻常在社交場合碰面。傅瑞布麗進入德銀服務前，就已經認識庫許納，後來傅瑞布麗開始介紹德銀的高階經理人跟庫許納認識，讓這些經理人對她和庫許納輕鬆、熟悉的融洽關係大為動容。

庫許納也投桃報李。他擁有深具影響力、每星期出刊一次的小報《紐約觀察家報》（New York Observer），不久之後，這家小報就變成應付德銀的工具。鼓吹不要貸款給川普的德銀投資銀行部門一位高階經理人，相當確定《觀察家報》會刊出一系列跟他有關的負面報導，是跟庫許納和川普家族關係密切的德銀內部長期競爭對手搞的鬼。

《觀察家報》創辦過一些分支雜誌，以便報導房地產業，二〇一二年下半年，庫許納找上《房貸觀察家》雜誌（Mortgage Observer）總編輯卡爾・蓋恩斯（Carl Gaines），提出一個構想：「你為什麼不寫一篇德意志銀行這位傅瑞布麗女士的人物特寫呢？」蓋恩斯略為打聽了一下，知道傅瑞布麗是庫許納的私人銀行家。他告訴庫許納，他不知道這種報導會不會很吸引人。庫許納說：「你去看看她，就會想出要寫什麼東西。」因此，蓋恩斯安排好，到德銀公園大道的辦公室專訪傅瑞布麗，兩人花了幾小時的時間，談論她踏進銀行業的由來。蓋恩斯盡責的寫了一篇輕薄短小的人物專訪，在二〇一三年二月刊出。「有一大堆零錢閒置不用嗎？」這篇專訪開宗明義的寫道：「業務金額超過五十五億美元的傅瑞布麗可以幫助你，她是德意志銀行資產與財富管理部門的董事總經理。」（她一向刻意躲避媒體，這是她難得接受媒體採訪的一次紀錄。）專訪中附了一張照片，她靠在德銀曼哈頓中城辦公室裡突出的地方、冬天的陽光照亮了她的容貌和身上穿的洋紅色套裝。

專訪刊出後，傅瑞布麗偶爾會參加庫許納主辦的《觀察家報》活動。蓋恩斯認為，整件事是老闆明顯卻笨拙的作法，目的在於巴結庫許納家族企業的銀行家——隨著庫許納在公開場合繼續向傅瑞布麗靠攏，蓋恩斯這個看法得到進一步的證實。那年十月，他們到前身為弗里克收藏館（Frick Collection's mansion）的藝術博物館，參加年度募款餐會。那天晚上拍的照片中，可以看到庫許納打著蝴蝶結、穿著吊帶西裝，和穿著半透明黑色晚禮服的傅瑞布麗合影。有一陣子，庫許納還伸手摟著傅瑞布麗，留下這位銀行家和她的客戶熱情歡笑的影像。

一年後，到了二〇一五年，傅瑞布麗服務的德銀財富管理部門提供一千五百萬美元的信用額度，給庫許納和他媽媽謝莉爾．庫許納（Seryl Kushner），這是他們所得到金額最大的信用額度，他們很快的用非常低的利率，借了一千萬美元。

二〇一五年八月六日晚上，十位共和黨人聚集在克里夫蘭的快貸球場（Quicken Loans Arena），參加共和黨的第一場總統候選人辯論。川普宣布參選後這兩個月，就已經在初選中，獲得兩位數字的可觀領先。幾乎每一個人都輕忽的認為這是僥倖，不過無可否認的是，至少現在川普暫時領先群倫。福斯電視新聞網是這場兩小時辯論的主辦單位，梅根・凱利（Megyn Kelly）則是其中一位主持人。她的第一個問題是問川普：「你稱呼你不喜歡的女性為肥豬、狗、蠢貨、和噁心的動物，」凱利強力攻擊，說：「你是不是認為，這樣像是我們應該選來當總統的男人該有的氣質呢？」

川普的眼睛幾乎連眨也不眨，「我認為這個國家最大的問題，是必須表現政治正確。」然後聳聳肩膀。

根據大部分的標準來看，川普在這場辯論中，大致上是毫髮無傷——就他的領先地位、缺乏經驗和家醜相當多等狀況而言，這樣已經是相當重大的成就了。但是那天晚上，他的波音七五七私人飛機載他回紐約後，他認為福斯電視新聞主持人對他不公平，凱利尤其如此，因而大發雷霆。半夜三點四十分，還在推特上推文，表示「哇，梅根・凱利今晚真的爛透了。」隔天晚上，川普盛怒未熄，打電話到唐恩・雷蒙（Don Lemon）主持的有線電視新聞網節目，接受三十分鐘的專訪，繼續攻擊凱利，劈哩啪啦的罵道：「你可以觀察到她的眼睛裡冒出血來，全身上下都冒出血來。」

從他的座機降落在紐約拉瓜底亞機場（LaGuardia Airport），到他在有線電視新聞網接受專訪、發表惡名昭彰的男性沙文主義談話之間，川普在紐約處理了一些個人事務。其中一件事是他二〇一二年申貸，用來融通他購買和更新多拉度假村（現在已改名為川普國家多拉度假村）的貸款即將到期。川普正將大量的自有資金投入總統選戰，現在湊出現金、償還即將到期的德銀貸款並非明智之舉，因此川普問傅瑞布麗，自己是否可以用新貸款再融通。德銀表示同意，八月七日那天，一家名叫川普一二年大業有限責任公司（Trump Endeavor 12 LLC）的實體，從德銀貸出一千九百萬美元的新貸款。德銀甚至同意把利率降到比原有的貸款利率還低。那天，川普在競逐白宮寶座的激烈選戰時，還找出時間，親自簽署貸款文件。

第二十九章　我親自造成損害

華爾頂著棕櫚樹蔭，坐在通往貝拉瑪大飯店（Belamar Hotel）後門的水泥台階上。他不斷點著萬寶路香菸，手上的蘋果筆電正全速運作，以致於摸到時會覺得十分滾燙。貝拉瑪大飯店位於繁忙的洛杉磯大道，一邊是商店街，另一邊是一座加油站，不過飯店距離海灘不到一．六公里，海洋的微風吹來，使全天候繁忙交通的噪音和汙染，變的稍微容易忍受一點。這家飯店和華爾最近住過的地方不同，至少可以無線上網，這點對他在二〇一五年六月某個夜晚、盯著電腦螢幕想要推動的任務來說至為重要。

六個月前，他離開草莓莊園，佩姬．楊開著凌志休旅車，載他到洛杉磯，搬進另一家不能沾染菸、酒和毒品，名叫靛藍牧場的療養中心。華爾曾經對楊女士透露，在洩露文件給《華爾街日報》和路透社的事情上，自己扮演了什麼角色，她為他加油打氣。「繼續追殺那些混蛋，華爾，」她說：「我們要抓住德意志銀行！」靛藍牧場設在馬里布山坡上的一座都鐸式華廈中，規定華爾必須去看治療師，員工向他推薦一位名叫賴瑞·梅爾策（Larry Meltzer）的戒癮專家。梅爾策留著大鬍子，過去曾是嬉皮，現在在自己富麗堂皇的一棟山坡建築物的頂樓治療病患。他不是那種老派的精神科醫師，不用問答式的方法哄騙病患，他也樂於融入他稱之為「客戶」的生活中，喜歡說：「我是注重解決方案的治療師。」

第一次療程，華爾在頂樓欣賞從山脈延伸到海洋的壯麗景色。他告訴梅爾策，他正在追查父親自殺的原因，卻因為無法跟媽媽溝通，媽媽卻掌握了解開父親自殺謎團至為重要的資訊，尤其是掌握了爸爸的遺書，以致於他的任務受挫。

取得這些遺書似乎成了不可能的任務，因為他們母子之間多年來累積的怒火和不信任十分嚴重。尤其是最近華爾才錯誤的指控媽媽，把他從爸爸的遺囑中剔除掉，還要求媽媽付錢給他。媽媽在iPad上回答他：「對我毒言毒語，無助於你目前所處的這種跟我無關的狀況（失業）。」媽媽感覺到的是不負責和懶惰，華爾看到的則是無情和欺騙。華爾對梅爾策解釋說：「我需要有人替我調解。」

「我就是要這樣做，」梅爾策回答說：「這是我的職責。」

梅爾策第一次跟艾拉通電話時，當務之急是說服她提高華爾每個月的零用錢，好讓他有一個還算可以的地方住(華爾跟靛藍牧場的員工打架後，被院方趕了出來，暫時窩在骯髒的羅德威旅館裡，重新染上類鴉片藥物的毒癮。)梅爾策最後費盡心力，說服了她，因為她現在不必再支付華爾復健所需的費用，她同意把華爾每個月的零用錢，從三百美元提高到二千五百美元，讓華爾可以升級，住進貝拉瑪大飯店。

梅爾策告訴我，他鼓勵華爾，繼續調查布羅克斯密特去世時心裡的想法，也調查德銀那時候的想法。或許某些答案、或至少在盡力找出答案後，可以讓華爾多少有點心安。華爾認為，這一切的關鍵都存放在他媽媽的電子郵件帳戶中。她把一切，像是電話號碼、信用卡、網路密碼都放在裡面，他打賭所有的遺書也在裡面。她很可能必須跟律師、警察或家人分享這些東西。

他從索尼公司的冒險中，學到一個教訓，就是電腦的安全性通常很弱；他或許可以找到方法，潛入媽媽的谷歌電子郵件信箱。他試著猜她的密碼，卻沒有成功，因此上谷歌網站搜尋：「要怎麼駭進谷歌電子郵件帳戶?」結果搜尋到幾百萬個相關結果，包括了逐步教學。華爾首先下載一個叫做封包過濾的軟體，網路上流通的資料，包括電子郵件圖片、信用卡交易，都是由許多位元大小的數據封包構成;這種軟體讓華爾可以攔截和破解其中若干封包。但是，要這樣做，華爾必須欺騙別人的電腦，讓他的數據分析軟體看到他們傳輸的資料。要這樣做，最好的方法是讓他的電腦偽裝成值得信任的無線網路，這是第一步。教學課程教華爾怎麼創造欺騙性的無線上網信號；華爾為了測試，設立了和貝拉瑪大飯店為房客所設網路名稱相同的熱點。飯店裡禁菸，因此華爾用飯店的客房服務菜單，撐開一扇防火門，坐在水泥台階上，看著飯店住客透過他的電腦，盲目的連上網際網路，並感到迷惑不解。這個軟體可以讓他看到這些人的電子郵件、網路密碼和信用卡資訊，這麼容易就辦到這些事情，讓他有點被嚇到。

華爾現在有了信心，如果他接近媽媽紐約的公寓，應該可以複製這種伎倆，拿到媽媽的谷歌電子郵件密碼，讓他可以自由窺探。梅爾策和艾拉談判，請她提供二萬美元，讓華爾買車，理由是這樣會提高華爾自給自足的機會。華爾吸了一點海洛英，到附近的二手車賣場，把二萬美元全部拿出來，買了一輛全配的銀色奧迪Q五轎車。

華爾從父親節那天開始東征。當天天氣溫暖又有薄霧，華爾開上高速公路，把車窗打開，以便在洛杉磯繁忙的交通中牛步前進時可以抽菸。他的第一站是拉斯維加斯，他希望在這裡玩玩梭哈，強化自己的財務狀況。但是幾小時內，他就輸掉了一千五百美元，可是他的霉運並沒有就此中斷，還不小心把剩下的白粉，灑在硬石飯店（Hard Rock Hotel）房間裡的粗毛地毯上。

華爾前往紐約前，安排好要到費城，跟包括梅特·戈茲伯羅（Matt Goldsborough）在內的大學樂團同伴重聚。他從內華達州出發，在興奮劑利他能（Ritalin）的協助下，連續開車三十小時，幻想自己可能會在媽媽的電子郵件中找到什麼東西，幫助他解開爸爸的死因之謎。因為缺乏睡眠、壓力重重、又靠興奮劑提神，等他開到費城附近時，他開始出現幻覺。到了一座加油站時，他覺察到其他車主正在計畫謀殺他，以便阻止他解開父親之死的謎團。他必須報警，但是他相當確定自己的蘋果手機遭到竊聽，要引起警方的注意，唯一的方法是開車撞加油機，引發爆炸。這時是半夜三點，他打電話給戈茲伯羅，說明自己的計畫，戈茲伯羅正坐在灰狗巴士夜車上，前往原訂要和華爾見面的地點匹茲堡。「你相信我是你的朋友、相信我愛你嗎？」戈茲伯羅輕聲說著，設法不要吵醒同車的乘客。華爾說相信。「那你就必須信任我，你一定不能做那種事，你只能開回路上，到匹茲堡來。」經過幾分鐘的緊急指示，且受到不少昏昏沉沉乘客的白眼後，戈茲伯羅驚訝的發現，華爾居然聽從了他的話。到了匹茲堡，他們去一位朋友住的房子，有人替華爾倒了一杯茶，再把他送上床。

華爾和樂團的老友歡聚幾星期、又補充了海洛英的供應後，繼續開車往紐約前進，在傍晚時分，抵達媽媽住的上東城公寓建築。從一年半前他爸爸的追悼會後，這是他第一次來這裡。他大步穿過拱門式的花崗岩入口通道，走進這棟建築綠樹成蔭的庭院，門衛准他不必經過通報，就搭上電梯，上到十五樓。他敲敲十五D單位的房門，艾拉從窺視孔中看到是她兒子，拒絕開門。華爾大聲喊著讓他進去，艾拉叫著說，這個時間不適合。華爾在走廊的地板上坐下來，放好蘋果筆電，開始施放陷阱，創造了一個欺騙性的無線上網網路，誘騙媽媽的電話和電腦，透過華爾的筆電傳輸資料。華爾花了半小時，從媽媽的電腦攔截了一堆數據封包。

他開車到下東城，那天氣溫高達攝氏三十五度，濕熱的夜晚顯得又黏又膩，還夾雜著垃圾腐爛後的惡臭。成群的年輕人在街上閒蕩，這裡是華爾以前愛來的地方；再開下去，就是比基尼機器人大軍樂團多年前曾經表演過的地方。華爾坐在奧迪汽車上，打開冷氣，再打開筆記型電腦，數據包偵測器收回了數量可觀的資料，華爾很快就發現看來像是他媽媽的電子郵件密碼。他進入谷歌電子郵件，輸入她的密碼，然後屏住呼吸。網頁出現了，他進去了。

他在媽媽的電子郵件收件匣中，發現媽媽登入大學俱樂部的密碼，就替自己訂了一間套房。他身無分文，現在至少在靠近德銀中城辦公室，也就是歐費特和賈斯汀．甘迺迪工作過的地方，找到了棲身之地。大學俱樂部准他利用艾拉的帳戶訂購食物，雖然俱樂部裡並不賣菸，卻販賣各式各樣的古巴雪茄，他試著在吸雪茄嗆辣的味道時不被嗆到。他的套房充滿便宜的舊家具，安樂椅的墊子又軟又厚，地上鋪著綠色的厚絨布地毯，鮭紅色的牆壁上，掛著油畫和幾盞散發昏黃光線的燈。華爾開始翻找他媽媽的訊息，不覺得內疚，因為他已經說服自己，說他媽媽活該他這樣侵犯隱私，卻不想想自己未經授權，擅自利用媽媽的大學俱樂部支出帳戶。

不過偷窺媽媽個人通信的快感很快就煙消雲散，取而代之的是一股空洞的感覺。他看到媽媽和妹妹去旅行、閒聊、一起出去吃晚飯，一起為未來計畫，卻沒有把他包含在內，甚至難得提到他。華爾的心急速回到自己過著寄養生活的日子，難道他有過一個真正的家嗎？他的兩個爸爸曾經愛過他嗎？他媽媽呢？他小孩時在寄養家庭中感受到的那種疼痛，再度襲上全身。他關上筆電，進入麻醉自己的境地。

幾小時後，筆電把他引誘回去。他坐在套房磨損的木頭桌子上，在媽媽的谷歌電子郵件搜尋欄中，輸入「遺書」，結果出現了一些東西，其中一項是附有掃瞄文件的電子郵件。華爾打開了這份PDF檔案，立刻認出他爸爸半草寫字母的潦草筆跡。華爾把筆記型電腦，拿到整個房間唯一可以開窗的浴室裡，再坐在馬桶上，把筆電放在大腿上，點起一支雪茄。

PDF檔案中，包括七封遺書全部的掃描備份。華爾開始看他爸爸留給媽媽的遺書，這封遺書寫在製圖紙上，全部大約十頁，紙上有著褪色藍色橫直線構成的方格。到現在為止，華爾對這封遺書的主要記憶是很長，實際上也確實如此：一頁又一頁的遺書裡，呈現他爸爸的害怕、不安全感、自恨和偏執，述說抗焦慮藥贊安諾不再有用、酒精不再能夠治療他的痛苦、他覺得自己在德銀的工作有多麼、多麼可怕：

甚至連我曾經自豪的事業生涯，也不光彩的結束了，讓我回想起來含羞帶愧，是我的粗心與敗壞帶來的另一個禮物。

我擔任的美國德銀信託公司董事職位，是個沈重的負擔，也是我不適合擔任的職位。然而，我必須假裝自己喜歡這個工作，因為這是我唯一還剩下的地位。

我不能回顧過去，也無法瞻望未來。

華爾把菸灰彈到窗外，菸灰飄落到底下的院子裡，雪茄噴出數量驚人的煙，他擔心煙會飄到走廊上，就打開舊式浴盆的熱水龍頭，希望掩蓋雪茄的菸味。小浴室裡彌漫著濃濃的煙氣和蒸汽，讓他有種作嘔的感覺。

他看其他遺書，給他妹妹亞麗莎和卡塔麗娜的遺書寫在精美的賀卡上；寫給他祖母的遺書是寫在有分行的筆記紙上；寫給莫蘭迪的遺書內容，是拜託他照顧他的家人；寫給華爾的遺書相當短，是說華爾不愧是跟他姓的兒子。PDF檔案背面是寫給詹恩的最後一封遺書（原件深埋在德銀的保險箱裡。）這封遺書是用黑墨水，寫在一張白色的印表紙上，上面可以看出放在信封裡時的不規則摺痕。這封遺書的字跡比其他遺書稍微潦草一點，而且幾乎還帶有一種暴力的痕跡，就像布羅克斯密特拿著鋼筆，用力把酸味十足的字眼寫得力透紙背一樣。

詹恩

你對我這麼好，我卻用粗心報答你。我背叛了你的信任，還對你隱瞞我那可怕的本性，我甚至無法估量我所造成的損害。我覺得抱歉至深、覺得應當永世遭到譴責。

布羅克斯密特遺筆

華爾再看一遍這封遺書，然後又看了第三遍。遺書內容沒有道理，他爸爸怎麼會粗心過呢？他對德銀造成過什麼損害？他有什麼「可怕本性」？他用什麼方式背叛了詹恩的信任？長久以來，華爾已經在沒有全部證據的情況下，得出結論，認定他爸爸的自殺一定跟德銀有關。現在他坐在馬桶上，終於看到看起來像證據的東西了，只是這樣東西卻不符合他的預期。現在毫無疑問的是，他爸爸後悔替德銀服務，而且這一點就是他決定尋死時的想法。但是有什麼事情這麼糟糕，以致於他要把黛西的狗鍊纏在自己的脖子上呢？華爾在大學俱樂部貼著白色瓷磚的浴室裡，在雪茄翻滾的煙氣和浴盆中熱水蒸發出來的霧氣籠罩下，癱坐在馬桶上痛哭失聲。

第三十章　嫌疑犯

在英國，凡是被視為「暴力和非自然」的死亡，都必須經過官方徹底查驗。布羅克斯密特的自殺符合這項規定，因此，二〇一四年初，倫敦西敏市（Westminster）政府指派資深驗屍官菲歐娜．衛爾科克（Fiona Wilcox），負起判定他死亡原因和狀況的責任。她有很多資訊可以利用，尤其是那一堆遺書。衛爾科克也得知布羅克斯密特曾經在二〇一三年時，去西蒙．穆爾（Simon Moore）醫師那看診，告訴醫生他睡不著覺。穆爾醫生曾經開過安眠藥給他，這時又開給他贊安諾，還轉介他去看心理醫師威廉．米契爾（William Mitchell）。二〇一四年二月，衛爾科克辦公室的一位助手致函穆爾和米契爾，索取他們所能提供、跟他們的病人死前數月心理狀態有關的資訊。

穆爾在回信中附了一份摘要說明，陳述他去年夏天跟布羅克斯密特的互動狀況，其中包括布羅克斯密特有一次神秘兮兮，提到他擔心政府的查究。穆爾寫道：「他解釋說，他正遭到美國和歐洲國家法院的調查，覺得極為焦慮。」

米契爾回覆驗屍官的信後，布羅克斯密特的焦慮性質變的更清楚明確了。米契爾寫道：「聽到布羅克斯密特先生的死訊，我覺得相當難過。」他敘述了他們之間僅有的一次看診：布羅克斯密特把自己的職業生涯、家庭、自己的問題和焦慮所在，告訴這位精神科醫師。米契爾對資深驗屍官解釋說，他的主要煩惱跟工作有關：「美國和歐盟主管機關調查倫敦銀行同業拆款利率一案，讓他感受到高度焦慮。他天性喜歡把小問題想成大災難，想像包括遭到起訴、喪失財富和名聲之類最糟糕的後果。他睡的很不好，一直擔心這些問題。他在倫敦銀行同業拆款利率一案、以及在歐盟的調查中，列名為『嫌疑犯』，以致於他的自尊和正常的復原能力，都遭到重大的傷害。」

衛爾科克審驗此案期間，揭露布羅克斯密特擔心在倫敦銀行同業拆款利率一案中遭到起訴的想法，這會推翻德銀宣稱，他的自殺跟工作無關（以及這個案子的調查對德銀來說沒什麼大不了）的說詞。衛爾科克已經排定要在三月二十五日舉行公聽會，討論她的查驗結果，她在幾天前，已經通知德銀替布羅克斯密特家人僱用的律師，說她計畫在公聽會上，朗讀兩位醫師在信函中，談到布羅克斯密特對政府調查感到焦慮的部分。審驗公聽會那天早上，律師在倫敦中區富麗堂皇的大理石皇家法院大樓裡，找到衛爾科克，以喪家迫切渴望維護隱私為由，請她不要提醫師來函中的任何細節。衛爾科克起初堅守立場，一位律師在備忘錄中提到，「她提醒我，依法她有義務無畏無懼、無私無我的調查所有死亡案件。」但是在律師繼續糾纏和訴求下，衛爾科克接受了妥協方案，她在法庭上還是會朗誦醫師的來函，但是內容可以先行修改。

跟布羅克斯密特特定焦慮有關的所有文字，幾乎全部遭到刪除；他告訴心理醫師，他在倫敦銀行同業拆款利率一案中，遭到點名，成為「嫌疑犯」的事實，也遭到刪除。米契爾所寫布羅克斯密特害怕遭到起訴、名聲毀於一旦的文字遭到塗改，改成「他想像各種問題」。穆爾的信也遭到竄改，這封信原本描述去年七月時，布羅克斯密特是如何「擔心他雖然知道自己無辜，卻可能要進監牢或破產，他不斷回想自己這麼多年來發出去那成千上萬封電子郵件，他知道律師可能扭曲事實，擔心他們會從電子郵件中斷章取義。」這一切都遭到刪除，換成無關痛癢的兩句話：「他告訴我，他極為焦慮，並解釋說自己九月要退休。」（似乎沒有人關心醫生的話遭到竄改。）

只有一條游離的線索暗示了真相，指出布羅克斯密特關切一項未經說明的調查，追蹤本案的記者都不知道醫師的解釋大都已經遭到刪除。

華爾看的出來，律師將大量文件寄給他媽媽艾拉，包括詳細說明他們怎麼審查驗屍官報告的文件；也包括兩位醫師的原始信件——他們在信裡陳述的大部分發現都用粉紅色的螢光筆劃出來，再用鉛筆寫下新的說法；還有一堆電子郵件，談到預期驗屍官會說些什麼話的文件。華爾發現這些信件後，整個情況再度看來像是德銀試圖竄改歷史，將可能威脅德銀及其領袖安危的事件加以漂白。

華爾回頭看他爸爸的檔案時，看到了很多他爸爸跟馬克·史坦（Mark Stein）往來的電子郵件。史坦是紐約盛信律師事務所（Simpson Thacher）一名收費高昂的律師，德銀聘請他協助布羅克斯密特，應付美國政府針對他至少略有接觸的多宗案件所進行的調查。華爾閱讀這些電子郵件時，可以看出他爸爸相當困擾。就算是退休後，他仍然定期跟史坦聯絡，看看有沒有美國司法部或德銀的新消息，以便了解自己有沒有麻煩，或是自己下一步該做什麼。「調查方面完全無聲無息。」史坦在九月下旬跟他爸爸保證：「因此，一切都很好。」但是布羅克斯密特似乎並不相信史坦的話。

史坦提到的調查是倫敦銀行同業拆款利率案，而且史坦知道為什麼他的委託人如此憂慮。布羅克斯密特自殺前五年，畢塔爾正準備領取高達九位數字的驚人獎金，德銀「企業誠信檢討部門」派了一位員工，翻閱畢塔爾所屬部門通訊紀錄的同時，詹恩要求布羅克斯密特也看一看。布羅克斯密特的任務是釐清一切是否光明正大，畢塔爾所屬部門創造的利潤是否合法。

布羅克斯密特花了好幾個星期的時間，審查財務資料和交易「單據」，也跟畢塔爾換利合約小組的一些成員談話，得到的結論是：這些交易員擁有看來有理的策略，可以從利率以非常特定方向波動的非常特定幅度中賺錢。他告訴詹恩，他沒有發現畢塔爾從事任何不當行為的證據，獲利似乎真確無疑。這樣就足以讓這位明星交易員領到巨額獎金——而且足以讓畢塔爾和他的同事繼續維持他們的計畫、讓德銀繼續賺錢。

這是個重大錯誤，如果布羅克斯密特更深入查究，德銀可能不會陷入國際刑事調查之中。調查的強度開始升高後，布羅克斯密特和德銀的會計師與律師遭到多次傳喚和詢問，然後又遭到德國主管機關傳喚，質問他疏於注意或阻止倫敦銀行同業拆款利率炒作案的問題。後來歐洲反托拉斯機構在一份秘密報告中，提到他的名字，也提到他的審查代表的意義是坐失良機。報告中也揭露包括德銀在內的一大堆銀行，都意圖炒作利率。接著美國的司法部開始行動，考慮針對德銀和其他銀行的交易員和經理人，提出刑事控訴。布羅克斯密特得到的印象是：自己在美國人的調查中，被列為「嫌疑犯」，後來的事實證明他的懷疑確有其事。

二〇一五年四月，德銀跟美國和英國政府達成和解、接受二十五億美元罰款前八天，美國司法部發布一份摘述主要發現的文件初稿，指出「高階經理人未能發現該行普遍的詐欺和勾結行為」——然後在下一句裡，舉出布羅克斯密特不幸的審查。檢察官寫道，經指名為「五號高階經理人」的布羅克斯密特未能發現這種不當行為，「幾乎是無法自圓其說」的事情（四月二十三日最後文件公布時，提到包括布羅克斯密特在內等高階經理人涉案的文字，都神秘的消失了。）*

布羅克斯密特當然不知道會有這樣的發展，只知道政府握有他失職的證據，而且在一項長期的刑事調查中，他的行動一直遭到偵查（司法部也提出一通二〇一一年的電話錄音，內容是同事告訴布羅克斯密特，德銀忽視政府要德銀提出跟畢塔爾天價薪酬相關資料的要求。）而且他一定知道聯邦調查局幹員曾經在二〇一三年下半年和二〇一四年初，召集德銀其他經理人去問話，判定他們是否會面臨刑事控告。可想而知，這應該是布羅克斯密特上吊前幾個月，一再聯絡史坦，打聽情勢發展的原因。德銀和其他銀行不少交易員已經遭到逮捕，而且因為他們涉嫌炒作倫敦銀行同業拆款利率的意圖，遭到刑事起訴。他會不會是下一個呢？不太可能——畢竟他沒有參與任何炒作活動。但是他的名譽會不會受到糟蹋、無窮無盡的訴訟費用和民事罰款會不會掏空他的銀行帳戶？反倒是比較容易想像的事。

不久後，華爾在媽媽的檔案裡，發現另一位律師維克特・羅克（Victor Rocco）寫的報告。羅克身材魁梧，留著小鬍子，曾經當過聯邦檢察官，主持過司法部位於布魯克林的刑事部門，最近幾十年來，一直都自行開業，為惹上政府的企業和個人辯護。他現在在布羅克斯密特家族成員的介紹下，代表艾拉。

二〇一五年一月一個異常溫暖的日子，羅克在午餐時間，來到華爾街六十號的德意志銀行摩天大樓。大樓入口處上方，有兩面國旗迎風飄揚——一面是美國國旗、一面是德銀公司旗。將近一年前，詹恩曾經推動一次內部評估，希望更加了解布羅克斯密特自殺的內情；看到布羅克斯密特留給他的刺眼遺書後，他覺得自己別無選擇。布羅克斯密特是否藏有一些讓他絕望的財務秘密？德銀是否讓他承受了太多壓力？德銀聘請英國的富而德（Freshfields）法律事務所，協助查閱檔案，詢問員工和布羅克斯密特在工作上有所互動的人。現在德銀在布羅克斯密特家人的請求下，同意把若干發現告訴他們。

羅克從來沒有見過布羅克斯密特，但是從他接下艾拉的委託後，對布羅克斯密特已經略有所知，覺得布羅克斯密特在貪婪橫行的產業中，是個難得的好人。羅克來開會時，不只是想到布羅克斯密特的死亡，也想到甘比諾的死亡。許多年前，羅克曾經和甘比諾在一件案子上共

---

* 這份文件初稿在二〇一八年法院發布的一項不相關文件中披露。

事，對甘比諾這位新秀律師印象深刻。羅克不知道，為什麼德銀兩位著名又成功的員工——都肩負著類似滅火隊任務的兩人，會在幾個月的時間裡，分別上吊身亡。

羅克到達時，貼了紅木壁板、上面掛了德國藝術作品的小會議室裡，已經有德銀的兩位高階經理人等著他。一位是詹恩交付布羅克斯密特遺書的副法律顧問席蒙·陶茲，一位是長著娃娃臉、正在德銀裡快速崛起的高階經理人索英，索英的任務是負責布羅克斯密特自殺案件的檢討。會議一開始，索英先指出，他參加了二〇一三年十一月詹恩為布羅克斯密特退休所舉辦的歡送午餐會。索英說，布羅克斯密特似乎很開心，不是能讓別人想像到他兩個月後會自殺的人。然後，索英和陶茲讀著劃了重點的備忘錄，把報告的重點發現告訴羅克。兩人承認倫敦銀行同業拆款利率案子的調查，可能使得布羅克斯密特心急如焚。他們把布羅克斯密特處理過的其他問題輕描淡寫的帶過，表示每個問題都可能是壓力的來源。例如，談到美國德銀信託公司的問題時，德銀承認這個地方的確極為亂七八糟，但是這種情形並非布羅克斯密特的責任——這份報告主張的原因是「他不需要為美國德銀信託公司負責。」這樣說忽略了布羅克斯密特身為董事，無疑得負起責任的現實，而且他為了這家公司的健全與否，還花了好幾個月的時間煩惱和爭吵的現實，此外，幾乎可以確定包括索英在內的德銀高階經理人，都知道這件事。檢討報告也探討了聯邦銀行監督廳拒絕讓布羅克斯密特升官，對布羅克斯密特造成了什麼影響。德銀的結論是，他從容的應付了這件讓他失望的事情，並在忠心同事的堅定支持下重新振作。但是包括詹恩在內的德銀高階經理人都很清楚，這是另一種騙人的說法，布羅克斯密特已經身心交瘁（索英和陶茲也錯誤的堅持說，德銀從來沒有派人到布羅克斯密特的倫敦公寓，拷貝布羅克斯密特的硬碟。）德銀的底線是：這次檢討「並未發現布羅克斯密特去世與他在德銀的工作有直接連結。」

為了證實這一可疑的前提，索英指出德銀的內部檢討結束後，有好多個月，布羅克斯密特的名字都沒有出現在德銀所接受任何公開調查的內容中。羅克知道這件事也不正確，二〇一四年七月，美國參議員羅奇的避稅報告中，就多次提到布羅克斯密特。羅克後來寫信給艾拉，說這件事代表德銀的調查「不盡不實，不像陶茲和索英所說那麼『有力』。」

會議大約持續了九十分鐘。羅克指出：「會議似乎經過精心編排，陶茲、索英跟我說話都非常小心。」羅克還補充說，德銀的檢討有系統的淡化布羅克斯密特在德銀所爆發問題中的參與程度。索英和陶茲「無法解釋驗屍官的發現，也無法解釋醫療紀錄明確指出，布羅克斯密特害怕自己因為在德銀服務，必須承擔民事責任、甚至可能遭到起訴的記載。」

羅克不知道還有另一個跡象，顯示出德銀可能沒有說出全部的真相，而且至少對這份報告的內容極為敏感。德銀監事會的若干監事曾經要求要看這份報告，或至少要看報告所發現事實的詳細摘要說明，卻都無法如願。為什麼？德銀要隱瞞什麼事情？德銀一位監事告訴我：「我非常懷疑這件事。」

華爾很快就發現另一件影響他爸爸的重大不利問題，即西恩納銀行集團事件。費索拉的部門率先找上這家義大利銀行，承作爭議性交易時，布羅克斯密特是風險管理委員會委員，負責檢討這些交易。華爾在父親的雅虎帳戶裡發現的電子郵件中，看到他爸爸曾經警告同事，說這些交易對德銀構成重大的「信譽風險」。他警告說，要是某國政府知道這種深具創意、主要目的似乎是要隱瞞虧損的結構後，如果大發雷霆，德銀難以預料政府會採取什麼行動。因此他敦促同事，將這些交易呈報給詹恩評估（但沒有證據顯示他們這樣做過。）風險管理部門批准這些交易後，交易完成，德銀很快就複製西恩納銀行集團的交易結構，將之應用在其他銀行上。這類交易一直讓布羅克斯密特憂心忡忡（他在二〇〇九年發給同事的電子郵件中說：「此刻這種交易看來可能像四捨五入般的錯誤，但（交易）卻迅速成長。」然而，他的警告卻遭到漠視，德銀繼續銷售這種衍生性金融商品，重演一九九〇年代初期美林公司製造的桔郡慘劇，無視布羅克斯密特曾事先警告過美林公司，說加州有一幫人，正在大肆享用衍生性金融商品大餐。）

到了二〇一二年，這家世界最老銀行陷入絕境，相關民刑事調查進行的如火如荼之際，德銀的律師打電話給布羅克斯密特，詢問他在其中的角色。律師請他說明這種交易的運作方式，問他為什麼會覺得憂心忡忡。不久後，政府主管機關就引用他先前寫的書面警告，證明德銀事前應該更清楚這件事。布羅克斯密特是否應該將自己的疑慮留在心裡，而不形諸文字，以免同事將來落入困境呢？他是否應該更大聲說出來、更加堅持才對呢？如果他曾經這樣做，或許費索拉可能不會面臨刑事控告，德銀在義大利（其實是在整個南歐）的名聲可能也不會一敗塗地，西恩納銀行集團可能仍然安然無恙。

華爾發電子郵件給費索拉，問他對布羅克斯密特自殺的原因有什麼看法，費索拉避重就輕，敦促華爾，不要過度解讀布羅克斯密特可能捲入的各種調查報告：「不幸的是，我們的世界將銀行視為邪惡的東西，因此高階銀行主管受到媒體、政客和主管機關不公平的攻擊。」華爾繼續施壓，最後，費索拉提出他認為跟布羅克斯密特心中想法有關、也比較完整的理論。「我認為沮喪不是特定工作狀況造成的，但工作確實有助於他覺得沮喪，而且過去幾年裡，整個銀行業陷入非常困難和黑暗的時代，我們全都遭到攻擊和污名化，」費索拉寫道：「我認為他知道他所屬的經理人世代即將結束，他可能無法因應這種局面。過去兩年，因為德國聯邦銀行監督廳的反對，害他沒有明確的工作職掌，確實也對他沒有好處。」

但是，即使是這種理論，似乎也忽略了日漸明朗化的事實，也就是布羅克斯密特堅強的外表下，把德銀的很多問題內化。他的煩惱當然並非完全都跟德銀有關——他的一生裡，點綴了朋友和同事所說的定期發作的陰暗面，他們甚至在他自殺前，都認為這種陰暗面不是會導致他自殺的那種狀況，卻足以構成他們覺得值得他自殺的原因。而且布羅克斯密特廣泛卻不明確的工作職掌，害他在德銀像節拍器一樣規律性的定期出差錯時，擔上極大的罪惡感。壓力逐漸增加時，布羅克斯密特一直保持沈默，不說出自己承受的折磨，不說出他害怕生活和名聲遭到摧毀的想法；大家都依靠他，他不能示弱，到最後，一切都變的太沈重了。

第三十一章　西恩納

你仰天望著法蘭克福的德意志銀行總部大樓時，整座雙子星大樓似乎在天際彎靠在一起，形成兩座高樓頂端幾乎融合為一的幻覺。華爾站在人行道上，怒目看著這兩棟龐大的高樓。從地上看過去，貸方和借方兩座大樓斜斜的玻璃窗映照著夜空，造成整個結構呈現幾乎全黑的顏色，隱隱含有不祥的意味。

此刻是二〇一六年八月，德銀再度陷入嚴重危機。投資人對包括最新執行長約翰·克萊恩在內的一系列執行長，保證德銀擁有足夠資本說法已經失去信心。投資人對德銀最近大虧數十億美元，以致於獲利比對手銀行少的現象，表示深深的不滿。德銀已經變成衍生性金融商品交易員的超大賭場，沒人相信德銀高階經理人，已經針對德銀資產負債表上，數兆美元衍生性金融商品的潛在虧損幅度，說出全部真相。主管機關指責德銀在危機期間，隱瞞了超過三兆美元的這類虧損。德銀尚未承認的虧損到底還有多少億呢？同樣令人害怕的是，政府對德銀多年不當行為的調查，似乎還看不到盡頭。德銀雖然已經拿出幾十億美元，來化解政府眾多的調查，不過光是在美國，德銀就涉嫌多項弊案，包括炒作外匯市場、違反制裁、洗錢、欺騙顧客和不當銷售房貸債券。這些不當行為的罰款，保證會超過一百億美元，但這時德銀的總市值卻不到二百億美元。

的確如此，愈來愈多投資人和主管機關認為，德銀似乎不但資本不足，還走在週轉不靈的快速道路上，股價也圍繞著資金短缺的主題盤旋，就如同國家廣播公司商業台（CNBC）的報導所說的，反映出大家「愈來愈擔心其（德銀）生死存亡。」德銀實在太大了，持有的衍生性金融商品實在太多了，如果德銀不支倒地，附帶損失保證一定會像病毒一樣，散播到全世界幾百、幾千家包括德銀的顧客、交易夥伴和其他銀行等機構。兩個月前，國際貨幣基金組織才在一份報告中表示他們的憂心，警告德銀「在全球銀行體系中，是促使系統性風險淨增加最重要的機構。」情勢惡劣到克萊恩、德國政府和國際貨幣基金組織總經理克莉絲汀・拉加德全都在公開場合中，否認德銀正在秘密談判由納稅人出資紓困的謠言（通常銀行覺得必須否認自己需要紓困時，大家幾乎就可以確定該行需要紓困。）

華爾對他爸爸生前僱主面對的生存危機，僅是略有所知。這時他身旁的人是長相漂亮、名叫茱莉的德國藝術科系學生。茱莉比華爾小十五歲，迷上華爾看似世故的形象（還原諒他一直繼續存在的毒癮），成了華爾的女朋友和歐洲遊的同伴。華爾告訴茱莉，在這兩棟黑暗的高樓上，坐著該為他父親死亡負責、該為德銀急轉直下負責的人。茱莉伸著脖子，感受到她男朋友的怨恨，心中充滿了害怕。

華爾是二〇一六年三月飛到巴黎的。他希望找到答案，希望進行一場冒險，他還從媽媽的電子郵件中，打探出她美國運通卡的詳細資料，幻想著如果自己設法拖垮德意志銀行，不知道會變的多麼轟動。

他甚至還沒離開巴黎戴高樂機場，事情就已經走樣。他用艾拉的美國運通信用卡，買了一堆蘋果的新設備，把他爸爸的檔案下載到一台筆記型電腦裡。但是，他在機場廁所中，吸了幾行海洛英粉末後，短時間沒有看顧好自己的袋子，大部分新電腦設備就這樣不翼而飛。他打電話給梅爾策，這位治療師沒有安撫自己這位緊張的客戶，反而警告華爾，說他可能遭到德銀派出的人跟蹤了，因為德銀希望阻止他散播任何有損德銀的資訊，因此偷走了他的電腦設備。梅爾策敦促華爾小心注意。

他租了一輛日產的車子，開去阿姆斯特丹。有天晚上，有人砸碎了車窗，偷走他僅存的筆記型電腦——這台電腦裡有著他從爸爸電子郵件帳戶中下載下來的一切，這件事為華爾證明了一切：德銀已經得知他的計畫，決心阻止他，梅爾策也認為，一場陰謀詭計即將展開。

華爾開始用媽媽的信用卡，簽了巨額的旅館帳單，他不覺得有什麼罪惡感。他告訴自己：「這是我教訓她的唯一方法，信用卡是我唯一能夠暗害她的方式。」艾拉的財富經理人最後想通了怎麼一回事，剪掉了這張信用卡。華爾的非法金援遭到切斷後，跑到阿姆斯特丹北邊的露營地上落戶，在那裡偶爾表演幾場，賺點生活費。他就是在那裡認識了二十四歲的女學生茱莉。茱莉的爸爸二〇一五年時，才因為心臟病去世，所以她說：「我們共同承受了怪異的死亡。」他們也共同享用了很多迷幻藥。

華爾在她媽媽的電子郵件中發現另一張信用卡後，兩人就逃離了露營場，到歐洲各地旅遊，還在前往茱莉的故鄉紐倫堡的半路上，在法蘭克福稍作停留。茱莉驚異的看著華爾發揮有如神助的魔力，迷惑陌生人，交出現金、吉他和旅館房間，換取華爾記在心裡的數字（華爾如果過著另一種生涯，可能是名優秀的衍生性金融商品業務員。）

那個夏天，華爾跟羅西遺孀的律師聯絡。羅西就是從辦公室窗口摔下、官方判定為自殺的西恩納銀行集團高階經理人。華爾發現布羅克斯密特事前曾經對西恩納銀行集團的交易，發出過預言式的警告，不由得懷疑布羅克斯密特決定自殺時，腦海中是否有更多與義大利有關的線索在困擾著他（《紐約郵報》總編輯麥克・葛瑞〔Michael Gray〕曾經告訴華爾，說羅西的家人握有錄影帶，顯示羅西是背對窗戶摔下來的，這並不是正常的自殺方法。這些話引發了華爾對他父親的死亡狀況，產生了瘋狂的陰謀論想法。）＊華爾對羅西遺孀的律師解釋說，他自己的父親也是已經死亡的銀行家，而且他非常希望比較一下兩人遺留下來的訊息。華爾寫道：「或許我可以幫得上忙，或許我們可以互相幫忙，或許我們也可以一起協助所有經歷過這些苦難的家庭。」

這位名叫盧卡・戈拉奇（Luca Goracci）的律師說，歡迎華爾來西恩納談一談。華爾向艾維斯租車公司租的車子遭到砸毀後，換租了一輛敞篷車，在八月時出發前往托斯卡尼丘陵上的西恩納市，住進一家旅館。從他房間的窗口看出去，可以看見有五百四十四年歷史的西恩納銀行集團宮殿式總部。那天晚上，他走進戈拉奇兼充住家的小小辦公室，天花板上垂下來的一顆裸露式燈泡發出光線，讓他想到戈拉奇律師神似卡拉瓦喬畫作中的一個人物。羅西的遺孀安多尼拉・杜納西（Antonella Tognazzi）穿著一身黑衣，站在角落，仍然傷心欲絕。她從陰影中走

＊ 華爾曾經把自己用蘋果手機拍攝的父親遺體相片，交給葛瑞，而《紐約郵報》將相片刊出來。華爾的家人以為華爾把相片賣給這家小報，實際情形並非如此。

出來時，華爾極為驚訝，甚至發出一聲小小的嘶喊。

「你想要什麼？」杜納西問。

「我在尋找其中的關聯。」華爾回答說。他希望了解德銀、他父親和費索拉這些屬於同一個陣營的人，為什麼會陷入西恩納銀行集團的亂局之中。布羅克斯密特和羅西的死亡之間，有什麼關聯嗎？

義大利這家銀行經過政府兩次紓困後，已經變成國有銀行。西恩納銀行集團的一些高階經理人遭到詐欺罪定罪，判刑入獄，德銀和包括費索拉在內的德銀員工則要面對刑事控告，罪名包括涉嫌協助西恩納銀行集團妨礙司法和做假帳（費索拉否認犯下任何罪行。＊）華爾、杜納西和戈拉奇大約談了一小時。杜納西很確定自己的丈夫是遭到謀殺的，而且她有若干證據證明她的說法。其中一項證據是羅西背對窗戶，從宮殿式窗口摔下去的影像。他躺在地上抽搐時，有兩個朦朧無法辨識長相的男性，在庭院中向他走去，觀察他的身體，再回到他們的車上。杜納西懷疑他先生遭到殺害的事情，跟西恩納銀行集團嚴重的財政問題有關，是該行跟德銀交易衍生性金融商品所留下後遺症中的一環。

隔天，華爾重回戈拉奇的透天豪宅，這次他被帶進他們家的客廳，客廳四周被小院子給圍繞，餐桌上精心擺放了不少肉類和乳酪。他們進食時，戈拉奇敘述德銀和西恩納銀行集團之間腐敗、齷齪的關係。西恩納銀行集團和當地黑幫與貪腐政客之間，關係深厚之至，甚至成了極為公開的秘密，任何人只要做最低限度的實地查證，都不會漏掉所有危險跡象。戈拉奇指出，羅西捲入一些兇險的事情，尤其是他每個月要租一次車，開去瑞士，替戈拉奇認為跟本地黑手黨有關係的客戶，把現金存進秘密銀行帳戶裡。戈拉奇律師根據這一點，得出神秘的結論，說這件事很可能跟羅西遭到謀殺有關。

戈拉奇爆出這些驚人內幕時，華爾拚命記筆記，這些懸而未決的事情讓他深深著迷，再度顯示他爸爸以前的僱主極度沈迷於獲利，極度無視客戶名聲好壞，以致於涉入一些致命的刑案。如果華爾誠實的內省，他也會感覺到一絲絲嫉妒造成的痛苦，如果他爸爸不是自殺，而是遭人殺害，一切應該都會比較容易忍受。

華爾離開時，戈拉奇給他一個文件夾，裡面裝的是他在調查期間搜集的文件。走到外面時，這座古城在近晚斜陽照射下耀目生輝，燈桿和陽台上掛著五彩旗幟，使褪色的街道大為生

---

* 德國聯邦銀行監督廳後來做出的結論是，德銀沒有員工刻意協助西恩納銀行集團，歪曲西恩納銀行集團的資產負債表，義大利方面的刑事訴訟還在審理中。

色。這些裝飾是為了兩天後西恩納著名的賽馬節而設，一大堆遊客已經光臨這座古城，準備見證夏季賽馬盛事，讓西恩納顯現出欣欣向榮的樣貌。但是在暗地裡，西恩納銀行集團的死亡重創了這個地區的經濟。五百多年來，西恩納銀行不但是大小建設計畫首選的告貸處，旗下那間握有該行控制權大股東所捐贈的基金會，也一直是慷慨捐助西恩納眾多最重要機構的施主。西恩納銀行股價上漲之際，基金會的財力也跟著大為茁壯，每年捐出超過二億歐元捐款。但是，接著該行的股價就像西恩納的古老城牆般崩落，突然間，基金會的金庫耗竭一空。華爾前來西恩納時，基金會的年度捐贈已經縮水到只剩三百萬歐元，清楚顯示出德銀至少要為本身魯莽作為在現實世界造成的傷害，負起一部分責任。世界上最古老的西恩納銀行已經淪為廢墟，殘骸上卻處處可見德銀的指紋。

第三十二章　羅絲瑪麗才是老闆

美國總統大選進入最後階段，主導川普那雜亂無章選戰大局的史帝夫・班農（Steve Bannon）認為，如果德銀繼續土崩瓦解，應該會造成他樂於見到的騷亂。班農在高盛公司工作時，曾經賺到一筆小小的財富，看起來不像是會變成民粹主義份子的人，但是他看著千百萬人民在金融海嘯期間，失去自己的房子和儲蓄，不由得怒火中燒。他的父親也是受害者，退休基金在金融危機中消失一空。班農在這場危機的刺激下改頭換面，變成矢志摧毀全球化秩序的戰士。不論是政府、企業、多國聯盟，還是政黨或你能想到的那些機構，都成了他血海深仇的大敵。他自稱是「經濟民族主義分子」。

班農看著德銀時，看到的只是邪惡。當然，德銀是世界上最大的銀行之一，而且在把美國和全世界推進嚴重經濟大衰退方面，德銀出的力只多不少，然而其交易員和高階經理人卻賺的腦滿腸肥。何況，不只如此，班農還對政治解體深感興趣。他的想法是：如果德銀垮台、甚至是需要看來愈來愈有可能的政府紓困，都會種下騷亂的種子，帶衰德國強而有力的總理梅克爾。在分離主義運動席捲歐洲之際，例如，英國才剛剛主張脫歐，看來梅克爾是阻隔在歐洲政治與財政聯盟，以及班農所期盼歐洲各國各自為政的無政府狀態之間，最後的幾個重大障礙之一。在華爾尋求報復、德銀高階經理人忙於挽救大船下沈時，班農對美國的新聞記者說起悄悄話——德銀正在下沈，梅克爾和整個歐洲戰後整合計畫也正跟著一起沈淪。

班農興高采烈的誹謗中，特別可笑的地方在於他努力輔佐、希望送進白宮，以便推動他自己那反全球化計畫的人，此時此刻對德銀的依賴卻高到無以復加的程度。

第一要務，是錢。二〇一六年三月，德銀在布蘭德、索英和其他人的支持下，否決了傅瑞布麗的請求，駁回川普為他的騰貝里高爾夫度假村申請貸款的要求。德銀除了擔心川普的名聲外，本身的財力也相當吃緊，要再用川普已經習於享受的超低利率，繼續貸出千百萬美元巨款，已經變的遠比過去困難多了。到目前為止，川普已經積欠德銀大約三億五千萬美元，是他一半的債務餘額。到目前為止，德銀是他最大的債權人，川普也是德銀私人銀行部門最大的貸款戶。為了借貸這些錢，川普還提供德銀個人財務保證，如果他無法償還貸款，德銀可以追索他的個人資產，讓他的人生（以及讓公眾相信他是巨富的能力）變的極為艱困。

德銀還貸款給小川普，另外，也提供一千五百萬美元的信用額度，給庫許納和他媽媽，這是庫許納和他父母所得到的最大筆中貸額度。但是，跟德銀在總統大選前幾星期，在庫許納提供個人貸款保證的條件下，同意對庫許納家族的不動產公司，貸出三億七千萬美元，用來購買《紐約時報》舊總部二十五萬平方英尺土地的再融資貸款相比，最初的信用額度根本是小巫見大巫。

德銀除了貸出這些資金外，偶爾還扮演川普在總統大選競選活動中的支持者。川普遭到的眾多批評中，有個批評是他身為企業家的信用紀錄十分薄弱，第一個證據是他的公司一再聲請破產的事實。批評者指出，川普的紀錄實在太差，以致於成了銀行體系的拒絕往來戶。二〇一六年六月，民主黨總統候選人希拉蕊．柯林頓在俄亥俄州哥倫布市發表演說時嘲笑說：「他寫了很多本跟企業有關的書，但是全都似乎在第十一章結束。」（美國破產法第十一章的主題是破產保護）希拉蕊還說：「談到數字，這麼多年來，他特意在自己的公司裡累積巨額債務，然後違約，他的公司破產過——不只一次，也不是兩次、三次，而是破產四次。」

《紐約時報》記者蘇．柯雷格（Sue Craig）準備寫一篇報導，探討川普遭到華爾街掃地出門的事情。到了三月，她的研究和採訪大致上已經完成時，川普打電話給她，質疑她報導中的基本前提。「我可以跟世界上最大的銀行做生意，」川普堅持說：「我只是半毛錢都不需要而已。」這一點並不正確，而且在華爾街有廣泛消息來源網路的柯雷格堅持不讓步。川普舉出他和德銀的關係，作為他並非跟華爾街完全翻臉。「他們對我十足滿意，」他宣稱：「你為什麼不打電話給德意志銀行的頭頭？」柯雷格知道德銀的執行長是克萊恩，因此川普說出口的下一句話讓她大吃一驚：「她的名字叫羅絲瑪麗．傅瑞布麗。」川普繼續說著：「他們很滿意，我今天才跟他們有交易，你必須去跟德意志銀行的首腦談談，你有傅瑞布麗的電話號碼嗎？你為什麼不打電話給她？她才是老闆。」

川普搞不清楚傅瑞布麗的角色？還是在說謊？* 無論如何，他都是在利用自己跟德銀長年的關係，希望破除他在金融圈是賤民的觀念。

歐費特遭到米契爾逼退離開德銀後，在金融圈的外圍悠閒工作了一陣子，從事一些諮詢的工作，但是大致上退出了華爾街。他的神經受創，以致於在金融圈工作頂多只會讓他難過，而且他不會懷念巨型機構中內部的政治運作。總之，他有很多錢可以過日子，尤其是他太太達拉．米契爾在蘇富比公司擔任藝術品業務員，可以賺到好幾百萬美元的報酬。歐費特決定追隨父親的腳步成為作家，他為金融出版品寫了一些自由投稿的文章，也曾經擔任一本奢華生活型態雜誌的專欄作家。到了二〇一四年，他出版一本書，書名叫《無關私人恩怨：跟華爾街有關的小說》（Nothing Personal: A Novel of Wall Street），書中描寫一家虛構的德國投資銀行中，發生兩起員工謀殺同事的案件，人物和場景都取材自歐費特在金融圈的經歷。他告訴別人，書中有一位卑鄙庸俗的角色，是摹寫他在高盛生病後，不再發薪水給他的梅努欽。封底有一些吹捧這本書的短文，有一則短文寫道：「歐費特用精彩的文筆，深入描寫華爾街怎麼賺大錢——和贏大錢的經過。無論你是不是在金融圈服務，《無關私人恩怨》都會吸引你的注意力，這本書真是引人入勝。」寫下這段讚美短語的人，就是川普。

兩年後的二〇一六年十月，總統選戰逐漸接近尾聲，歐費特回報這筆人情債的時候也到了。川普一再破產的型態遭到嘲笑，而歐費特並非十分擁護川普的政見，但是他討厭希拉蕊，到了幾乎願意盡一切力量，避免她贏得白宮寶座的程度（歐費特硬著頭皮，努力無視梅努欽擔任川普選戰財務主席的事實。）因此他努力思考，要怎麼削弱別人對川普個人財務的攻擊。要不了多久，他就編造出一套策略。金融界最大的壞蛋是誰？當然是避險基金！川普應該怪罪避

* 兩人的談話結束後，川普的女兒伊凡卡對柯雷格宣稱，她爸爸只有一次說傅瑞布麗是德銀的執行長，而且川普只是說錯話。事實上，川普在這次短短的對話中，至少有三次，說傅瑞布麗是「德意志銀行的首腦」。

險基金這批壞蛋，這些人就是害他財務史不穩定的罪魁禍首。他必須宣告破產，是因為貪婪的避險基金極為沈迷於從可憐的川普身上擠出每一塊錢，因此拒絕讓他重新談判沈重的債務。這一點其實並非事實，聽起來卻很有道理，於是這種攻擊言辭和川普的民粹主義言論，在選戰中結合。川普會指控避險基金經理人利用稅法，逃脫濫行「謀殺」的罪名。他曾經在一次電視專訪時宣稱：「這些傢伙把文件轉來轉去，而且他們運氣很好。」歐費特的妻子要求丈夫絕對不能幫忙川普，因為當初川普找上在德銀服務的歐費特，要求歐費特幫忙時，就惹火了歐費特的妻子。但是選情看來好像一面倒，於是歐費特說服太太，讓他用電子郵件，把自己的政治建議發給川普。歐費特在某個星期五晚上，打了一篇很長的訊息，指出川普主張自己只是用有利的方式，利用破產法的說法，無法打動選民的心。歐費特寫道：「我認為有一個好多了的答案，或許可以淡化這個問題，而我只是非常自傲的提出這種建議。」歐費特並未收到回覆，甚至不確定川普是否看過這封電子郵件。

譚美．麥費登（Tammy McFadden）是德銀員工，在德銀的傑克森維爾分行服務，從分行所在地走過幾棟建築物後，就是聯邦調查局的當地分局。二〇一六年夏天，麥費登在那裡工作八年後，有一些和庫許納有關的可疑交易，排進她的審核清單中。德銀的電腦系統會自動掃瞄每天成千上萬件的交易，尋找其中是否有不當交易的跡象，然後把遭到標註警示的交易，送給專家審核。麥費登隸屬德銀私人銀行部門，是經驗豐富的反洗錢法遵職員，也是當地分行這方面的專家。

這些年來，麥費登曾經因為表現優異，多次獲得德銀內部獎勵。但是到了二〇一五年，她開始引發風波，為她認為合乎倫理道德的事情仗義直言。她首先抗議德銀的私人銀行，替傑福瑞·艾普斯坦（Jeffrey Epstein）開立幾十個帳戶，並且貸款給他。艾普斯坦是政治關係良好的金融家，曾經一再遭到性侵女童和年輕女性的指控（多年來，艾普斯坦都在維拉德的麥迪遜大道舊豪宅中，經營自己的企業。）艾普斯坦因為教唆未成年少女賣淫，遭到判刑後幾年，他原來往來的摩根信託銀行跟他切斷關係，他隨即投奔一直樂於忽視客戶骯髒背景的德意志銀行。麥費登的一些同事已經提醒上司，注意艾普斯坦的帳戶中有些可疑的海外交易，擔心他移轉資金的行為，可能是經營賣淫業務的一環，德銀的高層毫無作為，麥費登也拒絕簽准放行艾普斯坦的交易，但是多位經理人不希望聽到這種事情，因為艾普斯坦是讓德銀賺到豐厚利潤的客戶（直到二〇一九年六月，他以經營年齡小到十四歲女童賣淫的罪名、遭到刑事控告前幾星期，他一直都是德銀的客戶。）麥費登曾經告訴我：「如果他們樂於跟艾普斯坦進行業務往來，但願上帝協助我們所有人。」

其次，到了二〇一六年初，麥費登注意到，私人銀行中包括傅瑞布麗的不少超級富豪客戶等許多客戶的帳戶，沒有附上適當的文件。這一點對歸類為「高知名度政治人物」的顧客來說，尤其是重大問題。這種客戶理當經過額外審核，因為他們可能涉及賄賂或其他公共貪腐行為。麥費登起初在幾個孤立帳戶注意到這個問題後，進行進一步的審核，發現有一百多個高知名度政治人物客戶，沒有提出資金來源之類事項的必要證明。她知道這些顧客當中，包括川普和他的家族成員。她警告上司時，上司叫她不必擔心。麥費登沒有放手，改為向人力資源部門投訴，觸怒了好幾位上司。

到了二〇一六年夏天，川普贏得共和黨總統候選人提名，庫許納出任他的顧問。德銀派給麥費登一項任務，要她負責審核庫許納眾多企業帳戶的交易，因為這些交易觸發了德銀電腦系統的警訊。麥費登立刻看出這些交易觸發電腦軟體的原因：庫許納的不動產公司把資金匯到一些俄羅斯個人的帳戶裡，這樣不表示有什麼不對勁（而且的確不是洗錢的證據），但是卻不平常。麥費登做了一些研究，深入了解受款人和庫許納旗下企業匯錢到外國的歷史後，認定適當的反應是向美國財政部金融犯罪防制局（FinCEN），申報「可疑行動報告」，該局負責金融犯罪的管制，銀行業每年要向該局申報成千上萬件這種報告，而且麥費登不覺得這件事有什麼特別驚險的地方，於是她打了一份報告，向上司呈報。

可疑行動報告通常要經過另一位洗錢專家審查，這位專家必須不屬於推動有爭議交易業務部門——在這個案例中，就是私人銀行部門。將事情拆開處理很重要；不然的話，跟交易具有財務利益關係、希望交易順利過關的員工會取得主導權，可能損害德銀已經值得懷疑的反洗錢安全措施的效率。但是，這次傳回到麥費登身邊的消息指出，她的報告已經遭到私人銀行部門的經理人封殺。*麥費登相當確定這是私人銀行部門的傑作，他們為了維護跟庫許納家族（進而包括川普家族）之間利潤豐厚的關係，不惜不遵守反洗錢法律。她能夠在銀行界存活十幾年，不會不知道怎麼替自己和自己的工作挺身而出（十多年前，她曾經控告美國銀行，對她和其他黑人員工種族歧視），現在她開始發出更多的聲浪。班亞濟之流的同事可能會告訴她，這樣不是在德銀出人頭地的好方法。上級開始對同事嘲笑她，說她是瘋狂、難纏的女人，很快的她就調到另一個部門，然後在二〇一八年四月遭到開除。

麥費登發現了一些重要的東西。庫許納家族不但跟德銀的關係歷史悠久，和以色列國民銀行也有長期往來關係，以色列這家銀行本身也有跟俄羅斯人長期往來的問題史，而且在俄國人

---

* 德意志銀行說，該行行為堂堂正正，而且在這個案例中，沒有提報可疑行動報告的必要。庫許納的幾家公司否認曾經參與任何洗錢活動。

干預美國總統大選，試圖把局面轉變成對庫許納的岳父有利時，也把資金移轉給俄羅斯人（庫許納的私人銀行家傅瑞布麗就是在……以色列國民銀行裡，學到銀行業的基本技能。）這種情形要讓別人不生出一點疑心，還真的很難。

麥費登發現的交易到底有什麼目的？這些交易顯示庫許納、川普或他的總統選戰，在俄羅斯涉及什麼樣的利益？麥費登離開後，她的可疑行動報告遭到刪除，這些問題的答案從德銀的電腦系統中就此消失。

第三十三章 別說出「川普」這個名字

二〇一六年十一月八日，川普贏得總統大選。包括他自己、他的顧問、競選對手、媒體，和他同黨的共和黨員，幾乎沒有一個人曾經預料到這種歷史性的翻盤。隔天早上，法蘭克福吹著凜冽的狂風，德銀的高階經理人醒來時，都覺得一陣噁心，知道自己碰到了一個非常大的問題。幾個月來，新聞記者一直質問他們，他們的銀行到底是為了什麼，成為唯一貸款給共和黨總統候選人的傳統金融機構。德銀記錄在案的正式答覆是：德銀不可能針對個別顧客相關事務發表評論。私底下，這些高階經理人有一個比較簡單的答案，就是：我們真的不知道為什麼。德銀的媒體關係人員建議克萊恩和他的副手耐心等待，他們像所有其他人一樣，認為等到希拉蕊擊潰川普，川普徹底遠離聚光燈後，這個問題就會消失。

現在，德銀高階經理人和董事會成員在十分震驚之餘，必須考慮大不相同的現實：即將就任的美國總統積欠他們銀行巨額債務。這件事是公開的惡夢。世界上的人大都鄙視的川普；德銀不只一次、而是一再協助的川普，現在登上了難以想像的巔峰。川普入主白宮後，可想而知，大家會深入挖掘他所做過的每一筆交易、他所共事過的每一位夥伴、他所收到的每一筆貸款——而其中很多筆貸款都跟德銀有關。加上俄羅斯人大力影響美國選民，導致川普的勝選籠罩在疑雲之中，以及多年來，他的主要貸款銀行一直參與俄羅斯洗錢活動的事實。噢，不是天才也會知道，真正或想像中的點線很快就會連接起來，將德銀、俄羅斯和川普綁在一起。這件事情特別真確，因為十多年前，德銀在川普準備興建夏威夷和墨西哥的度假村時，就協助川普跟俄羅斯富豪牽線（火上加油的是，川普的次子艾力克先前還告訴一位記者，川普在尋求融資，興建自己家族的高爾夫球場時，「我們不需要依靠美國的銀行，我們可以從俄羅斯得到我們需要的所有資金。」德銀曾經融資多拉度假村，這筆貸款是用俄羅斯資金融通的嗎？）這樣的故事不只可能產生出有損德銀聲譽的新聞，甚至可能拖累德銀的高階經理人，必須前往國會委員會和大陪審團接受質問。

川普勝選後幾天，德銀的高階經理人下令，針對德銀和候任總統川普的關係進行檢討。眾多律師分頭去詢問傅瑞布麗主管部門的員工，也詢問最近才把庫許納公司的一些貸款，包裝成有價證券的投資銀行員工。這些詢問帶有指責的味道，員工提到這些調查時，都稱之為證詞和盤問。幾星期後，結果出爐，德銀高層的一小部分經理人收到一份說明文件。這份機密文件一共有二十多頁，其中的譜系圖上溯到川普的祖父母輩，下溯到伊凡卡、小川普、艾力克和庫許納。這份文件還列出詳細清單，說明川普和庫許納家族積欠的每一筆尚未清償貸款的餘額，同時列出他們的德銀帳號。文件中也追溯歷史，回溯到歐費特，以及華爾街四十號大樓更新貸款的時代。在德國的德銀高階經理人一面翻閱報告，一面大搖其頭，看著美國人把他們的銀行牽扯進另一個亂局。

德銀的監事會也急忙了解到底出了什麼問題。監事會把工作派給旗下的「誠信委員會」負責，這個委員會檢視德銀的文件、詢問員工後，迅速提出報告。這份報告把重心放在為什麼在二〇〇八年的芝加哥訴訟案件發生後，投資銀行剛剛下達禁止跟川普往來的政策，德銀的私人銀行部門實際上就開始對川普灑錢。誠信委員會發現，其中一個因素是傅瑞布麗的上司懷著追星夢；跟川普生意往來的誘惑力，壓倒了所有自保的本能。這一點讓德銀相當難堪，但是，讓董監事更吃驚的事情，是這些年來，德銀提出很多文件，警示德銀跟這位大客戶生意往來的金額十分龐大，這種文件叫做曝險報告，旨在確保高層有人知道某種關係的完整內容，知道一旦這種關係出現不利變化時，對銀行的財務或聲譽，可能造成嚴重傷害。但是，就監事會約談經理人後所能做出的判定而言，德銀高層人員從來沒有核閱過這些報告。監事會斷定，問題主要出在德銀的科技老舊，又採行分門別類的管理制度，以致於幾乎每一個人都可以理直氣壯的宣稱，管理德銀和某一位大客戶的關係並非他們的責任——這是執行董事會分工狹隘陳年往事造成的結果。事實上，德銀的某一個部門拒絕跟川普往來，另一個部門卻認為他是大客戶的情況，恰恰充分說明德銀的功能失常。一位監事看過德銀和川普的關係後，感嘆的說：「狀況很明顯，就是德銀管理不當。」

兩份報告都指出，最近貸給川普的幾筆貸款，資金都是透過美國德銀信託公司支付。布羅克斯密特在自殺身亡之前，當然一直都擔任這家公司的董事，他曾經抱怨過，說德銀沒有可以預防這種狀況的嚴格財務控制，問題是他的怨言沒有產生什麼效果。

兩份報告的結論都說，德銀和川普的關係是組織混亂造成的結果，這樣說有點道理，卻掩蓋了一個更嚴肅、更有問題的現實，也就是包括艾克曼和詹恩在內的不少德銀最高階經理人，雖然沒有看過正式的曝險報告，卻大致清楚實際狀況——而且事實上，這兩位前後任執行長似乎都祝福這層關係的所有面向，他們都知道川普以煽動言詞和違約聞名，也以種族主義和行事莽撞聞名，但是快速獲利的誘惑力壓倒了這些憂慮。現在德銀把自己和川普的關係，歸咎於美國一處胡鬧的前進基地，設法隱瞞整個德銀的罪過。

二〇一六年美國大選結束後那幾星期，德銀高階經理人忙著制定計畫，得立刻進行的是降低德銀對俄羅斯的曝險。十年前德銀曾經撥給俄羅斯外貿銀行十億美元的信用額度，俄羅斯外貿銀行是屬於克里姆林宮的銀行，艾克曼跟這家銀行建立了極為密切的關係。到了二〇一六年，俄羅斯外貿銀行還欠德銀大約六億美元。兩家銀行互相拆借其實沒什麼不對，銀行間的交易是金融體系的生命線。但是借這筆龐大貸款的，是跟俄羅斯情報機構有關係的銀行，德銀高階經理人害怕這件事曝光後，不知道會有什麼後果。大選結束後的幾個星期，德銀的人忙著把這筆貸款從德銀的帳目中移除，將其中一大部分以低價賣給另一家俄羅斯銀行。

德銀高階經理人認為，比較大的問題是，川普對數億美元的貸款提供了個人保證。當時這樣似乎是最安全的作法，如果川普違約，德銀可以獲得部分保障。但是，現在這種情形表示，候任美國總統川普的巨額身家，典當在川普政府擁有極大影響力的一家外國銀行裡。可能的解決之道是乾脆讓川普解脫個人保證的麻煩，可以修正貸款協議，刪除這種規定，這樣一來，積欠所有債務的人會變成川普機構，而非川普本人。但是德銀討論這個構想的風聲洩露出去後，迅速引發強烈抗議。德銀已經面臨聯邦政府的多項調查，現在調查權限即將落入川普政府手中，讓候任總統解除龐大的財務重擔，難免會有貪腐的味道。一位政經倫理專家說的好：「這種情形很糟糕。」

德銀決定回歸落入這種危機時的典型計畫，也就是保持沈默、淡化問題的嚴重性，希望每一個人分心，讓事情過去。高階經理人來到傑克森維爾的公司大禮堂，舉辦你問我答的會議時，當地德銀員工事先遭到警告，要他們不要問和川普有關的問題。在華爾街，德銀對旗下交易員和業務員發布一項命令，不得在內部和外部通訊中，說出「川普」這個字眼。

命令在德銀不是拿來遵守用的，沒過多久，交易員和業務員在思考川普出任總統，對市場的不同部門會有什麼影響時，無意間在發給客戶的電子郵件中，用上了這個禁忌字眼。有一位德銀的業務員犯了一個錯誤，把在華爾街廣泛流傳、中傷川普的一段話放進電子郵件中，結果德銀法遵和法務部門的長官把他叫去訓斥了一番。他們說，他大概不了解不要為川普這把火添柴是什麼意思，並解釋了他們為什麼關心這件事的原因。德銀高階主管非常擔心候任總統可能不再償還他所積欠的債務，這樣一來，德銀只有兩條很難看的路可選，不是扣押總統的財產，就是不執行貸款的條件，也就是實際上送給了美國總統一份大禮。德銀不希望因為員工的玩笑招徠大家的眼光，從而注意到德銀和川普的關係。

高階經理人雖然焦慮不安，德銀的華爾街交易廳中的情緒卻是歡欣鼓舞。很少員工真的擔心川普和德銀的關係可能帶來嚴重傷害；畢竟這些交易員、業務員和投資銀行家當中，沒有很多人預期自己會永遠留在德銀。因此他們反而會往好處想：共和黨二〇一六年的大勝可能開啟減稅和解除管制的新時代，對富有的美國人是大好消息，他們會從比較低的稅率中直接受惠，從證券業解脫沈重管制造成的股價漲勢中，略微不那麼直接的得到好處。十一月九日那天，雖然有些德銀的銀行家傷心落淚，其他銀行家卻擠在公用廚房和電梯間裡，為他們的好運開心大笑，交換暗自恭喜的眼神。隨後的幾個星期，他們的情緒更為高昂，因為川普接二連三的挑選華爾街高手出任美國政府的高官，名單中包括威爾伯・羅斯（Wilbur Ross）、梅努欽、蓋瑞・柯恩（Gary Cohn）、迪納・鮑爾（Dina Powell）等人。

一月二十日星期二，川普抵達國會山莊，準備宣誓就任第四十五任美國總統。這天華府的天氣有點和暖而陰鬱，預期中的一大堆崇拜川普的群眾突然出現，擠在國家廣場上。面對彩帶裝飾典禮台的地面層，有一個用圍欄圍起來，讓幾百位貴賓坐著的座位區。川普的很多朋友、事業夥伴和舊同事以及少數外國官員會坐在這裡，見證川普成為世界上最有權勢之人的罕見奇觀。

川普宣誓就職後，走上演講台，發表生猛有力的就職演說。他揮手對歡呼的群眾致意，在他左側的貴賓席中，坐了一位打著星條旗圍巾、穿著附有帽子的白色風衣、身材苗條、滿頭白髮的女性。川普演說時，天上開始下雨，她把襯著人造毛皮的帽子往上拉。六十年前，在戰後領導德銀的戰犯阿布斯曾經以總統貴賓身分，參加艾森豪總統第二任任期的就職典禮，現在另一位德銀高階經理人獲得類似的殊榮，這位經理人就是傅瑞布麗。

華爾人在布拉格，事情並不順利。茱莉已經離開，他又染上吸食類鴉片藥物奧施康定（Oxycontin）的習慣，一天有好幾次，要把八十毫克的藥片壓碎，再把藥粉吸進去。他把戈拉奇的西恩納銀行集團相關文件，分享給一些新聞記者，引發一連串報導西恩納銀行遭德銀詐欺案的小小風潮。有一次，華爾上美國司法部的網站，寫了一封電子郵件，內容表示：「我發這封信的目的，是希望跟司法部的人對話，討論我手上握有的世界最大銀行之一涉及重大詐欺案的相關證據。」一個月後，他收到一封司法部制式化的回信，此外，沒有跟任何人聯絡上。

二〇一六年九月的某一天，華爾走進伏得風公司（Vodafone）的店裡，買了一張新的電話卡，走回自己的敞篷車旁，點起香菸，準備開車離去時，一位彪形大漢拉開他的車門，生氣的比著手勢，要華爾下車。兩人開始互相踢著。「他媽的走開，混蛋！」華爾大聲喊著：「你這個臭狗屎王八蛋！」他所能想到的是，有人派人來殺他，阻止他散布與德銀或西恩納銀行相關的資訊。警察很快趕到，發現這位壯漢是義大利的收回員，而非殺手。艾維斯租車公司派他來收回自家車輛，因為華爾已經積欠公司幾千美元租金。警察釋放兩人，義大利人把敞篷車開走，華爾看不出日子會變得有多麼糟糕。

十一月八日，他整晚熬夜沒睡，看著選舉結果如何發展。到了太陽在布拉格升起時，電視新聞宣布川普贏得大選，華爾心想，全世界都瘋了。很快的，過去兩年曾經跟他談話過的記者打電話來，問他爸爸的檔案中（他仍然可以進入布羅克斯密特的谷歌電子郵件和雅虎帳號）有沒有和德銀與川普之間的相關資料。華爾快速搜尋後，找不到什麼東西。

冬天降臨捷克首都布拉格，白雪覆蓋住舊城區的紅色屋頂。艾拉從兒子最近一次信用卡盜竊中學乖了，再度取消自己的信用卡，現在華爾剩下的錢很少。他開始南遷，先搬到雅典，再搬去羅馬。有一天，自稱是《金融時報》記者的凱瑟琳・貝爾頓（Catherine Belton）寄來一封電子郵件，告訴他，她從記者同事口中聽說他的事情，對撰寫跟他和他父親有關的報導深感興趣。她不是第一個編出這種故事的記者，但華爾上鉤了。貝爾頓在除夕夜飛去羅馬，跟他一起在寒冷的夜裡漫步街頭，華爾定時跑到廁所裡，吸食奧施康定藥粉。華爾和她在午夜前不久，走到羅馬圓形大競技場，看著煙火爆開，將古代的體育館染成紅、黃、綠交雜的顏色。

隔天，華爾請她看看他父親的檔案，她離開羅馬，承諾會再回來找他。

隨後華爾離開羅馬，前往生活費比羅馬便宜的里斯本。他的鈔票和奧施康定藥丸幾乎都快用光了，他打電話向貝爾頓求助，說：「我碰到問題了，不知道該怎麼辦。」他需要錢，他手上唯一的資產是他爸爸的德銀寶藏，有什麼辦法可以把這些東西變現嗎？貝爾頓告訴華爾，她知道有個人可能願意付錢給他。那天下午，她傳來簡訊：「事情辦好了。」華爾把自己的貝寶公司（PayPal）和銀行帳號資訊傳給她，很快的，一千美元就進來了——貝爾頓還說這筆錢是頭期款，是「開胃菜之類的東西。」*錢是一位名叫格倫·辛普森（Glenn Simpson）的人拿出來的，貝爾頓寫道，這個人是「真正的優秀人物」，他正在進行川普和德意志銀行的對手研究。

「哇，這樣太好了。」華爾回答說。

兩小時後，溫和的葡萄牙夜晚八點前片刻，華爾的電話響了。這天是二〇一七年一月二十六日，他爸爸的三周年忌日。

---

* 貝爾頓說，她跟「華爾可能跟任何人達成的財務交易無關。」

第三十四章 諜影幢幢

二十年來，辛普森一直是記者中的記者，主要是替《華爾街日報》服務，專門挖掘跟政治貪腐有關的爆炸性新聞。他在華府新聞圈裡極為出名，以致於他在聯邦公共紀錄館裡翻閱文件時，公共事務電視網（C-Span）還會派出一組攝影記者跟拍他。辛普森除了報導本領高強外，在《華爾街日報》華府分社，也有惡名昭彰之處，就是經常打嗝，又常常當著同事的面，在自己光著的肚皮上抓癢，還在桌上放了一堆吃了一半的三明治。他長的高頭大馬，生了一雙黑眼睛，脖子還有明顯扭傷，是很久以前一次車禍留下來的後遺症，此外，他也經常皺眉頭。

二〇〇九年，辛普森和一位同事決定離開新聞事業，創設一家全名為融合全球研究、政治分析、戰略洞察力（Fusion GPS）、簡稱融合研究的公司，服務希望尋找競爭對手醜聞的避險基金、企業和法律事務所。融合研究公司靠著辛普森的報導技巧，建立了龐大的客戶網路。

隨著二〇一六年的總統大選白熱化，一個由避險基金大亨保羅・辛格（Paul Singer）資助的保守派網站，聘請融合研究公司，負責對川普進行調查。川普確定獲得共和黨提名後，民主黨人也聘請融合研究公司，尋找川普和俄羅斯之間的關係。辛普森和英國退休間諜克里斯多福・史帝爾（Christopher Steele）聯手，由史帝爾代表融合研究公司，開始蒐集多年來川普和俄羅斯打情罵俏的素材。他寫了一系列的報告，概述他所搜集到的點點滴滴（包括俄羅斯手上那些能夠傷害川普的資料，以及川普的競選幹部曾經跟克里姆林宮聯絡的事證），這份報告就是後來稱為史帝爾檔案的資料。二〇一七年一月十日，爆料公司（BuzzFeed）刊布這些文件後，史帝爾檔案一炮而紅。

川普大力抨擊。福斯電視新聞和其他保守派媒體加入這場合唱，其他媒體也蜂擁而至，辛普森被人從陰影中，拱上白熱化的國際舞台。

兩星期後，他打電話給華爾。

華爾和其他人一樣，讚嘆史帝爾檔案中聳人聽聞的小道消息。現在辛普森親自打電話來，設法說服沈迷在追星夢中的華爾，披露新總統以及他和德銀之間關係的任何資訊。華爾並未談到細節，卻說他有一大堆德銀各個事件的相關資訊。辛普森同意為這些資料，付給他一萬美元

——一半是前金、一半是後謝。他們只談了幾分鐘，因為辛普森擔心遭到偵監，不希望在不安全的線路上談話。他們轉移陣地，上了一個名叫「信號」的加密聊天程式。辛普森說，他們應該直接見個面，然後發出一通「我要儘快把你接來這裡」的簡訊。

做出這個決定兩天後，他們在美屬維京群島的聖湯瑪斯島見面，辛普森傳給華爾一張美國運通卡的號碼，讓他訂購機票，而且要求他開始搜尋一些特定主題，也就是「所有跟俄羅斯有關的東西。」還補充說，他急於得到與新生科技有關的電子郵件或文件——德銀曾經跟這家超大型避險基金合作，替對方省下幾十億美元的稅金。辛普森對關於新生科技神秘的老闆莫瑟爾的任何素材都無比好奇，因為莫瑟爾跟女兒麗百加（Rebekah）已經成為川普、班農和布萊巴特新聞網的主要金主。辛普森送出「要注意安全，我明天跟你見面」，就退出聊天室。

華爾和辛普森在天氣怡人的聖湯瑪斯島上，一下子在旅館套房裡，翻閱布羅克斯密特的檔案，一下子跑去海灘，坐在野餐桌上，喝著啤酒、抽著香菸。辛普森有點燥狂，不停談論川普和融合研究公司在財務上的艱辛，以及他們此時此刻，非常可能受到政府的監視。他告訴華爾，他希望任何有害莫瑟爾、川普或德銀的資訊，會對融合研究公司現有或潛在客戶有價值。但是讓兩人失望的是，他們在布羅克斯密特的電子郵件中，找不到任何重磅炸彈。郵件中偶爾會提到川普，莫瑟爾的名字難得出現，新生科技的名字常常出現，但是羅奇參議員的調查已經把這部分查的一清二楚了。

然而，辛普森還不準備放棄，他邀請華爾跟他一起返回華府。到華府後，華爾暫住辛普森白色殖民式住宅的客房。有天早上，華爾走到前門廊，抽著萬寶路香菸，辛普森走了過來，注意到一扇紗窗的角落上，有一條小小的裂痕。「你有動我的窗戶嗎？」辛普森問華爾：「昨天晚上你有離開屋子嗎？」華爾否認，但是辛普森懷疑的看著他說：「我們來看看監視器畫面。」他陪著華爾到他的辦公室，打開螢幕，拉出一條對準房子前面的紅外線攝影機饋線。略為模糊的影像顯示：辛普森的兒子正在撬開紗窗。辛普森沒有道歉，卻略為安心了些，華爾可能不是間諜。

接下來幾天，兩個人混在一起，談論川普、史帝爾和他們的父親。華爾對辛普森傾訴自己難過的童年、消失的父親，以及布羅克斯密特如何填補父親的位置，然後又把這個位置空出來的狀況。辛普森把布羅克斯密特的檔案複製到自己的電腦裡，兩個人一起檢視裡頭更多的內容。

辛普森也聘請一位從德銀退休的稽核檢視這些材料。這位稽核在德銀服務時，因為不滿同樣讓布羅克斯密特困擾的許多違反倫理行為、尤其特別不滿害慘西恩納銀行、導致這家銀行垮台的衍生性金融商品，因此很多年前就已經離開德銀。他說，德銀會出這麼多問題，大部分要怪罪詹恩手下大軍莽撞的經營風格。這些年來，他一直把這件事情揭露給記者、吹哨人、律師、證管會和紐約聯邦準備銀行的主管官員知道，這點顯然是他會出現在辛普森尋人雷達上的原因，他現在是融合研究公司的約聘人員。

這位稽核過去和布羅克斯密特合作過很多次，包括他設法約束狄克森那次。他現在發現，翻看過世死者的電子郵件，讓他覺得有點毛毛的，但是他希望懲罰德銀的想法幫忙他克服這種疑慮，最後，他終於找到一些有趣的東西，布羅克斯密特在美國德銀信託公司董事會開會前收到的一封郵件討論串中，附有一份Excel試算表。對沒有受過訓練的人來說，這張試算表看來毫無意義，只是在難以了解的標題項下有幾千行數字罷了。但是稽核的眼睛訓練有素，這份文件是二〇一三年十月八日當天，美國德銀信託公司對千百家金融機構曝險餘額的摘要表，說明德銀欠這些銀行多少錢、以及這些銀行欠德銀多少錢。德銀和大多數世界最大銀行業務往來密切並非秘密（這也是二〇一六年時，國際貨幣基金組織點名德銀，說德銀是世界上系統性風險最高銀行的原因之一），但是這位稽核翻閱這張試算表時，看到的是德銀透過大部分以衍生性金融商品的形式，跟俄羅斯銀行有多少業務往來。其中跟俄羅斯外貿銀行的債務餘額高達數千萬美元。德銀的表單上，也有阿爾法銀行（Alfa-Bank）。阿爾法銀行是另一家由寡頭企業家控制的大型俄羅斯銀行，而且和俄羅斯外貿銀行一樣，都遭到美國制裁。這份試算表還顯示出一個由比較不出名公司構成的網路，涵蓋的公司包括俄羅斯國際銀行（Russian International Bank）、俄羅斯商業道路合資銀行（Russian Joint-Stock Commercial Roads Bank）、俄羅斯房貸銀行（Russian Mortgage Bank）和俄羅斯商業銀行（賽普勒斯）有限公司（Russian Commercial Bank〔Cyprus〕Limited），此外，還有多家銀行像這些銀行一樣，也跟德銀有數千萬美元的業務往來。而且這只是試算表上二〇一三年秋季的一個特定日子裡，德銀旗下的美國德銀信託公司一家子公司所掌握的業務往來而已，沒有人知道其他日子裡，德銀其他部門到底完成了多少其他業務往來。

光靠試算表，不能證明有什麼壞事，因為資訊不足以證明，但試算表是個吸引人的線索，顯示出德銀和俄羅斯的關係究竟有多深厚，以及我們對德銀究竟是如何運作的了解有多淺薄，而這是由於德銀一再與西方執法和管制機構發生摩擦所導致。

這些答案都藏在德銀內部，除了偷竊和幸運突破某位非常不滿的員工外，要撬開這些電子儲藏室，唯一的方法是由政府機構發出傳票。辛普森和融合研究公司沒有這種權限，但是辛普森認識一些有權有勢的人，現在他派華爾去接觸他們。

羅奇在參議院調查委員會服務將近二十年後，轉進參院銀行委員會，成為這個委員會民主黨參議員中的首席調查委員。二〇一六年秋天，川普和克里姆林宮努力扭曲美國總統大選，使情勢變成對川普有利，以及川普大概已經變成普亭傀儡的指控四起之際，羅奇想到他的宿敵德意志銀行。德銀跟俄羅斯的業務往來十分密切，已經是確切無疑的事情，這些業務包括充當黑錢離開俄羅斯，進入西方金融體系的管道。川普、他的家族和企業要和主流銀行圈建立關係，德銀當然是他們所擁有的唯一可靠通路。而且提供多拉度假村建案貸款的雖然是德銀，川普的次子艾力克卻曾經脫口說出，俄羅斯人資助他們家的這個高爾夫球場案子。

這件事或許並非巧合，德銀可能是拉攏川普和俄羅斯人關係的仲介。華府、紐約和倫敦都傳出謠言，說俄羅斯外貿銀行最近透過德銀，將黑錢轉給川普。俄羅斯外貿銀行似乎確實跟川普有關係，曾經租住川普的華爾街四十號大樓頂樓套房的沙特宣稱，二〇一六年，俄羅斯外貿銀行和川普討論莫斯科川普大樓建案時，曾經協助川普的團隊，安排辦理旅行和其他事務。* 而且毫無疑問的是，俄羅斯外貿銀行和德銀的關係深厚而久遠。現在流傳的一種說法是：德銀樂意干冒這麼大的風險，貸款給川普，是因為德銀其實完全沒有冒什麼風險，因為俄羅斯外貿

* 俄羅斯外貿銀行發言人否認這一點。

銀行同意為這些貸款提供保證，如果川普違約，德銀可以從俄羅斯外貿銀行手中收回欠款。事實上，這樣表示，俄羅斯外貿銀行才是真正借錢給川普的銀行，也表示俄羅斯政府和美國總統之間，有著直接的財務關係。德銀高階經理人堅持這種說法不正確，但是這個說法無法阻止謠言繼續流傳。

辛普森和羅奇已經認識將近二十年，一開始，辛普森在《華爾街日報》任職，正在挖掘境外空殼公司的問題，而羅奇正好在調查避稅問題。兩個人都擁有皺紋和不眠不休的精力，習於被人低估，現在兩人住的很近，走路就可以走到對方的住處，兩人也經常談話。二〇一七年二月，辛普森建議羅奇見見華爾，仔細看看他爸爸的檔案，羅奇很高興的表示同意，有人讓你查看德銀之類大銀行未經過濾內部文件的機會，不是每天都會有的好運。

某天下午，華爾從辛普森替他在白宮附近租的旅館套房出門，前往國會山莊的德克森參議院辦公大樓（Dirksen Senate Office Building）拜訪羅奇。羅奇仍然保有當年摔角好手的長方形身材和尖下巴，原有的質樸風格外，只增加了一支摺疊式手機，以及一堆老爸風格的家常笑話。羅奇領著華爾走進到處堆著高高的卷宗夾、書籍和文書堆的狹小辦公室，他已經替華爾準備了一疊列印資料，都是多年來，關於德銀跟俄羅斯寡頭企業家、以及和普亭其他狐群狗黨合作的媒體文章和其他材料，其中包括幾天前的剪報，內容是德銀因為從事俄羅斯鏡像交易計畫，遭到英國和紐約主管機關罰款。德銀同意繳納六億二千九百萬美元和解後，指出二〇一五年遭到德銀開除的魏斯韋爾是「這些計畫的首謀」。

羅奇告訴華爾，他在尋找川普透過德銀和俄羅斯勾結的事證。他們花了好幾個小時，擠在一張小桌前，弓身看著華爾的筆記型電腦。羅奇覺得華爾像是疲倦不堪的嬉皮，注意力極為不集中，但是羅奇從事調查工作多年，應付不同證人的經驗豐富，知道這種人經常不知道自己的東西有什麼價值，要跟他們應對，訣竅是對他們的習性不能太灰心，也不能太沒耐心。那天晚上，華爾短暫的參觀參議院後，同意把他爸爸所留下檔案的一部分數位樣本留給羅奇。羅奇瀏覽這些素材後，好奇心大起，他知道自然合理的下一步是什麼，銀行委員會應該票傳德銀跟川普有關的所有紀錄，但是銀行委員會由共和黨參議員控制，不可能簽發傳票，起出可能傷害雄踞白宮寶座同黨總統的資訊（民主黨在銀行委員會中是少數，沒有自行發出傳票的權限）。共和黨籍參議員對於可能產生意外結果的經年累月調查，同樣興趣缺缺。羅奇提出設法票傳德銀資料的動議，同屬民主黨的資深參議員勸他罷手。

一星期後，華爾租了一輛綠色的日產開路先鋒（Pathfinder）休旅車，開到費城，買了一些海洛英，然後再開去紐約市。辛普森要求華爾去見一位名叫約翰・莫斯柯（John Moscow）

的人，莫斯柯是貝克豪思律師事務所（Baker-Hostetler）的律師，在紐約司法界是個小小的傳奇人物。他在曼哈頓地區檢察署當了三十二年的檢察官，以戰勝大型企業詐欺和洗錢案聞名在外。二〇〇五年，他轉換跑道，開始私人執業，通訊錄裡，滿滿的都是政府官員、中央銀行和頂尖法律事務所的聯絡人，還有包括辛普森在內的新聞記者（莫斯柯最近才聘請融合研究公司，幫助貝克豪斯法律事務所的一位俄羅斯客戶）這個客戶是俄羅斯企業普瑞維桑公司（Prevezon），普瑞維桑公司遭到控告的罪名是：參與盜竊美國投資人比爾・布勞德（Bill Browder）的避險基金，從中竊取數億美元，融合研究公司的任務是針對布勞德扒糞，結果辛普森製作出六百頁的檔案，辛普森和莫斯柯的關係因此更為鞏固。

華爾搭上電梯，上到洛克菲勒中心某一座摩天大樓中的貝克豪思法律事務所總部。莫斯柯占了一間角落的辦公室，一面牆上掛滿裱框過的三十多年司法官生涯照片。華爾透過落地窗，欣賞曼哈頓中城的景色，看著眾多辦公大樓在夕陽餘暉中閃閃發亮。華爾頭髮散亂，穿著T恤和連帽衫，不是這種豪華辦公室的常客。他來這裡前，吸了一些海洛英，現在他覺得精神很好，專心、自信、無憂無慮，打開練習的很好的話匣子，解釋他父親是什麼人、他洩露給媒體的所有故事、他父親的檔案中可能還藏了什麼東西等等。莫斯柯要求偷看一下，於是華爾打開筆記型電腦，小小的作了一場多媒體說明會。

莫斯柯不知道該怎麼對待他這位罕見的客人，這個人似乎有躁鬱症，說話像連珠炮一樣，莫斯柯不知道他是不是吸過毒。華爾快速的獨白中充滿金融術語，然而，他顯然不太清楚華爾街真正的運作方式，卻擁有一個似乎真實無疑、可能極有價值的文件寶藏。莫斯柯問他能否擁有一份檔案的副本，華爾起初不同意（他擔心自己先前沒有小心保護這個檔案，已經稀釋了檔案的價值），最後卻還是同意分享這些資料。貝克豪思的一位助理走進來，將檔案拷貝到隨身碟。

莫斯柯在曼哈頓地區檢察署任職時，認識了名叫西恩・奧莫利（Sean O'Malley）的法務會計師，此後多年一直都保持聯繫，現在奧莫利在負責調查的紐約聯邦準備銀行裡，領導一個反洗錢幹員小組。莫斯柯告訴奧莫利，自己有些很有趣的資料要跟他分享，然後把放有華爾所持有檔案的隨身碟，交給奧莫利，整個循環就此完成。資料中有很多檔案，跟德銀和美國德銀信託公司內部急於在很多問題上，安撫對他們極為不滿的紐約聯邦準備銀行有關。這些問題包括德銀在壓力測試、鏡像交易調查、會計和財務申報等方面的表現，而德銀在若干案例中，有時候會掩飾自己的問題。現在這些資料流入對德銀極度不滿的主管機關手中了。

奧莫利一定很興奮，聯準會一直努力尋找，希望取得德銀的內部文件；德國的主管官署聯邦銀行監督廳卻行動緩慢，只是逐步放棄不讓外國主管官署侵犯本身地盤的積習。雖然美國主管機關可能可以票傳德銀的文件，但實際要傳時，卻沒有表面上這麼容易。因此，華爾的寶貝特別有用。

幾個月後，聯準會對德銀多年的不滿升到高峰，終於在五月底的某個星期二下午，對德銀發布一份長達十八頁、銀行界稱為禁制命令的法律文書。這份命令類似聯準會十二年前，針對德銀涉及拉脫維亞洗錢案時所發布的命令，要求德銀立即採取行動，防止客戶再利用德銀從事金融犯罪。這項命令和二〇〇五年的命令不同之處，是附加了一筆四千一百萬美元的罰款，在聯準會輕描淡寫的懲罰之外，象徵性的把這次處罰的嚴重性提高了一些。

聯準會解釋說，聯準會最近一次針對美國德銀信託公司進行金檢時，在德銀的風險管理和遵守反洗錢法律方面，「看出重大缺失」。二〇一一年到一五年間，美國德銀信託公司因為人手不足和科技落伍（也就是布羅克斯密特在發給同事的電子郵件中，一再指出的問題），透過美國德銀信託公司進行的可疑洗錢金額高達數十億美元。聯準會的禁制令是公開命令，私底下卻對美國德銀信託公司訂出了更嚴苛的懲罰，將德銀的財務地位降低為「有問題」——這樣的分類反映出德銀的經營和財務問題，多年內，必須接受主管機關的嚴密金檢，營運也要受到限制。美國德銀信託公司胡亂經營這麼多年後，終於遭到主管機關的嚴加約束。

華府這邊，辛普森終於對華爾失去耐性。華爾相當不負責任，一再囉哩囉唆，要求加入融合研究公司的偵探行列，且利用辛普森的美國運通卡揮霍無度，再再都超越了容忍範圍，以致於辛普森最後大發雷霆，罵道：「你的行為像是個無業遊民。」*

華爾也受夠了辛普森，辛普森承諾給他一萬美元，卻只交付了一半。華爾咆哮著說：「別像你是我父親一樣對我說話。」

「噢，」辛普森厲聲回答時，選擇帶有情緒性力量的字眼，說道：「你需要有人像你爸爸一樣對你。」

* 辛普森的律師說，這句話引述不實。華爾說，辛普森事前授權他用他的信用卡購買所有東西。

第三十五章　總統來函

川普新近開幕的大飯店生意興隆，這家大飯店位在賓夕法尼亞大道，離白宮只有幾個街口。川普總統會定期在那裡出現，吃個牛排晚餐或參加募款餐會。包括現任財政部長梅努欽在內的許多政府高官都在那裡，選擇一晚起價一千美元的套房，作為居所。試圖影響聯邦政策的利益團體，也選擇在這家大飯店的大宴會廳裡舉辦活動，外國權貴和隨員則是希望搏得白宮歡心，訂下許多房間。在飯店裡的班哲明酒吧花十美元，就可以在媲美總統橢圓形辦公室的豪華氛圍中，喝一杯生啤酒。因此，這裡也成了川普手下那幫人偏愛的聚會地點。

這家川普國際大飯店是用德意志銀行的錢興建的，川普就任總統剛剛滿一個月，就意外的花了很多時間，思考他和這家忠心耿耿德國銀行長期以來的關係。

麥克．歐費特正在曼哈頓的耶魯俱樂部裡，參加國家安全企業高階經理人協會舉辦的午餐會。他是這個協會的會員，正在和另外幾個人，以及一位四星上將閒聊美國核子武器軍火庫的問題時，他的蘋果手機響了。他知道應該不要理會這通電話，卻忍不住，因此他從口袋裡掏出手機，看到他有一封從總行辦（ＥＯＰ）寄來的電子郵件。他打開電子郵件，看到總行辦代表的是白宮美國總統行政辦公室。他心想，多奇怪啊。信文指示他打開附件的ＰＤＦ檔案，歐費特點下圖示，手機螢幕上出現一份文件，是他四個月前發給處於劣勢的總統候選人唐納．川普，建議他把旗下企業破產的責任怪罪於避險基金，那封電子郵件列印後掃描出來的圖檔。列印文字的頂端，有一行斜斜向上的潦草訊息，是用夏筆牌黑色麥克筆寫的。歐費特立刻認出這段力透紙背的大字寫的是：「麥克——這封信太棒了，至深的祝福，唐納」。

歐費特認識川普幾十年，但這是他第一次跟美國總統通信，這件事害他身上都起了雞皮疙瘩。世界上最有權勢的人用手寫了一封回信，回答他思慮不周的電子郵件。歐費特忍不住想到，總統是不是時間太多，沒有比較重要的事情好做呢？到底是什麼原因，促使他在歐費特發出電子郵件幾個月後，現在才看這封信和回信？歐費特不由得想起將近二十年前，曾經收到川普寫在川普世界大樓建案透視圖上的另一則訊息：「感謝你所有的協助——你是超級好朋友。」不同的地方在於先前的簡訊目的十分明確，意在嘉獎歐費特替他安排一筆貸款，並鼓勵他再度幫忙。

「看看這個！」歐費特對將軍大聲嚷著說：「我剛剛收到總統的一封信！」

「什麼意思？你收到總統的一封信？」歐費特把手機交給將軍，讓他自己看清楚。將軍兩眼圓睜，說道：「哇，這種回信我們可是收不到的呢。」將軍問歐費特跟總統有什麼關係。

「我借給他五億美元的貸款過。」歐費特說的得意揚揚。

那天是二〇一七年二月二十一日。一星期後，在一個下雨的和暖夜晚，總統的車隊開上國會山莊，川普準備第一次對國會兩院聯席會發表演說。這次演說和他一個月前的就職演說截然不同，他在那場令人震驚的就職演說中，痛斥「美國遭到屠殺」，這次演說的語氣卻顯的平靜而和緩。川普演說時，大致上有遵照提詞機上的提示，語氣上大致上也像是個正常的共和黨人（那天晚上，他回到白宮後，如釋重負的助理為他起立歡呼。）川普從講台上走下來後，跟聽眾中的貴賓握手。前排的貴賓是最高法院大法官，川普一路走下去，一直走到安東尼・甘迺迪前面。川普出力的搖著甘迺迪大法官的手時，甘迺迪恭賀川普的演講十分成功「非常好，謝謝你。」川普回答說：「請代問候令郎。」川普拍拍甘迺迪的手臂，又加了一句話：「他是個特殊人才。」

聽到總統讚美他兒子，這位八十高齡的大法官很高興，想起兒子小甘迺迪早年曾經協助提供融資，給其他銀行都不願意碰、甚至連德銀內部都有嚴重異見的川普建案，甚至在小甘迺迪離開德銀後，還繼續提供協助。小甘迺迪和自己的不動產融資公司，曾經跟包括庫許納在內的川普家族其他成員合作（二〇一一年，小甘迺迪協助庫許納，重新安排庫許納旗下企業，整理他們為了興建曼哈頓第五大道六百六十六號的旗艦摩天大樓，所累積高到難以承受的巨額債務。同一年裡，不論是不是巧合，總之，庫許納旗下《紐約觀察家報》出版的紐約不動產百傑排行榜中，小甘迺迪就首次上榜。）而且，小甘迺迪跟小川普和伊凡卡也經常往來。

「你的子女輩對他都很好。」甘迺迪大法官告訴川普總統。

「噢，他們喜歡他，他們喜歡在紐約的他。」川普柔聲說著：

「他這個人很棒。」川普總統轉身走向約翰．羅伯茲大法官，卻對著甘迺迪說：「你有一個好兒子。」

小甘迺迪在家裡，看著電視播放的川普演說。他是老練的金融家，非常習慣跟富人和名人來往，但是看到川普跟他爸爸握手寒暄，還是不由自主的覺得很感動。那天晚上比較晚的時候，他打電話給爸爸，問「他說了什麼話？」

「他說跟你問好！」驕傲的爸爸大聲說著。

川普的奉承是白宮協調一致魅力攻勢的一環，目的是要說服年老的甘迺迪大法官，即使白宮橢圓形辦公室裡的總統難以預測，他仍然可以安心退休——多年來，他都是最高法院決定性的重要關鍵票。白宮利用老甘迺迪多年來一再造訪德銀，為兩家人所建立的關係，是這個計畫的核心重點。就因功能失常而聲名狼藉的白宮來說，這項計畫是難得一見的精明行動，實際攻勢幾星期前就已經發動——川普在國會山莊發表總統就職演說時，川普的女兒伊凡卡就坐在甘迺迪大法官旁邊，在甘迺迪的耳旁，喋喋不休的述說她和小甘迺迪之間極為美好的關係。她描述他們怎麼在二〇〇五年，川普為了融通她負責經營的芝加哥摩天大樓申貸巨額貸款時，第一次認識小甘迺迪，後來他們的關係怎麼變的愈來愈深厚……事後，甘迺迪大法官邀請她以重要貴賓身分，訪問最高法院。幾星期後（在白宮發電子郵件給歐費特兩天後），伊凡卡帶著五歲大的女兒，在最高法院現身，聽取一件和仲裁協議有關的案件審理狀況。接著到了下個月，小甘迺迪和他弟弟，成了白宮聖派翠克節慶典上的貴賓。

二〇一八年六月，老甘迺迪宣布退休，川普現在有機會提名他的第二位最高法院大法官*，從根本上改變最高法院的結構。扭轉最高法院決定性保守傾向的可能性出現後，促使共和黨內對違反傳統的總統失去信心的黨員，得到向川普政府重新輸誠的機會。二〇一八年十月，布雷特．卡瓦諾（Brett Kavanaugh）宣誓就任大法官時，甘迺迪還在現場觀禮。

過去幾十年裡，德銀曾經協助川普，讓川普搖搖欲墜的事業轉危為安，現在，德銀透過過去的關係和貸款，間接的協助川普，將搖搖欲墜的總統職位轉危為安。

艾克曼因為擔上同事自殺的罪名，不太名譽的離開蘇黎世保險公司後，原本應該會逐漸退隱。但是到了二〇一四年，他接到一通電話，得到一個到賽普勒斯任職的機會。這個地中海島國的銀行因為胡亂貸款，又碰到賽普勒斯陷入經濟危機，因而遭到重創。有些著名的金融家現在打算用超低的價格，在賽普勒斯併購銀行。這個國家最大的銀行賽普勒斯銀行老闆很快的就換人當了，新老闆是未來會出任川普政府商務部長的美國投資專家羅斯，以及跟克里姆林宮關係良好的俄羅斯寡頭企業家維克多．維克塞爾伯格（Viktor Vekselberg）。兩人列出可以經營這家銀行的一些候選人名單，艾克曼是他們中意的董事長首選。艾克曼極度親俄，以致於獲得普亭邀請，要他經營克里姆林宮的投資基金，而且艾克曼對維克塞爾伯格的資歷有著深刻的印象，相信維克塞爾伯格是個善良、誠實的人（二〇一八年時，美國下令制裁維克塞爾伯格和他的公司），因此艾克曼接受了這個工作。

---

* 前一年，川普已經成功的提名尼爾．戈蘇奇（Neil Gorsuch），接任安東寧．史卡利亞（Antonin Scalia）的大法官職位。

賽普勒斯經濟和金融體系崩潰後，依然是俄羅斯人把錢洗到歐盟和歐元區的樞紐，這一點嚇跑很多大銀行，卻沒有嚇跑德銀。德銀繼續協助改由艾克曼掌舵的賽普勒斯銀行，把外幣換成任何國際洗錢機器中關鍵要素的美元和歐元。德銀和賽普勒斯銀行的關係至少延續到二〇一五年——而且德銀的賽普勒斯業務大致上延續到更久之後。到川普的總統任期過了很長一段時間後，德銀代理賽普勒斯多家銀行所做的可疑交易，還會遭到德銀佛羅里達州反洗錢辦公室的警示。艾克曼已經離開德銀很久了，而這裡是他的遺害始終揮之不去的另一個跡象。

德銀開始看起來像是僵屍銀行。德銀已經虧損多年，可能代表數十億美元新虧損的數百億美元衍生性金融商品，還繼續汙染著德銀的資產負債表。德銀的股價跌到九一一恐怖攻擊後不久在紐約上市以來的最低價，和二〇〇七年的天價相比，跌幅更高達九十二%。投資人、主管機關，甚至連德銀的一些高階經理人，基本上都懷疑德銀能否繼續存活。

幾個月前，就在川普宣誓就任總統前不久，歐巴馬政府的司法部才重重科處德銀高達七十億美元，堪稱針對一家銀行所課的最大筆罰款，處罰原因是德銀利用詐欺性銷售房貸抵押擔保證券的方式，剝削投資人和貸款戶。一大堆聯邦檢察官和政客抨擊該行及其交易員和經理人魯莽、貪婪。這個案子中的關鍵要素是：德銀併購房貸資訊科技公司，納入該公司在房貸市場開始崩潰之際，仍然以毀滅性方式，加速生產相關房貸衍生性金融商品的作法。和解協議大量引述德銀的內部電子郵件和聊天訊息——德銀的交易員、監察人員和業務員在聊天室裡，坦白承認自己欺騙投資人和誤導顧客。大部分不當行為都有十年之久的歷史，而且很多別的銀行也有過類似的行為，但是鉅額的金融罰款進一步吸乾德銀原本就已枯竭的資本。

德銀還有更多迫在眉睫的問題。二〇一七年初，川普就任總統後不久，英國和德國記者發出電子郵件，告訴德銀的公共關係部門，說他們打算報導一項範圍廣大，涉及德銀替俄羅斯人設立自助洗錢管道，但先前沒有公開的陰謀。德銀高階經理人第一次聽說這件即將爆發的醜聞，於是煩不勝煩的德銀職員開始調查後，很快就發現，德銀為各國成千上萬的「高風險實體」移轉資金，金額高達八百億美元。呈交監事會的說明斷定，這個計畫可能會使該行高階經理人遭到政府科處巨額罰款。

對德銀員工來說，艾克曼和詹恩的時代，已經變成企業成長過快、追求利潤第一、不顧客戶誠信、不花時間整合的寓言。德銀仍然擁有超過一百種錯綜複雜的不同內部科技系統，彼此無法適當互動，這還是德銀已經設法砍掉一半以上系統後的結果。德銀可能擁有五十ＰＢ無法相容的資訊（一ＰＢ等於一百萬ＧＢ），散落在德銀公司上下各式各樣的電腦伺服器裡。一位負責清理亂局的員工說：「你甚至不知道問題出在那裡，或是該從什麼地方下手。主管機關告訴我們，你們是有著兒童骨架的成人身體。」

絞刑臺的笑話在德銀內部變的相當流行，有些員工指出，德銀藍色斜線的標誌像是倒下來的骨牌。跟布羅克斯密特自殺有關的陰謀論紛紛出現，有一個流行的說法是：他希望肅清高階經理人的違法行為，卻遭到警告，說會把他丟到巴士底下，讓他個人為公司的罪惡犧牲。和米契爾有關的記憶已經全部消失，「大家已經把他給忘了」，一位中階員工聽說他過著「生氣勃勃生活型態」的謠言，相當確定他的名字叫「艾德索」（Edsall），卻不知道米契爾的名字叫艾德森。

傑克森維爾的德銀監督部門中，反洗錢監督人員已經逼近臨界點。多年來，他們一直和一連串的區域經理人發生摩擦，很多員工都認為，這些區域經理專橫又無能。很多法遵部門職員在其他金融機構受過訓練，期許自己是對抗金融犯罪的重要防線，卻看到德銀的結構雜亂無章，獎勵員工以最快的速度進行交易，絲毫不管他們所發現的潛在問題，因此深感挫折，憤而辭職（有一位員工表示，上級指示她，不要強調在巴拿馬文件大規模洩密案中曝光企業的相關交易。另一位員工發現，有一筆交易把資金電匯給遭到制裁的知名俄羅斯人時，提出抗議，上級卻要他閉嘴。）現在，德銀處於設法降低成本和加強法遵計畫的困局中。德銀引進了幾百位外界顧問，補充反洗錢部門的人力，但其中有很多人都是沒有經驗的年輕人，所有顧問待遇都比全職員工低，資深員工看在眼裡，不免覺得沮喪。菜鳥新人大量湧入之際，資深經理人無法抹除這些人注定會失敗的感覺。

反洗錢部門中，有一個精英團隊似乎表現的十分優異，這個團隊叫做特別調查單位，成員中有一部分人曾擔任警察或軍官，大家公認他們是各自領域裡精英中的精英。他們的職責是檢討最複雜、最敏感的交易，二〇一七年起，他們的任務也納入和新總統及其數十家法律實體有關的所有事務。其中若干帳戶（包括川普基金會的一個帳戶遭到紐約檢察官指控，說基金會像政治行賄基金一樣運作後，不久就關門大吉）開始把資金從美國轉移出去。上述調查小組檢討此事件後，斷定這些交易可疑到應該向政府報告。但事情就像前一年麥費登的遭遇一樣，調查小組做出可疑活動報告，呈報上級批准，然後遭到駁回。德銀主管否認這件事，卻很難避免讓別人想到，德銀高層是在為一位最有權有勢的顧客辯護。

二〇一四年十二月，德國一家報紙報導：調查俄羅斯干預美國總統選舉一案的特別檢察官羅伯·穆勒（Robert Mueller），已經簽發傳票給德銀，索取德銀跟川普之間關係的相關紀錄。幾小時內，很多美國新聞機構都陸續報導這則消息，其中有個不願具名者，證實穆勒的辦公室已經簽發傳票。那天早上，川普醒來後，檢視手機裡的新聞標題，看到傳票相關報導後，頓時大發雷霆：「我很清楚我和德意志銀行的關係」。早上七點，川普總統打電話對他的律師約翰·杜德（John Dowd），吼著說：「我告訴你，這些東西都是胡說八道！」杜德跟穆勒的小組安排了一次電話會議，有一位檢察官向杜德保證，這些報導全都不正確，穆勒的辦公室沒有票傳德銀和川普有關的紀錄（後來發現，特別檢察官穆勒票傳德銀，是索取曾任川普選戰經理的保羅·馬納福特〔Paul Manafort〕在德銀的相關紀錄。）川普大怒的傳言在華府流傳開來，政府官員只要稍加注意，都知道這是強而有力的信號，調查德銀會觸怒龍顏。

對德銀來說，這是川普這片愁雲慘霧中一線濃厚的希望，除此之外，還有一件好事，就是川普政府迅速放寬了意在拑制華爾街的管制，消費者金融保護局遭到廢除武功。先前為梅努欽工作的約瑟夫·歐汀（Joseph Otting）出任通貨監理局（Office of the Comptroller of the Currency）局長，掌控這個強而有力的聯邦監理機關，並且立刻放寬對美國最大銀行的管制。主張嚴格監理金融業的官員退出聯邦準備理事會。川普政府也放寬了伏克爾規則，減少對銀行從事所謂的自營交易的限制——這種交易曾經是德銀的生命線。二〇一七年底，勞工部對德銀和另外四家銀行法外施恩，這些銀行都承認自己在炒作利率時，犯了行為不當的刑事責任。根據美國的聯邦法律，除非獲得勞工部豁免，否則曾有違反證券法紀錄的公司，不得管理員工的退休計畫。現在，川普政府似乎在儘量減少大眾注意的情況下，授予這些銀行很多年的豁免。

對法蘭克福的德銀總部來說，這些都是大好消息。但是美國司法部針對德銀透過鏡像交易，替普亭友人洗錢的調查，仍然隱隱威脅著德銀（德銀先前和英美主管機關的民事和解，不影響刑事調查。）歐巴馬政府在任的最後幾個月，所有跡象都指出，針對德銀員工，甚至針對德銀本身的起訴很快就會提出，在最好的情況下，幾十億美元的金融罰款似乎已經在所難免。

然而，川普一宣誓就職，一些令人好奇的事情出現了。調查變的寂靜無聲，德銀的律師和高階經理人周復一周的猜測，什麼時候會看到新發展。起初，他們擔心拖延代表麻煩大了，或許川普在以民粹主義份子的身分競選後，在發誓「不讓華爾街逃脫謀殺罪名」後，會計畫大力打擊銀行業的違法行為。或許在他的勝選遭到俄羅斯干預的污名化後，他會設法對俄羅斯人的洗錢行為，發動高調的攻擊，以便驅除大家的懷疑。

但是幾個月過去了，什麼事都沒發生，德銀高階經理人的恐懼也漸漸消退。安心的原因之一是：他們得知司法部最有權力的檢察官傑福瑞．柏曼（Geoffrey Berman）和庫薩米，以前都曾經代表過德銀。獲得川普任命，出任紐約南區聯邦檢察長的柏曼，曾經在逃稅案中替德銀及其員工辯護。庫薩米早在二〇〇二年，就是華克最早替德銀聘請的員工，後來還變成德銀內部的頂尖律師，再後來，他到外面的法律事務所任職時，仍然代表德銀。現在他變成了柏曼的首席副手。正是古老的旋轉門讓德銀（和很多同業）藉著聘請這些人，把追捕他們的人納入門下，只是現在情勢卻完全逆轉，這兩個人成了決定德銀命運的人。*

德銀高階經理人很快斷定，對川普政府來說，現在俄羅斯是禁地，是燙手到不能處理的地方，德銀似乎也是如此。

德銀董事長阿赫萊特納到秘魯的安地斯山脈度假兩星期時，新聞媒體爆料說，他一直都在秘密的設法要換掉德銀執行長克萊恩。克萊恩知道阿赫萊特納焦慮不安——因為在他的監督下，德銀改善的進度頂多只能說是緩步不前，而且德銀最近發布警告，自稱財務仍然虛弱無力，也進一步的打壓德銀的股價，但是他卻不知道自己的職位岌岌可危。阿赫萊特納曾經請高盛等銀行的最高階經理人，評估自己出任這個職位的興趣，而這種作法幾乎保證一定會傳到媒體耳裡。阿赫萊特納正在尋找新執行長的報導刊出後，幾小時內，德銀就陷入了領導危機。

阿赫萊特納縮短了假期——馬丘比丘可以留到以後再說，尋找新執行長的事情卻必須加速進行。這是他在三年內，第二次更換德銀的領袖，一連串候選人紛紛回絕他的探問；德銀執行長的職位似乎是金杯毒酒。同時，德銀的董事會非常希望有人來引領他們的德國銀行，回歸一連串追逐華爾街財富的執行長上任前，德銀原本擅長表現的簡單模樣。

目前有幾位德銀高階經理人符合這種要求，領先的競爭者也很快就浮出檯面，這個人是德國人，一輩子都在德銀工作，基本上是高中一畢業，就進入德銀服務。他曾經在德銀各個不同部門任職，包括零售銀行、法務部門；也曾經在三大洲工作過，現年四十八歲，長著娃娃臉，卻留著刺蝟頭。

四月八日那天，阿赫萊特納宣布，由索英出任德銀的新執行長。索英正是幾十年前警告德銀忘記歷史傳承的人，是拒絕川普最後一筆貸款的人，也是在調查布羅克斯密特自殺案件時，似乎負責粉飾太平的人。現在他要負責經營整個德意志銀行了。

隨著新職而來的事情讓索英覺得十分訝異。德銀是一家員工總數超過九萬人的大公司（雖然德銀的財務惡化，過去十年裡，大約還是新增加了一萬兩千名員工），但是投資人和記者看待德銀時，通常還是以執行長為中心。因此德銀的一切作為，都會被人當成索英的成敗，他的一切作為和說法都會遭到詳細檢視，而且可能在幾個月後，被人挖出來，破壞他的決定或德銀所採取的行動。言詞稍一不慎，都可能觸怒投資人、同事或工會成員的基礎民意，或是觸怒特定記者、德國或美國的主管機關或美國總統，這種情形確實令人心驚膽跳。

---

* 庫薩米於二〇一九年三月，辭去聯邦檢察官的職位。

索英任職一年後，仍然保持身心健康。將近五十歲的他，仍然保有網球高手般緊緻的身材，但是額頭上的皺紋已經加深，原本剛硬的頭髮變成軟垂稀疏的早生華髮，臉上增添了風霜，孩子氣的光澤不見了。這份工作十分辛苦，要怎麼清理德銀的諸多亂象，沒有令人滿意的答案，德銀將來要怎麼獲利的問題也一樣。索英上任前幾年，德銀最大的股東包括卡達的皇室家族*、中國一家身分不明的集團企業，和美國的私募基金博龍資產管理公司（Cerberus），這些法人都是沒什麼耐心的投資人。

事實證明德國政府也沒有耐心。柏林高官懷疑德銀能否繼續存活，德銀沒有清楚明確的身分或方向，拯救如此巨型金融機構的威脅也無所不在，重要政客敦促索英和阿赫萊特納考慮激烈的改革——方向包括在德銀創業一百五十周年前夕，建議德銀跟另一家艱困同行德國商業銀行合併。索英不想在自己的手上，讓原本是德國民族之光的德銀走上末日，但是他似乎沒什麼選擇。兩家銀行合併後，還是會叫做德意志銀行，但本質上卻是截然不同的金融機構，就像時鐘逆轉，回到德銀投身華爾街前一樣。德銀、德國商業銀行和德國政府之間的談判拖延了幾個月，最後三方都斷定：將兩家差勁的銀行合併成一家，不會出現一家健全的銀行，反而會形成一家病情非常嚴重的銀行。談判就此結束，德意志銀行必須踽踽獨行。

隨著時間流逝，獨行之路崎嶇難行的情況變的愈來愈明顯。德銀的股價慘跌到空前最低價，比二〇〇七年的天價下跌九五%，員工紛紛賣股，顧客也照賣不誤，避險基金新生科技公司雖然在德銀逃稅計畫曝光後，仍然維持著德銀最大客戶的忠實態度，不過現在也開始從自己的帳戶中抽走資金，顯示現在大家對德銀的周轉能力都覺得十分緊張。索英和阿赫萊特納忙著制定計畫，對投資人、顧客、員工和主管機關，證明這家病體支離的銀行有能力恢復健康，只是規模會縮小而已。

經過媒體和市場無數次的猜測後，這個計畫在二〇一九年七月某個晴朗的星期天下午公布。德銀計畫退出殘存的大部分銷售與交易業務——這些業務正是米契爾、詹恩和布羅克斯密特所打造的華爾街巨型列車的核心和靈魂。德銀也要處理數百億美元的不必要資產，其中有很多是多年來讓投資人和主管機關心驚膽跳的衍生性金融商品。德銀還要裁員一萬八千人，也就是二十%的員工，投資銀行和管制部門主管在內的許多高階經理人，都會離開，希望藉著這種作法，剷除與協助德國個人與歐洲企業經營國內外業務無關的員工，德銀希望這樣做了以後，至少可以創造微幅利潤。

這是索英第三次、可能也是最後一次設法規劃德銀的復原計畫。德銀是他三十年前還是青

---

* 卡達投資時，該國的財務顧問是費索拉，後來曾經代表費索拉的一位律師在卡達的支持下，出任德銀監事會監事。

少年時就開始服務的地方，二〇〇四年時，德銀衝刺短期獲利的無政府狀態如火如荼發展時，他曾經對班齊格抱怨，說德銀已經忘記初衷，然後在別人對他的憂心充耳不聞時，憤而辭職離開，現在他以懷念往日的情懷，擘劃德銀的未來。

「過去二十年裡，我們失去了方向，」他坦白說道：「我個人的目標是要把德銀跟過去的樣子重新連結起來。」鑒於德銀醜陋的過去，這種願景不會激發大家對德銀的前途生出多少信心。

後記

華爾在加州卡爾弗市（Culver City），離索尼影業公司不遠的山丘頂上，租了一棟牧場式長屋的一個房間。他有三位室友，卻沒有車、沒有工作，靠著艾拉的理財專員每個月匯來的二千八百美元過活。雖然發生過這麼多令人驚恐的事情，她還是不忍心斷絕自己第一個孩子的金援。華爾時常在社交媒體上尋找媽媽和妹妹在忙些什麼事情，二〇一八年春天，他注意到媽媽利用轉帳軟體Venmo，付錢給一位名叫瑪麗的人。這個名字聽起來很熟悉，華爾想到自己曾經在IG上追蹤過她，她是洛杉磯的藝術家。華爾開始在她的幾十張貼圖上按讚，回想起她的作品很美，人也很美。華爾想到，或許這是滲透媽媽生活的方法。

瑪麗在法國和澳洲長大，幾年前在艾拉還十分傷心的時候，跟艾拉在紐約的藝術課程中認識，變成了朋友。艾拉對她傾訴布羅克斯密特、他的死亡、她努力恢復，以及她跟兒子失和的事情。因此瑪麗注意到華爾在ＩＧ上追蹤自己時，覺得很有意思，然而，艾拉卻要求她封鎖他，不讓他再看她的帳戶。瑪麗猶豫不決時，艾拉拿起她的手機，替她做好這件事。她的強烈反應激起瑪麗的好奇心，當天隨後又把華爾解封。

瑪麗第一次聽到華爾的訊息時，正在澳洲展出她一系列的超現實油畫。「嗨，妳是瑪麗、也是我媽媽朋友的那位瑪麗嗎？」華爾在一則ＩＧ貼文中問她，他構思了一個怪異的計畫，要跟她交朋友、贏得她的信任、跟她上床，再誘惑她說出他媽媽的一些秘密。瑪麗的內心深處，也有跟華爾聯繫的想法，於是她迅速回答：「你媽媽非常反對這件事。」

「她什麼事情都反對，」華爾答道。

瑪麗回答說：「你似乎是個有趣的人。」他們交換幾十封訊息後，華爾打電話給她，發現她的法語腔調很迷人，她也發現他的聲音令人神魂顛倒，不知道他會不會是個瘋子，她現在的生活中不需要這種人。她剛剛跟丈夫分手，大致上得獨力照顧六歲的兒子。幾天後她的飛機在洛杉磯降落時，華爾在機場打電話給她，堅稱：「我現在必須跟你見面。」

「不行，我得去看兒子。」她笑著說。不過，一星期後，她找到保姆，就和華爾在一家時尚、藥局風，名叫藥房（Apotheke）的酒吧見面。瑪麗坐在俱樂部的露台上抽菸，等待約會對象來臨。他走進來時，她心裡閃過一個想法：麻煩大了。華爾長得高高瘦瘦，留著散亂的鬍鬚和率性的馬尾，瑪麗覺得他看起來瀟灑英俊，散發著魅力。他們開始聊天後，瑪麗的緊張逐漸消散，華爾讓她覺得安心，伏特加和古柯鹼也發揮了效果，然後他們一起回家。

瑪麗可以看出，華爾想從她身上打探跟他媽媽有關的消息，他並未掩飾這點，他對媽媽十分火大，希望傷害她。後來我跟她說：「跟她的好朋友作愛似乎是相當高明的策略。」她只是嗤嗤一笑。他們的關係熱烈發展。二〇一八年九月，華爾帶著瑪麗北上舊金山，介紹她認識佩姬・楊。那天下午，他們三個在楊的牧場上共度了好幾個小時。瑪麗可以看出華爾和楊多麼關心彼此，華爾在她身旁時，顯的相當脆弱且快樂。回到洛杉磯後，華爾搬進瑪麗跟兒子在中國城附近藝術家社區裡一起住的公寓。瑪麗沒有告訴艾拉自己跟華爾同居，反而藉著跟艾拉長時間的文字訊息交流，設法打探跟布羅克斯密特、德銀和費索拉有關的資訊，也打聽她和失去的兒子之間的關係。

二〇一八年十一月六日，民主黨趁著反川普的怒火高張，奪得眾議院多數黨的地位，共和黨仍然控制著參議院，但是川普得首次面對擁有實際權力的反對黨。共和黨的裴洛西出任眾議院議長，眾院中批評川普最力的瑪克欣・華特斯（Maxine Waters）和亞當・席夫（Adam Schiff）掌控了眾院中權力強大的委員會，華特斯成為眾院金融服務委員會主席，負責監督銀行業；席夫主掌眾院情報委員會。

兩位加州出身的民主黨眾議員掌控這兩個委員會後，不但可以推動他們喜愛的法案，也可以發出傳票。他們最初的行動之一，就是宣布兩個委員會決定聯手調查川普和德銀的關係。

席夫主持的情報委員會希望知道，川普是否將自己典當給克里姆林宮，以及德銀是否曾經以某種方式，擔任俄羅斯和川普的金融仲介。調查要由紐約的兩位前任聯邦檢察官丹尼爾．高德曼（Daniel Goldman）和丹．諾伯（Dan Noble）主導。華特斯的眾院金融服務委員會把重點放在川普的個人財務上，包括他或德銀彼此是否從對方身上得到特殊待遇。這個委員會本來就有一大群金融專家組成的幕僚，卻沒有一個人是德銀專家。正好羅奇參議員對於繼續淪落為參議院少數黨的處境不滿，就在二〇一九年初，於參議院度過幾十年之後，同意搬到國會山莊的另一邊，跟眾院金融服務委員會聯手。二十年前，他開始追查德銀時，曾經調查過一位私人銀行家和墨西哥總統薩林納斯的哥哥勞爾．薩林納斯（Raúl Salinas）之間的關係，現在他要重新加入捕獵自己手上那頭大白鯨的行列，調查一位私人銀行家跟川普之間的關係。

傅瑞布麗認為，不用多久，國會委員會就會召喚她去作證，要她說明自己怎麼主導德銀和川普之間的關係。德銀高階經理人私下跟記者和政府官員談話時，對於高階經理人是否涉及貸給川普多筆貸款的事情，一直都十分輕描淡寫，甚至表示不知情，堅稱是傅瑞布麗和前任上司包爾斯片面主導整個安排。傅瑞布麗現在還在德銀任職（包爾斯早已離職），但是她擔心自己即將公開陷入險境。她可以告慰自己的是，她持有大量電子郵件回覆串和內部文件，都載明川普和他家族的貸款，得到德銀指揮系統上下的一致祝福。為了確保安全，她把一些資料列印出來，藏在公園大道頂樓的豪華住宅裡。

二〇一九年一月一日，佩姬因為癌症去世，華爾事前不知道她生病，覺得自己再度在毫無預警的情況下，失去一位家人。他在推文中寫道：「失去佩姬後，世界變的更黑暗、更寒冷。」推文中還貼出一張他和佩姬相擁的照片。「我覺得無望和震驚，不知道該說什麼。」他開始整天昏睡，神志極為恍惚，以致於瑪麗告訴我，他像「僵屍一樣。」

華爾除了尋找跟德意志銀行有關的真相外，也一直設法引起好萊塢對他一生故事的興趣，卻因為佩姬的去世而停止推動。有一天晚上，一位電影製片商邀請華爾，到她在好萊塢山上租住的房子，參加一場小型晚宴。當天也在場的電子音樂傳奇人物魔比（Moby）回憶說：「晚宴有種意外事故倖存者的調調，因為我們必須利用前一位租戶留下來的食材，做出晚餐。因此我們的桌上有素食義大利麵、剛過期的麵包和好吃到令人驚嘆的沙拉。」結果華爾在晚宴中得知魔比和席夫是好友，席夫因為吃素的關係，是魔比在洛杉磯的素食餐廳小松（Little Pine）

的常客。魔比聽說了華爾一直難以忘懷的故事，且知道他擁有德銀內部文件的寶庫後，華爾便作了一番介紹。二〇一九年初，華爾與替席夫工作的前檢察官高德曼，進行了初步的電話會談，大概說明自己擁有什麼東西，希望能夠幫得上忙。高德曼因為剛剛接手調查，不知道有一位美國德銀信託公司的董事自殺，也不知道這位董事的兒子取走了他的電子檔案。

高德曼希望取得這些檔案，因此請華爾到自己位於洛杉磯的地區辦公室，跟席夫見面。華爾現身時，穿著綁桔色鞋帶的運動鞋和「死之華」（Grateful Dead）樂團的襯衫，穿西裝打領帶的眾議員席夫跟他才會面十五分鐘，就把他送出門。華爾這個人很難讓人相信他是真實人物，但是情報委員會需要資訊，華爾無疑擁有一些資訊，因此，情報委員會很快的就由席夫具名，發給華爾一封正式函件，要求他把布羅克斯密特的東西下載到「一個加密的隨身碟」裡，寄去華府。

然而，華爾卻希望得到一些回報，最好是金錢報酬。他敦促高德曼出機票錢，讓他飛到華府，並且聘請他擔任有酬勞的顧問，協助眾院情報委員會，檢視布羅克斯密特的檔案。高德曼拒絕答應，他根本不打算讓華爾在委員會警衛森嚴的會議室裡逗留，於是他用愛國心來對華爾提出訴求，「想像你所處的情境是：你擁有的資料實際上可以用來提供種子，讓我們炸開遭到（川普）掩飾的一切事情，」高德曼敦促著華爾：「從某些觀點來看，你和透過你代理的令尊會以英雄的身分，榮登美國歷史，成為真正打破一任貪腐之至總統和政府的人物。」但是華爾拒絕退讓，堅持他必須監督情報委員會的工作。最後高德曼厲聲說道：「我可以跟你保證，為了拿到這些文件，花在說服你的時間，遠遠超過我和德銀打交道的時間。」然後，還氣呼呼的說：「你真是非常、非常難以應付的人。」

華爾不是煩惱的唯一來源。到了四月，兩個委員會對德銀發出傳票，票傳德銀所持有跟川普和庫許納有關的紀錄——包括從個人財務資訊，到和這些帳戶有關的任何可疑活動報告。這些資料落入國會民主黨人手中後，可能會成為解開川普最深奧財務秘密的羅塞塔石碑。因此，川普總統得知這些傳票後，由律師提出訴訟，禁止德銀遵照辦理。這項爭執在聯邦法院體系中糾纏了好多個月，糾纏過程中，情報委員會在六月份時，發出了新的傳票，這張傳票是發給華爾，要求他立刻交出他所持有跟德銀有關的一切事物。華爾勉為其難的配合這個要求。

「我深感抱歉，」一位聯邦調查局的幹員寫信給華爾說：「但是我剛剛才收到你一段時間以前，透過電子郵件發給美國司法部的訊息。」從華爾在司法部網站上填寫制式表格，邀請司法部人員打電話來，討論他在父親的德銀檔案中所發現的東西後，已經過了兩年多，現在電話終於打來了。這位派駐曼哈頓的聯邦調查局幹員告訴華爾，他很感興趣、非常感興趣，希望看看華爾從布羅克斯密特帳戶中找到的東西。這位幹員告訴華爾，他和一位夥伴近期內會飛到洛杉磯，和華爾面對面談話。他沒有告訴華爾他在調查什麼事情，華爾忍不住想到，自己會不會踏進陷阱，會不會因為協助北韓駭客、竊盜媽媽的金錢，或是因為攜帶毒品跨越國界，而遭到逮捕？

二〇一九年二月，兩位具有反情報背景、目前專攻銀行不法行為的幹員飛到加州，他們見面那天，川普的前律師麥克・柯恩（Michael Cohen）正好也在國會山莊作證，說明川普總統經常誇大自己的財富，以便從德意志銀行貸到貸款。華爾穿著有渦紋圖案、部分鈕扣沒有扣著的襯衫，來到市區聯邦大樓的聯邦調查局駐地辦公室。兩位幹員在十樓大廳跟他見面（大廳裡掛著的幾張川普總統的照片俯視著訪客）然後護送他上樓。

會議進行了有三小時，華爾嚼著奇巧巧克力和覆盆子口味的無花果糖棒，喝著咖啡和可口可樂，吸著自己的電子菸，最後一次敘述自己的故事。幹員告訴他，他們已經開始調查德銀的俄羅斯洗錢案，也就是聲名狼藉的鏡像交易案件，但是已經擴大偵查範圍，注意德銀可能犯下的一系列犯罪行為。他們對美國德銀信託公司很感興趣，對西恩納銀行集團的案子也很感興趣，對美國聯邦準備理事會的壓力測試也一樣（同一批幹員很快就接觸到許多德銀的吹哨者，其中一位曾向證管會抱怨德銀隱瞞數十百億美元衍生性金融商品虧損的員工，後來接到一通電話。曾經對庫許納把錢搬到俄羅斯的事情表達過憂心的前法遵主管麥費登，也接到聯邦調查局的電話。德銀這些舊員工都很樂意看到司法機關，將德銀繩之以法。）

如果德銀高階經理人聽過華爾的陳述，一定會十分不安。德銀很有自信，認為美國司法部門針對德銀在俄羅斯和其他地方所犯罪行的調查，都已經結束或遭到削弱的想法，其實並不正確。這兩位幹員和他們的同事以及聯邦檢察官，都還在追查德銀，只是這種刑事調查會怎麼進行，或是會跟誰接觸，仍然非常不明朗。這些幹員認為，整個德銀出現的犯罪行為，並非單一低階員工所為，他們懷疑這是犯罪文化瀰漫德銀上下的結果。他們解釋說：想像中策劃鏡像交易的魏斯韋爾似乎是「替死鬼」或「代罪羔羊」。現在，持有可能具有寶貴價值文件寶藏，和擁有權力的人，正坐在聯邦調查局駐地辦公室的大會議室裡，不停吃著含糖零食。

「你持有的文件只有德銀核心人士才可能看得到。」第一位幹員告訴華爾。

另一位幹員附和說：「我們面對的是重重阻礙，顯然德銀內部行事並不乾淨，我們要面對的狀況是，上級把所有壞事都推到底層的小人物身上。」

「他們是軟柿子嘛」，第一位幹員補充說。

「而且比較大的銀行全都宣稱自己不知情，責任全都推給一位差勁的行員，但是我們根據自己所看到的東西，知道這只是一種文化——」

「詐欺和骯髒的文化」，華爾插嘴說著，對於自己成為其中的一環深感慶幸。事後他在搭上來福（Lyft）出租車時，心情仍然相當激奮。他打電話給我說：「我在情感上，比世界上任何人都投入，我樂於成為他們的特別線人。」

幾個月後，一個加了襯墊的牛皮紙袋寄到瑪麗的公寓，收件人是華爾，回郵信封的地址是聯邦調查局的曼哈頓分局，牛皮紙袋裡面放了一個隨身碟。華爾斷定，五年來，他小心保管的資料現在應該已經掌握在聯邦調查局手中——聯邦調查局同意協助瑪麗和她兒子取得簽證，好合法的留在美國，讓他在決定是否把資料交給他們時，變的比較容易。這些幹員告訴華爾，他把資料下載到隨身碟後，會有人來收取。華爾傳了一張牛皮紙信封的相片給我看，信封上有三個郵戳，分別代表老鼠、天竺鼠和鸚鵡三種家庭寵物。

「我猜我是老鼠」，他寫道。我問他為什麼，他在幾秒鐘之內就舉出一個寓言故事，說：「因為我可以扳倒大象。」

布羅克斯密特因為自殺身亡，成了一種象徵：象徵讓德銀苦惱的東西，象徵金融機構貪婪的破壞力量，象徵華爾街甚至會引誘初心良善的人，背離倫理道德原則，象徵無情的壓力會壓垮堅持正道的人。

布羅克斯密特並非聖人，卻是有道德的人。在一個不分是非、瞬間獲利壓倒一切的行業裡，這種事情是難得的英勇事跡。在這種行業，光是為了求生存，就必須不斷的妥協，更不用說什麼追求成功了。布羅克斯密特的一位舊同事告訴我，布羅克斯密特服膺倫理，但是服膺的是「交易員的倫理」。他不想蒙蔽大家的雙眼，卻希望為自己、替僱主、顧客和股東賺錢，要賺錢就偶爾必須積極進取。布羅克斯密特不會扼殺不合倫理道德的交易，卻會把交易扭轉一下，以房貸資訊科技公司的例子來說，事情如果在法律允許的範圍內，利用一點巧妙的手法還是可以接受的。

這是他的同事能夠愉快接受他那種道德規則的原因之一，身為他們體系中的一環，讓他有資格批評這種體系、主張大家偶爾應該從體系的規範中後退一步，恢復比較保守的基準。布羅克斯密特最後終於失敗的事實（德銀多到看不到盡頭的犯罪紀錄證明了這一點），比較不像反映他的問題，更像是反映這家銀行的問題，而且事實上，是反映整個銀行體系的問題。

布羅克斯密特可能藉著在工作上努力循規蹈矩，得到安慰和紀律，這是隔離他心中惡魔和精神痛苦的一種方法。但是在他愈來愈擔心政府調查也會揭發他涉及的可恥事情之際，這道防火牆似乎崩塌了。他吸收自己在專業上的失敗，個人獨自承擔，就好像這些失敗屬於他個人，而不是屬於失去控制的德銀一樣。其實如果沒有他不定期的踩煞車，德銀應該會踏上更慘烈的崩潰之路。大家事後回想，會很難想像到，對於像布羅克斯密特這樣的人來說，有什麼地方會比德銀這種無止盡的抄捷徑、又對法治抱著敵視態度還糟糕的工作環境。不過，話說回來，德銀可能是業界最大的害群之馬，卻幾乎不能說是唯一犯罪成性的公司。過去二十年裡，幾乎每一件吞噬德銀的弊案中，也都會捲入至少一、兩家德銀的對手。或許早在布羅克斯密特認識米契爾，追隨他前進德銀前很久，開始踏進這一行時，他的命運就已經注定了。

最後，雖然他在決定自殺時，他的長期僱主扮演了一定程度的角色，但是害死他的不是德意志銀行。相反的，德意志銀行多年來，都因為兩座黑暗高塔瀰漫魯莽、貪婪、不道德、傲慢和犯罪意識的關係，反而害死了自己。

致謝

如果沒有我眾多消息來源的廣泛合作，這本書就不會存在。有不少人甘冒他們的職業或個人風險而跟我談論此事，有些人則是挖出了他們心中的痛苦回憶。我無比感謝他們的協助與耐心。

沒人比華爾更理解這一切了。過去五年多以來，我們花了數百小時通電話、會面與互傳簡訊。對我們兩人來說這都不是件容易的事。華爾極為熱切的想要他與他父親的故事能夠被傳頌出去，在二〇一八年此計畫啟動後，他處理了一次次無數其他記者意圖採訪所造成的拖延。這是我有史以來關係最緊密的消息來源，而我理解到許多關於華爾的事，也學到許多關於我自己的事。感謝你，華爾，感謝你的耐心與信賴。

我無比感激《紐約時報》。二〇一七年九月從《華爾街日報》來到這裡後幾個月，我告知我的上司布魯曼斯坦（Rebecca Blumenstein）、波拉克（Ellen Pollock）卡特與（Adrienne Carter），我計畫要在閒暇時間撰寫這本書。他們不太高興，預測（事實上也是如此）這將會分散我正職工作的注意力。我十分感謝他們的耐心與幽默感（甚至是你，卡特！）。波拉克、卡特、潘尼爾（Randy Pennell）與桑默斯（Nick Summers）協助我將我對德銀的紀錄與思索變成了《紐時》的文章。他們幾個，還有哈迪（Mohammed Hadi）和塞沙吉里（Ashwin Seshagiri）不斷幫我補足缺漏之處。巴魁（Dean Baquet）和普迪（Matt Purdy）也提供了一些靈感。也要感謝你們，感謝卡恩（Joe Kahn）和麥考（David McCraw）。

《紐時》不少同時都慷慨地貢獻了報導或研究，不然就是將資料來源介紹給我。其中包括：克雷格（Sue Craig）、芙莉特（Emily Flitter）、普特斯（Ben Protess）、葛林伯格（Jessica Silver-Greenberg）、杜拉克（Jesse Drucker）、拉許鮑姆（William Rashbaum）、班奈特（Kitty Bennett）、貝克（Jo Becker）、葛林涅夫（Matina Steuis-Gridneff），以及畢琪（Susan Beachy）。琪托耶夫（Natalie Kitroeff）、芙莉特幫我讀了草稿，且提出了讓它變得更好的建議。（也要感謝科漢）

我還欠《華爾街日報》一些前同事人情。史特拉斯堡（Jenny Strasburg）是最初推動挖掘布羅克斯密特死因之謎的人之一，且一直以持續深入調查以及執著不放棄的態度啟發（並刺激）了我。我在倫敦時的部門主管歐沃爾（Bruce Orwall），不斷鼓勵著我們那份追查德意志銀行的熱情，而且或許是當今記者界最優秀的編輯與導師。格林德（Kirsten Grind）與哈吉（Keach Hagey）從這本書的計畫剛開始時就一直支持我，並適時給予我信心與鼓勵。

我的經紀人曼德爾（Dan Mandel），迅速接受了這個計畫，且在成書過程中一直採取堅定的支持立場。Custom House與HarperCollins出版社中，山德勒（Geoff Shandler）提供了許多睿智的想法，推動我寫下更多，並以他細緻的逐頁編輯功力，改善了本書美一頁的內容。他的助理金戴兒（Molly Gendell）則讓一切保持順利進行。負責宣傳的科爾（Maureen Cole），明智的敦促我過早在廣播與電視上曝光。卡西迪（Kyran Cassidy）提供了許多必要的法律諮詢。同時也感謝英吉莉絲（Nancy Inglis）、薛帕德（Ryan Shepherd）、斯特赫利克（Liate Stehlik）、史坦伯格（Ben Steinberg）、威妮可（Rachel Weinick）、莫利特（Andrea Molitor）、麥許（Fritz Metsch）、習利潘特（Ploy Siripant）以及福克納（Ed Faulkner）

最後，是我的家人。

我的父母佩姬與彼得，提供了動機與能量，以及在當我無比憂慮自己永遠無法完成此書的那些無眠之夜中，給予我情感上的支持。在世界的另一端，莉莎與傑則是富有感染力的熱情之源。尼克與約德提出了一些艱難的問題，迫使我得更深入思考要訴說這個故事。

亨利與賈斯伯的幫助不在這本書上，而是給予我純然的喜悅（大多數時候是啦！），而這項計畫讓我在許多的夜晚與週末都得與他們別離。感謝蒙泰萊奧（Kristina Monteleone）擔起了父親與母親的角色。

這也令我想到了克莉絲坦。如果沒有她，這一切都不會發生。我告訴她我對這本書的想法那晚，儘管她一定很清楚，這會給我們的家帶來莫大壓力，但她馬上就表示贊成。當我無時無刻都沉浸在德意志銀行時；當我沉浸在消息來源時；當我為一份又一份的草稿苦惱時；當我推卸掉身為父親的責任時，她努力維持著整個家的生活。她安撫了我無限次的情緒起伏，並提供了許多睿智的建議。喔，她也讀了四個版本的草稿！

感謝妳，克莉絲坦，我愛妳。

參考資料

＊每則資料上方數字，為此資料在本書中出現時的相應頁碼。

本書主要是根據我對大量不同消息來源的採訪，其中大多數同意在不被認出身分的情況下發言。在這個部分，我確認了來自公開資料的資訊，像是新聞報導、書籍，或是法院判決。此外，每個章節，我都標示出我仰賴的其他來源類型。其中大部分未特別標明出處的資訊，都是來自於這些其他來源。

序曲

訪問了布羅克斯密特家族成員與朋友。訪問了德意志銀行高層主管。

13 Trump's requested Turnberry loan: David Enrich, Jesse Drucker, and Ben Protess, "Trump Sought a Loan During the 2016 Campaign. Deutsche Bank Said No," New York Times, February 2, 2019.

第一章：犯罪企業

20 Villard's train ride and family history: Alexandra Villard de Borchgrave and John Cullen, Villard: The Life and Times of an American Titan, 2001, 64–67.

22 Deutsche's initial losses on Villard: Lothar Gall, "The Deutsche Bank from Its Founding to the Great War," in Lothar Gall et al., The Deutsche Bank: 1870–1995, 1995, 62.

23 Early history of the bank: Gall, "The Deutsche Bank," 2, 12, 107.

23 Descriptions of Georg von Siemens: Christopher Kobrak, Banking on Global Markets: Deutsche Bank and the United States, 1870 to the Present, 2008, 4–24.

24 "my colleague was hailed": Gall, "The Deutsche Bank," 48–49.

24 "Armed to the teeth": Villard de Borchgrave and Cullen, Villard, 350.

25 "It is a little hard to understand": Kobrak, Banking on Global Markets, 38.

25 Good money after bad: Villard de Borchgrave and Cullen, Villard, 349–53.

25 Villard's downfall: Kobrak, Banking on Global Markets, 65, 94.

26 "wool pulled over its eyes": Gall, "The Deutsche Bank," 62.

26 Deutsche's rapid growth: Kobrak, Banking on Global Markets, 23.

26 Statues: Ibid., 229.

27 "at worst an opportunist": Ibid., 261.

27 Overruled by colleagues: Harold James, "The Deutsche Bank and the Dictatorship, 1933–1945," in The Deutsche Bank: 1870–1995, 294–96.

27 Aryanizations and the SS: Ibid., 294–321.

27 Swastikas in annual reports: Historical Association of Deutsche Bank, http://www.bankgeschichte.de/en/docs/Chronik_D_Bank.pdf.

27-28 Nazi gold: Alan Cowell, "Biggest German Bank Admits and Regrets Dealing in Nazi Gold," New York Times, August 1, 1998.

28 Auschwitz: John Schmid, "Deutsche Bank Linked to Auschwitz Funding," New York Times, February 5, 1999; and Ian Traynor, "Deutsche Bank Auschwitz Link," The Guardian, February 4, 1999.

28 No record of Abs objecting: James, "The Deutsche Bank and the Dictatorship," 351.

29 British support for reunifying Deutsche: Carl-Ludwig Holtfrerich, "The Deutsche Bank 1945–1957: War, Military Rule and Reconstruction," in The Deutsche Bank: 1870–1995, 371.

29-30 Deutsche's revival: Ibid., 371–485.

30 Abs at Eisenhower's Inaugural: Kobrak, Banking on Global Markets, 263, 303.

31 Reciting German poetry: Stefan Baron, Late Remorse: Joe Ackermann, Deutsche Bank, and the Financial Crisis, 2014, 25.

31 Herrhausen's early years: Associated Press, "Herrhausen a Giant Among Bankers," November 30, 1989, and Steven Greenhouse, "Deutsche Bank's Bigger Reach," New York Times, July 30, 1989.

32 "As the world becomes our marketplace": Reuters, "Deutsche Bank Plans to Follow Acquisition Path," March 12, 1989.

32 Herrhausen's rising star: Greenhouse, "Deutsche Bank's Bigger Reach," New York Times.

32 "The banker is all-powerful": Dan Morgan, "Slain Banker Personified Germany's Hopes," Washington Post, February 19, 1990.

33 "a real European bank": Richard Rustin and E. S. Browning, "Deutsche Bank Seeks Grenfell for $1.41 Billion," Wall Street Journal, November 28, 1989.

33 Herrhausen assassination: Wall Street Journal, "Terrorist Murder Stuns a Germany Euphoric Over Rapprochement," December 1, 1989; and Ferdinand Protzman, "Head of Top West German Bank Is Killed in Bombing by Terrorists," New York Times, December 1, 1989.

34 Red Army Faction communique: Dialog International, "Alfred Herrhausen Assassinated 20 Years Ago," November 29, 2009.

第二章：雙雄聯手

訪問了艾德森．米契爾與比爾．布羅克斯密特的家族成員、朋友與前同事。

35 “Maine’s most infamous businessman”: Colin Woodard, “Notorious Egg Seller ‘Jack’ DeCoster Gets Jail Time for Salmonella Outbreak,” Portland Press Herald, April 13, 2015.

36 Edson’s upbringing: Jen Fish, “Edson Mitchell Jr., Deeply Religious Man and Avid Maine Outdoorsman,” Portland Press Herald, March 9, 2004.

38 “I began to realize”: Arthur Andersen Hall of Fame Roundtable, DerivativesStrategy.com, March 1998.

39 Reverend Jack’s history: Chicago Tribune, “Death Notice: Rev. John S. Broeksmit Jr.,” August 25, 2011.

39 “a certain amount of education pedigree”: Austin Kilgore, “New MBA CEO Robert Broeksmit Is Ready to Be the Lender’s Advocate,” National Mortgage News, October 14, 2018.

43 Cocaine in the bathrooms: Janet M. Tavakoli, Decisions: Life and Death on Wall Street, 2015.

44 “the whitewater”: Pat Widder, “Trillions at Stake in the Swaps Market,” Chicago Tribune, June 22, 1992.

46 Extra Girl Scout cookies: Tavakoli, Decisions.

48 “Derivatives such as these”: Lawrence Malkin, “Procter & Gamble’s Tale of Derivatives Woe,” New York Times, April 14, 1994.

50 Robert Citron: Davan Maharaj and Shelby Grad, “Seducing Citron: How Merrill Influenced Fund and Won Profits,” Los Angeles Times, July 26, 1998.

50 Orange County’s wager: Laura Jerseki, “Merrill Lynch Officials Fought Over Curbing Orange County Fund,” Wall Street Journal, April 5, 1995, A1.

50 $2.8 billion portfolio: Leslie Wayne, “The Master of Orange County,” New York Times, July 22, 1998.

51 “The potential adverse consequences”: Michael G. Wagner, “Merrill Executives Saw O.C.’s Disaster Coming,” Los Angeles Times, May 19, 1995, A1.

51 Missives didn't work: Jerseki, "Merrill Lynch Officials Fought Over Curbing Orange County Fund."

52 "uncanny accuracy": Wagner, "Merrill Executives Saw O.C.'s Disaster Coming."

第三章：華爾街的大遷徙

訪問了德意志銀行與美林公司的高層與其朋友、家族成員，和米契爾與比爾・布羅克斯密特的助理。

53 Shares were up 30 percent: Dan Morgan, "Slain Banker Personified Germany's Hopes," Washington Post, February 19, 1990.

53 "chaste souls": Ullrich Fichtner, Hauke Goos, and Martin Hesse, "The Deutsche Bank Downfall," Der Spiegel, October 28, 2016.

53 Soviet Union outposts: Historical Association of Deutsche Bank, "Deutsche Bank, 1870–2010," www.bankgeschichte.de/en/docs/Chronik_D_Bank.pdf, 142.

54 "Deutsche Lynch": Christopher Kobrak, Banking on Global Markets: Deutsche Bank and the United States, 1870 to the Present, 2008, 323–28.

54 Deutsche hadn't reviewed his financial statements: John Eisenhammer, "All Fall Down," The Independent, June 17, 1995.

54-55 Goldman's role on Deutsche Telekom: Patrick Jenkins and Laura Noonan, "How Deutsche Bank's High-Stakes Gamble Went Wrong," Financial Times, November 9, 2017.

55 Kopper in Madrid: Fichtner, Goos, and Hesse, "The Deutsche Bank Downfall."

56 An erudite Brit: Anne Schwimmer and Ron Cooper, "The Raid on Merrill Lynch," Investment Dealers' Digest, June 19, 1995.

57 Mitchell saw derivatives as key: Arthur Andersen Hall of Fame Roundtable, DerivativesStrategy.com, March 1998.

60 "NFL-type salaries": Schwimmer and Cooper, "The Raid on Merrill Lynch."

60 "a genuine opportunity": Ibid.

60 2,000 employees: Deutsche Bank's 1995 annual report.
62 "more time with his family": Michael Siconolfi and Laura Jereski, "Merrill Lynch's Stock-Derivatives Chief to Take Leave," Wall Street Journal, January 12, 1996.
62 "love to have him back": Anne Schwimmer, "Merrill's Broeksmit Will Go on Paid Leave of Absence in March," Investment Dealers' Digest, January 15, 1996.

第四章：暗黑勢力

訪問了德意志銀行高層與其朋友和家族成員。

64 "Douche Bank": Ed Caesar, "Deutsche Bank's $10-Billion Scandal," The New Yorker, August 29, 2016.
66 "nothing we were proud of": Clive Horwood and John Orchard, "The Bankers That Define the Decades: Hilmar Kopper, Deutsche Bank," Euromoney, June 14, 2019.
67 "I'm God": Ullrich Fichtner, Hauke Goos, and Martin Hesse, "The Deutsche Bank Downfall," Der Spiegel, October 28, 2016.
68 Losing him would be a disaster: Daniel Schäfer and Michael Brächer, "Deutsche Bank Chief Economist Lashes Out at Former CEO Ackermann," Handelsblatt, May 23, 2018.
69 Bottles of Beck's: Matthew Connolly, Teethmarks on My Chopsticks: A Knucklehead Goes to Wall Street, 2018, 153–54.
70 Anshu had recently graduated: Tom Buerkle, "The Outsiders," Institutional Investor, May 4, 2006.
71 Chasing tigers in India: Christoph Pauly and Padma Rao, "Anshu Jain Mixes Success and Controversy," Der Spiegel, September 14, 2011.
71 Edson told Anshu to do the trade: Marcus Walker, "Making Its Mark: Deutsche Bank Finds That It Has to Cut German Roots to Grow," Wall Street Journal, February 14, 2002.

第五章：魚鷹計畫

訪問了德意志銀行高層與政府官員。

79 Project Osprey: Christopher Kobrak, Banking on Global Markets: Deutsche Bank and the United States, 1870 to the Present, 2008, 334–35.

79 "We were brain dead": Carol Loomis, "A Whole New Way to Run a Bank," Fortune, September 7, 1992.

79 "trolling the fringes": Laurie P. Cohen and Matt Murray, "Exit Interview at Bankers Trust Triggered Federal Investigation," Wall Street Journal, March 15, 1999.

80 audiotapes of phone calls: Loomis, "A Whole New Way to Run a Bank."

80 Bankers Trust's size: Deutsche Bank's 1999 annual report.

80 Breuer flew to Washington: Paul Thacker, "Inside the SEC's Abandoned Deutsche Bank Investigation," Forbes, September 20, 2011.

81 "no takeover talks": Ibid.

81 Übernahmegespräche: Matt Taibbi, "Is the SEC Covering Up Wall Street Crimes?" Rolling Stone, August 17, 2011.

82 29 percent of profits: Deutsche Bank's 1999 annual report.

82 85 percent of profits: Deutsche Bank's 2000 annual report.

第六章：川普的御用銀行家

訪問了麥克・歐費特、他的同事，以及其他德意志銀行與華爾街相關高層。並參考了由歐費特以及其他來源提供的相關照片與文件。

83 A Baltimore bookie: Sidney Offit, Memoir of the Bookie's Son, 1995.

84 "an elemental world": Mike Offit, Nothing Personal: A Novel of Wall Street, 2014, 7.

86 Blizzard: Robert D. McFadden, "New York Shut by Worst Storm in 48 Years," New York Times, January 9, 1996.

88 Ingram's blank check: Landon Thomas Jr., "Ex-Goldman Trader Stung in Arms Plot, Shocks Colleagues," New York Observer, July 2, 2001.

90 Trump's organized-crime ties: Michael Rothfeld and Alexandra Berzon, "Donald Trump and the Mob," Wall Street Journal, September 1, 2016.

90 "Donald risk": Susanne Craig, "Trump Boasts of Rapport with Wall St., but It's Not Mutual," New York Times, May 24, 2016.

90 Cohan interview: Transcripts of unpublished interviews provided by Cohan.

91 Fred Trump's loans: David Barstow, Susanne Craig, and Russ Buettner, "Trump Engaged in Suspect Tax Schemes as He Reaped Riches from His Father," New York Times, October 2, 2018.

92 State of upheaval: Commercial Mortgage Alert, "Trump Taps Deutsche to Refinance 40 Wall," September 11, 2000.

92-93 Offit relationship with Trump: David Enrich, "A Mar-a-Lago Weekend and an Act of God: Trump's History with Deutsche Bank," New York Times, March 18, 2019.

第七章：洪流滾滾

訪問了政府官員、德意志銀行高層與其朋友與家人。並參考了由其他來源提供的照片與文件。

98 "kindergarten-like attitude": Christopher Rhoads and Erik Portanger, "How an American Helped Torpedo the Dresdner Deal," Wall Street Journal, April 18, 2000.

99 "Please don't underestimate": Ibid.

99 Wave of cheering: Janet Guyon, "The Emperor and the Investment Bankers: How Deutsche Lost Dresdner," Fortune, May 1, 2000.

101 The ratio had flipped: Marcus Walker, "Making Its Mark: Deutsche Bank Finds That It Has to Cut German Roots to Grow,"

Wall Street Journal, February 14, 2002.
102 A professional secretary: Ibid.

第八章：末日已近

訪問了政府官員、德意志銀行高層，以及其友人與家人。並參考了由其他來源提供的文件與照片。

104 Blue ribbons: Michael R. Sesit and Anita Raghavan, "Deutsche Bank Hit Many Costly Snags in Its American Foray," Wall Street Journal, May 4, 1998.
104 All-time best parties: The list was compiled by efinancialcareers.com.
104 Sex-discrimination lawsuit: BBC News, "Bank in Sex Case Payout," January 18, 2000.
105-106 Timing, location, and altitude of Mitchell flight: National Transportation Safety Board, "NTSB Identification: NYC01FA058," January 9, 2001.
106 Warden's plane: Associated Press, "Wreckage of Plane Found in Rangeley Area," December 23, 2000.
111 SEC investigation and Walker's recusal: Matt Taibbi, "Is the SEC Covering Up Wall Street Crimes?" Rolling Stone, August 17, 2011.
111 "Dick Walker probably knows more": Associated Press, "Deutsche Bank Hires Former S.E.C. Official," October 2, 2001.
113 Hantavirus and large men with earpieces: Matthew Connolly, Teethmarks on My Chopsticks: A Knucklehead Goes to Wall Street, 2018, 237–38.
113 Ackermann thought it showed commitment: Tom Buerkle, "The Outsiders," Institutional Investor, May 4, 2006.
114 Waistcoat and bow tie: Marcus Walker, "Making Its Mark: Deutsche Bank Finds That It Has to Cut German Roots to Grow," Wall Street Journal, February 14, 2002.
115 An enormous tombstone: Nicholas Varchaver, "The Tombstone at Ground Zero," Fortune, March 31, 2008.

第九章：艾克曼

訪問了德意志銀行高層以及政府官員。

116 Mels: Tom Buerkle, “The Outsiders,” Institutional Investor, May 4, 2006.

116 Javelin thrower: Stefan Baron, Late Remorse: Joe Ackermann, Deutsche Bank, and the Financial Crisis, 2014, 81.

116 Broken-legged skiers: Peter Koenig, “It’s War—Deutsche Bank vs Germany,” The Sunday Times (London), November 7, 2004.

117 Memorizing ratios: Marcus Walker, “Making Its Mark: Deutsche Bank Finds That It Has to Cut German Roots to Grow,” Wall Street Journal, February 14, 2002.

118 Tinkering with smoke detectors: Baron, Late Remorse, 23.

118 Boasting about relationships: Ullrich Fichtner, Hauke Goos, and Martin Hesse, “The Deutsche Bank Downfall,” Der Spiegel, October 28, 2016.

119 4 percent returns: Deutsche Bank’s 2003 annual report.

120 “youthful smile”: Baron, Late Remorse, 32.

120 $30 million bonuses: Daniel Schäfer and Michael Brächer, “Deutsche Bank Chief Economist Lashes Out at Former CEO Ackermann,” Handelsblatt, May 23, 2018.

121 Loan volumes shriveled: Baron, Late Remorse, 60.

125 Quotes from internal Deutsche correspondence about sanctions: Federal and state regulatory settlements with the bank.

125 Accounts of soldiers killed in Iraq: Neiberger et al v. Deutsche Bank, 1:18-cv-00254-MW-GRJ, filed December 28, 2018.

125-126 Deutsche higher-ups knew: New York Department of Financial Services, announcement of penalties against Deutsche Bank, November 4, 2015.

127 Commanding a tank battalion: Bänziger’s LinkedIn profile: www.linkedin.com/in/hugo-banziger-3086538/.

127 Colonel in the Swiss reserves: Baron, Late Remorse, 25.

128 United Financial acquisition and Charlie Ryan: Liam Vaughan, Jake Rudnitsky, and Ambereen Choudhury, “A Russian

Tragedy: HowDeutsche Bank's 'Wiz' Kid Fell to Earth," Bloomberg News, October 3, 2016.

129 "Russia is hot": Buerkle, "The Outsiders."

130 VTB's links to FSB and Kremlin: Luke Harding, "Is Donald Trump's Dark Russian Secret Hiding in Deutsche Bank's Vaults?" Newsweek, December 21, 2017.

130 Deutsche's loan to VTB: Jenny Strasburg and Rebecca Ballhaus, "Deutsche Bank in Late 2016 Raced to Shed Loan It Made to Russian Bank VTB," Wall Street Journal, February 2, 2019.

131 "our good relationship": Nailya Asker-Zade, " 'The Global Economy Is in an Unstable Situation,' " Vedomosti, June 30, 2011. As republished at: www.db.com/russia/en/content/1597.htm.

第十章：海湖莊園大獎

訪問了德意志銀行高層，以及其他直接知悉這些事件的人。

133 Friederich Trump's barbershop: Gwenda Blair, The Trumps: Three Generations That Built an Empire, 2000, 110.

134 Move to 60 Wall Street: Historical Association of Deutsche Bank, http://www.bankgeschichte.de/en/docs/Chronik_D_Bank.pdf, 221.

134 GM Building mortgage: Commercial Mortgage Alert, "Deutsche to Fund Trump Buyout of GM Building," May 28, 2001.

135 Atlantic City casino refinancing: Casino City Times, "Trump Approved for $70 Million Bank Loan," June 21, 2002.

135 Taunting investors: Riva D. Atlas, "After His Gloom Went Over Like a Lead Balloon, Trump Tries to Sell Happiness, in Junk Bonds," New York Times, May 7, 2002.

136 story after preposterous story about his hijinks: David Enrich, "A Mar-a-Lago Weekend and an Act of God: Trump's History with Deutsche Bank," New York Times, March 18, 2019.

136 Trump's default on the junk bonds: Associated Press, "Trump Casinos File for Bankruptcy," November 22, 2004; Emily Stewart, "The Backstory on Donald Trump's Four Bankruptcies," TheStreet.com, September 15, 2015.

137 Trump Chicago tower plans: Donald J. Trump et al. v. Deutsche Bank et al., filed November 3, 2008.

137-138 Flights on the 727: Anupreeta Das, “When Donald Trump Needs a Loan, He Chooses Deutsche Bank,” Wall Street Journal, March 20, 2016.

138 Trump’s $788 million net worth: Deposition of Donald Trump in lawsuit against Timothy O’Brien, 37.

139 Deutsche’s fee and additional exposure: Trump v. Deutsche Bank.

141 Client parties at Mar-a-Lago: BondWeek, “Seen ’N Heard,” October 15, 2004.

141 Trump’s golf-course interview with Deutsche: Enrich, “A Mar-a-Lago Weekend and an Act of God: Trump’s History with Deutsche Bank.”

142 “Exceptionally well-equipped”: Deutsche Bank’s 2005 annual report.

142 Consultants were hired: Karina Robinson, “Steering Deutsche,” The Banker, May 1, 2004.

142 Merger talks with Citigroup: Mark Landler, “A Chip in the Global Game of Bank Reshuffling,” New York Times, March 23, 2004.

142 Citigroup and Deutsche’s sizes: Each bank’s 2004 annual report.

142 German poll: Armin Mahler, “The World According to Josef Ackermann,” Der Spiegel, October 29, 2008.

143 Board member resigns in protest: Peter Koenig, “It’s War—Deutsche Bank vs Germany,” The Sunday Times (London), November 7, 2004.

143 “bit of a politician”: Mark Landler, “Big at Home, But Not Much Heft Globally,” New York Times, August 26, 2005.

143 Merkel’s dinner for Ackermann: Mahler, “The World According to Josef Ackermann.”

第十一章：印地安人

訪問了德意志銀行高層。並參考了由其他來源提供的文件。

146 “Indian ‘bond junkie’ ”: The Economist, “A Giant Hedge Fund,” August 26, 2004.

150 Misra’s industry awards: Nicholas Dunbar, The Devil’s Derivatives: The Untold Story of the Slick Traders and Hapless

Regulators Who Almost Blew Up Wall Street . . . and Are Ready to Do It Again, 2011, 100.
151 Removing smoke detectors: Tom Braithwaite, "SoftBank's $100bn Vision Fund Needs Wall St Trader to Come Good," Financial Times, August 25, 2017.
152 "Mr. Basis Point": Suzi Ring, Gavin Finch, and Franz Wild, "From a $126 Million Bonus to Jail," Bloomberg News, March 19, 2018.
154 Leverage ratios: Adam Tooze, Crashed: How a Decade of Financial Crises Changed the World, 2018, 88.
154 Project Maiden: Internal Deutsche Bank presentation about transactions and its risks.
156 The world's biggest bank: Patrick Jenkins and Laura Noonan, "How Deutsche Bank's High-Stakes Gamble Went Wrong," Financial Times, November 9, 2017.

第十二章：救火隊員

訪問了德意志銀行高層，以及其他直接知悉這些事件的人。並參考了由其他來源提供的文件。

157 $4 million: Jennifer O'Brien, "Skip Soggy Gigs," The Sun, July 11, 2008.
158 "how to avoid an oncoming train": Daniel Schäfer and Michael Brächer, "Deutsche Bank Chief Economist Lashes Out at Former CEO Ackermann," Handelsblatt, May 23, 2018.
161 "best credit trader in the world": Scott Patterson and Serena Ng, "Deutsche Bank Fallen Trader Left Behind $1.8 Billion Hole," Wall Street Journal, February 6, 2009.
163 Mechanics of Lippmann's trades: Nicholas Dunbar, The Devil's Derivatives: The Untold Story of the Slick Traders and Hapless Regulators Who Almost Blew Up Wall Street . . . and Are Ready to Do It Again, 2011, 149–64; and Lippmann testimony to Financial Crisis Inquiry Commission.
163 "I'm short your house": Gretchen Morgenson and Louise Story, "Banks Bundled Bad Debt, Bet Against It and Won," New York Times, December 23, 2009.

163 Deutsche's profits, Lippmann's bonus: Dunbar, The Devil's Derivatives, 216.

165 "After some initial criticism": Historical Association of Deutsche Bank, http://www.bankgeschichte.de/en/docs/Chronik_D_Bank.pdf, 237.

165 Fed loans to Deutsche: A. Blundell-Wignall, G. Wehinger, and P. Slovik, "The Elephant in the Room: The Need to Deal with What Banks Do," OECD Journal: Financial Market Trends, vol. 2009/2.

165 $18 million payday: Armin Mahler, "The World According to Josef Ackermann," Der Spiegel, October 29, 2008.

165 "most powerful banker in Europe": Jack Ewing and Liz Alderman, "Deutsche Bank's Chief Casts Long Shadow in Europe," New York Times, June 11, 2011.

166 "relatively strong today": Mahler, "The World According to Josef Ackermann."

166 Derivatives relative to overall balance sheet: Blundell-Wignall, Wehinger, and Slovik, "The Elephant in the Room."

第十三章：這個傢伙是危險人物

訪問了德意志銀行高層、律師，川普的律師，以及曾訪問過涉入者的記者。

169 "a great monument to the city": Transcript of Trump interview with William Cohan.

169 Nobody was buying his luxury apartments: Anupreeta Das, "When Donald Trump Needs a Loan, He Chooses Deutsche Bank," Wall Street Journal, March 20, 2016.

170 Deutsche's countersuit: Deutsche Bank Trust Company Americas v. Donald J. Trump, filed November 26, 2008.

第十四章：風水輪流轉

訪問了德意志銀行高層、羅德・史東與美國及歐洲的政府官員。

173 Fifty-to-one leverage ratio: A. Blundell-Wignall, G. Wehinger, and P. Slovik, "The Elephant in the Room: The Need to

Deal with What Banks Do," OECD Journal: Financial Market Trends, vol. 2009/2.

177-178 Deutsche's sales-tax refunds: Richard T. Ainsworth, "VAT Fraud Mutation, Part 3," Tax Notes International, March 28, 2016.

178 Surnamed Lawless: Ruling in UK court case EWHC 135 (Ch), High Court of Justice, Chancery Division, by Mr. Justice Newey, January 30, 2017.

178 "Because we're that greedy": Laura de la Motte and Volker Votsmeier, "Deutsche Bank's Emissions Fraud," Handelsblatt, February 15, 2016.

178 Executives pulled the plug: Ainsworth, "VAT Fraud Mutation, Part 3."

178 Nearly $250 million: de la Motte and Votsmeier, "Deutsche Bank's Emissions Fraud."

178 "risk-affirming climate": Yasmin Osman, "Deutsche Bankers Sentenced in CO2 Scam," Handelsblatt, June 14, 2016.

179 Bonus of more than $100 million: U.S. Justice Department, "Statement of Facts in Deferred Prosecution Agreement with Deutsche Bank AG," April 23, 2015.

179 "mountains of money": Frauke Menke, BaFin Letter to Deutsche Bank Management Board, May 11, 2015, accessible at graphics.wsj.com/documents/doc-cloud-embedder/?sidebar=0#2167237-deutsche.

179-180 Business Integrity Review Group: Menke, BaFin Letter.

181 $570 million of fees: U.S. Senate Permanent Subcommittee on Investi-gations, "Abuse of Structured Financial Products: Misusing Basket Options to Avoid Taxes and Leverage Limits," July 22, 2014, 6.

182-183 Monte dei Paschi foundation's budget: David Enrich and Deborah Ball, "European Drama Engulfs the World's Oldest Bank," Wall Street Journal, October 26, 2011.

184 Faissola's role with Monte dei Paschi: Vernon Silver and Elisa Martinuzzi, "How Deutsche Bank Made a $462 Million Loss Disappear," Bloomberg BusinessWeek, January 19, 2017.

184 Deutsche's profits and bonuses from Paschi: Ibid.

第十五章：一無所知的老頭

訪問了德意志銀行高層、交易員，以及艾力克・班亞濟。參考了由其他來源提供的文件。

187 Dixon's $14 billion trade: Matt Scully, "A $541 Million Loss Haunts Deutsche Bank and Former Trader Dixon," Bloomberg News, June 22, 2016.

189 $541 million in losses: Ibid.

189 Israel's refusenik: Chris McGreal, "I Realized the Stupidity of It," The Guardian, March 10, 2003.

192 Inside the envelope: Nicholas Kulish, "Letter Bomb Sent to German Bank Chief," New York Times, December 8, 2011.

192 "bloodsuckers": Der Spiegel, "Deutsche Bank Package Carried 'Functional Bomb,' " December 8, 2011.

192 Ackermann's globe-trotting: Stefan Baron, Late Remorse: Joe Ackermann, Deutsche Bank, and the Financial Crisis, 2014, 25–26.

192 Merkel seeks advice: Christoph Pauly and Padma Rao, "Anshu Jain Mixes Success and Controversy," Der Spiegel, September 14, 2011.

193 Suicide and other consequences: Marcus Walker, "Greek Crisis Exacts the Cruelest Toll," Wall Street Journal, September 20, 2011.

193 Attacks on Ackermann: "Deutsche Bank CEO Ackermann Slammed," Der Spiegel, April 14, 2011.

193 A locus for activists: Justin Elliott, "Occupy HQ: A Bailed-Out Bank," Salon.com, November 3, 2011.

第十六章：羅絲瑪麗・傅瑞布麗

訪問了德意志銀行高層，與傅瑞布麗的朋友和家族成員。

196 Ursuline School: Twitter post by the Ursuline School, April 26, 2017, twitter.com/ursulinenr/status/857331407038935040.

197 "Be a lady": Transcript of Vrablic interview with Mortgage Observer, December 14, 2012.

197 Combat money laundering: Bank of Israel, "Sanctions Committee Decisions on Infringements by Bank Leumi of the Prohibition on Money Laundering Law," June 28, 2015.

197 "Little Rosemary": Vrablic interview with Mortgage Observer.

198 More than $50 million to invest: Evelyn Juan, "Deutsche Gets Bank of America Private-Bank Duo," Dow Jones Newswires, September 14, 2006.

198 "a few assets and many homes": Jacqueline S. Gold, "Duo Make Private Bank Jewel in B of A's Crown," American Banker, March 24, 1999.

199 Scholarship: The Ursuline School, "Bernice & Joseph Vrablic Memorial Scholarship," www.ursulinenewrochelle.org/page.cfm?p=907.

200 New York Times ad: New York Times, October 11, 2006, C2.

203 Vrablic at Kushner's Observer party: Patrick McMullan Company, "Jared Kushner and Peter Kaplan Present the Relaunch of the New York Observer Website," April 18, 2007, www.patrickmcmullan.com/events/5b3ef4fb9f92906676448199/.

203-204 Trump's exaggerated asset valuations: David Enrich, Matthew Goldstein, and Jesse Drucker, "Trump Exaggerated His Wealth in Bid for Loan, Michael Cohen Tells Congress," New York Times, February 27, 2019.

206 Trump's Chicago and Doral loans, and the fight within Deutsche: David Enrich, "A Mar-a-Lago Weekend and an Act of God: Trump's History with Deutsche Bank," New York Times, March 18, 2019.

208 "a great relationship": William D. Cohan, "What's the Deal with Donald Trump?" The Atlantic, March 20, 2013.

第十七章：詹恩高升

訪問了德意志銀行高層與其友人和家族成員，以及政府官員。參考了由其他來源提供的檔案。

209 A sweltering day: Stefan Baron, Late Remorse: Joe Ackermann, Deutsche Bank, and the Financial Crisis, 2014, 248.

209 More than 7,000 shareholders: Jack Ewing, "Ackermann Hands Over Reins of Deutsche Bank," New York Times, May 31, 2012.

209 Buffet tables: Baron, Late Remorse, 248.

210 Protests outside: Edward Taylor, "Deutsche's Ackermann Bows Out with Euro Warning," Reuters, May 31, 2012.

211 "I have done my duty": Ewing, "Ackermann Hands Over Reins of Deutsche Bank."

211 Ackermann blamed Jain: Baron, Late Remorse, 201.

212 Pulled out an iPad: Taylor, "Deutsche's Ackermann Bows Out with Euro Warning."

212 The golden nameplate: Jack Ewing, "Regulators Said to Have Pressed for Exit of Deutsche Chiefs," New York Times, June 9, 2015.

215 Normal protocol for seeking BaFin approval: Mark Schieritz and Arne Storn, "Frau Menke Stoppt Mr. Jain," Zeit Online, March 22, 2012.

第十八章：垃圾場

訪問了德意志銀行高層與其友人和家族成員。參考了由其他來源提供的檔案。

第十九章：索取資訊

訪問了德意志銀行高層與其友人和家族成員。參考了由其他來源提供的檔案。

225 More than two dozen Deutsche officials investigated: Laura de la Motte and Volker Votsmeier, "Deutsche Bank's Emissions Fraud," Handelsblatt, February 15, 2016.

227 Confidential internal report: Deutsche Bank, "US Regulatory Management Report," August 2013.

228 Employees told regulators to talk to Broeksmit: "Bundesbank Questions Ex-Deutsche Bank Employees in U.S." Reuters, June 27, 2013.

228-229 Bittar firing and conviction: Suzi Ring, Gavin Finch, and Franz Wild, "From a $126 Million Bonus to Jail," Bloomberg

News, March 19, 2018.
229 $200 million in revenue: New York State Department of Financial Services, consent order against Deutsche Bank, January 2017.
230 won work with the father's company: Securities and Exchange Commission cease-and-desist order against Deutsche Bank, August 22, 2019.
230 "quite galling": Luke Harding, "Is Donald Trump's Dark Russian Secret Hiding in Deutsche Bank's Vaults?" Newsweek, December 21, 2017.
231 Deutsche profits via Laundromat: Luke Harding, "Deutsche Bank Faces Action over $20bn Russian Money-Laundering Scheme," The Guardian, April 17, 2019.
231 Young, handsome Tim Wiswell: Liam Vaughan, Jake Rudnitsky, and Ambereen Choudhury, "A Russian Tragedy: How Deutsche Bank's 'Wiz' Kid Fell to Earth," Bloomberg News, October 3, 2016.
232 Wiswell's promotions: Ed Caesar, "Deutsche Bank's $10-Billion Scandal," The New Yorker, August 29, 2016.
232 His squad devised a plan: NYDFS, 2017.
232 Mirror-trade mechanics: Caesar, "Deutsche Bank's $10-Billion Scandal"; NYDFS, 2017; and Vaughan, Rudnitsky, and Choudhury, "A Russian Tragedy."
232 More than $10 billion: Financial Conduct Authority, Final Notice vs. Deutsche Bank, January 30, 2017.
232 Relatives and friends of Putin: Irina Reznik, Keri Geiger, Jake Rudnitsky, and Gregory White, "Putin Allies Said to Be Behind Scrutinized Deutsche Bank Trades," Bloomberg News, October 16, 2015.
232 "We lived like rock stars": Vaughan, Rudnitsky, and Choudhury, "A Russian Tragedy."
233 chief anti-money-laundering officer: NYDFS, 2017.
233 money they were seeking to use: Caesar, "Deutsche Bank's $10-Billion Scandal."
233 greater internal vetting: Financial Conduct Authority, "Final Notice," January 30, 2017, https://www.fca.org.uk/publication/final-notices/deutsche-bank-2017.pdf.
234 Not-always-squeaky-clean: Andrew E. Kramer, "Russian Fund Under Scrutiny for Loan to Company Linked to Kremlin,"

New York Times, January 22, 2016.

236 Nobody asked follow-up questions: FCA Final Notice, 2017.

第二十章：壓力重重

訪問了德意志銀行與蘇黎世保險公司高層、政府官員，以及布羅克斯密特家族成員與友人，和他們的律師。

237 Wauthier's suicide: David Enrich and Andrew Morse, "Friction at Zurich Built in Months Before Suicide," The Wall Street Journal, September 4, 2013.

240 Financial-crime chief quit after six months: Jenny Strasburg, "Deutsche Bank's Anti-Financial-Crime Chief to Quit Post," The Wall Street Journal, January 4, 2017.

243 BaFin inquiry scheduled for 2014: Vernon Silver and Elisa Martinuzzi, "How Deutsche Bank Made a $462 Million Loss Disappear," Bloomberg BusinessWeek, January 19, 2017.

244 Jain urged Carney to back off: Harry Wilson, "Carney Switches Bank of England Focus to Conduct Risks," Daily Telegraph, January 26, 2014.

第二十一章：華倫亭

訪問了華爾與其朋友、家族成員、治療師，姊妹，並參考了家族照片。

248 Alla Broeksmit's refugee experience: Alla Broeksmit, "Compasses" (master's thesis).

249 "a mass exodus": "Russian Families Start Life All Over in U.S.," Daily Dispatch (Moline, Illinois), December 8, 1978.

249 Homeless shelter, Val is neglected: Circuit Court of Cook County, Illinois, Juvenile Division, "Petition for Adjudication of Wardship in the Case of Cherednichenko, Valentin," Case 82-8001, May 6, 1982.

249 Alla couldn't be found: Cook County sheriff's notice, filed with Circuit Court of Cook County, Case 82-8001, September 21, 1982.

249 Ad in Sun-Times: Chicago Sun-Times, October 18, 1982.
251 New Jersey caseworker: New Jersey Department of Human Services, Interview summary, March 24, 1986.
252 Rocky Mountain Academy as a cult-like experience: Kevin Keating, "Suit Says School for Troubled Teens Set Stage for Abuse," The Spokesman-Review, April 1, 1998.
252 John Avila suicide: Kevin Keating, "Boy Hangs Himself in Dormitory," The Spokesman-Review, July 19, 1994.

第二十二章：生命結束

訪問了布羅克斯密特家族成員與友人。參考了他們的家族照片，也參考了警方與救護人員報告。

第二十三章：天翻地覆

訪問了布羅克斯密特家族成員、友人，以及德國官員。參考了他們的家族照片。紀念館的文字說明。布羅克斯密特的遺書。參考了華爾提供的電子郵件與文字訊息。

267 "a friendly note": Jenny Strasburg, Giles Turner, Eyk Henning, and David Enrich, "Executive Who Committed Suicide Anxious Amid Deutsche Bank Probes," Wall Street Journal, March 25, 2014.

第二十四章：不必擔心

訪問了德意志銀行高層。

271 Cypriot bank got suspicious: Liam Vaughan, Jake Rudnitsky, and Ambereen Choudhury, "A Russian Tragedy: How Deutsche Bank's 'Wiz' Kid Fell to Earth," Bloomberg News, October 3, 2016.
272 Description of scheme and Deutsche's ignoring of Cypriot inquiries: FCA Final Notice, 2017.

273 "no reason for concern here": New York State Department of Financial Services, consent order against Deutsche Bank, January 2017.

273 "had to prioritize": Ibid.

273 After prodding from the Kremlin: James Shotter, Kathrin Hille, and Caroline Binham, "Deutsche Bank Probes Possible Money Laundering by Russian Clients," Financial Times, June 5, 2015.

273 Deutsche discovers scheme: FCA Final Notice, 2017.

273 Wiswell's wife: NYDFS, 2017; Vaughan, Rudnitsky, and Choudhury, "A Russian Tragedy."

273 Bags of cash: Ed Caesar, "Deutsche Bank's $10-Billion Scandal," The New Yorker, August 29, 2016.

276 Sanctions penalty: New York Department of Financial Services, announcement of penalties against Deutsche Bank, November 4, 2015.

277 The bank's defense in Renaissance hearing: Barry Bausano and Satish Ramakrishna, written testimony before Senate Permanent Subcommittee on Investigations, July 22, 2014.

279 "He knew as well as I did": Transcript of Senate Permanent Subcommittee on Investigations hearing, July 22, 2014.

第二十五章：可憐的天才布羅克斯密特

訪問了華爾與其他布羅克斯密特家族成員、友人以及熟人。參考了華爾提供的照片、電子郵件與文件。也訪問了德意志銀行高層、董事會成員，以及其他直接知悉這些事件的人。

285 Dutch bank murder-suicide: Maarten van Tartwijk, "Former ABN Amro Executive Committed Suicide After Killing Wife, Daughters, Police Say," Wall Street Journal, April 8, 2014.

第二十六章：北韓之亂

訪問了華爾與其他布羅克斯密特家族成員與友人。參考了華爾的電子郵件。也訪問了直接知悉這些事件的人。

293 Gambino's suicide and role at Deutsche: David Enrich, Jenny Strasburg, and Pervaiz Shallwani, "Deutsche Bank Lawyer Found Dead in New York Suicide," Wall Street Journal, October 24, 2014.

298 Val's Fox interview: Fox Business, "Sony Threatens to Sue Musician over Hacking Tweets," December 23, 2014, video available at https://video.foxbusiness.com/v/3958928360001/.

300 Stress-test article: Charles Levinson, "Former Risk Chief Warned Deutsche Bank on Stress Test, Emails Show," Reuters, March 12, 2015.

第二十七章：信心缺缺

訪問了德意志銀行高層與董事會成員。

301 Sewing's father: Dirk Laabs, Bad Bank: Aufstieg und Fall der Deutschen Bank, 2018, 498.

303 7,000 outstanding legal actions: James Shotter, Laura Noonan, and Martin Arnold, "Deutsche Bank: Problems of Scale," Financial Times, July 28, 2016.

304 Jain at World Economic Forum: Martin Arnold and Tom Braithwaite, "Anshu Jain in Davos Regulation Clash with Jack Lew and Mark Carney," Financial Times, January 23, 2015.

305 "repeatedly misleading us": Eyk Henning and David Enrich, "Deutsche Bank to Pay $2.5 Billion to Settle Libor Investigation," Wall Street Journal, April 23, 2015.

305 Board members were appalled: Daniel Schäfer and Michael Maisch, "Riding with the King," Handelsblatt, May 13, 2016.

306 Menke descriptions: Heinz-Roger Dohms, "Allein gegen das Kapital," Cicero, June 26, 2014.

308 Emoting without strategizing: Eyk Henning, David Enrich, and Jenny Strasburg, "Deutsche Bank Co-CEOs Jain and

Fitschen Resign," Wall Street Journal, June 7, 2015.

309 "I don't want to stand in the way": Thomas Atkins, "Jain Puts Deutsche Bank on World Stage, but Leaves It in Limbo," Reuters, June 7, 2015.

309 Customers consider moving money: Henning, Enrich, and Strasburg, "Deutsche Bank Co-CEOs Jain and Fitschen Resign."

310 Achleitner had already scouted out replacements: Ibid.

311 "the anti-Anshu": Schäfer and Maisch, "Riding with the King."

311 On their way out within months: Arno Schuetze, "Deutsche Bank Restructures Business, Removes Top Executives," Reuters, October 18, 2015.

第二十八章：川普的十二家有限責任公司

訪問了德意志銀行高層與其他直接知悉這些事件的人。

315 Old Post Office dimensions: U.S. General Services Administration, "Old Post Office, Washington, DC," https://www.gsa.gov/historic-buildings/old-post-office-washington-dc.

315 Trump's winning bid for Old Post Office: U.S. General Services Administration, "GSA Selects the Trump Organization as Preferred Developer for DC's Old Post Office," February 7, 2012.

316 Skepticism about Trump's bid: Jonathan O'Connell, "You May Not Take Donald Trump's Candidacy Seriously, but Take Another Look at His Real Estate Business," Washington Post, June 21, 2015.

316 "Every bank wants to do the deal": Ibid.

318 Deutsche claim to Trump assets: House Committee on Transportation and Infrastructure, Democratic staff, "Breach of a Lease: The Tale of the Old Post Office in the Swamp," July 12, 2017.

318 "I'm borrowing money": Cohan's transcript of unpublished interview with Trump.

319 Titan Atlas: Shawn Boburg and Robert O'Harrow Jr., "Donald Trump Jr. Stumbled While Trying to Make a Mark in the

Business World," Washington Post, February 4, 2017.

320 The gauzy profile: Carl Gaines, "Deutsche Bank's Rosemary Vrablicand Private Banking's Link to CRE Finance," Commercial Observer, February 6, 2013.

321 Kushner's personal loan: Jared Kushner financial documents, reviewed by New York Times.

323 Trump signed Doral loan during campaign: Brian Bandell, "Trump Boosts Loan on Doral Golf Resort," South Florida Business Journal, August 13, 2015.

第二十九章：我親自造成損害

訪問了華爾與其友人、治療師、戒毒與戒酒所的同伴，也訪問了布羅克斯密特家族成員與友人。參考了由華爾提供的電子郵件、照片與文件。

第三十章：嫌疑犯

訪問了華爾、他的朋友以及布羅克斯密特家族成員與友人。參考了由華爾提供的電子郵件與文件。

334 "He explained he was being investigated": Mitchell and Moore letters to coroner.

337 Mentioned in a confidential EU report: Dirk Laabs, Bad Bank: Aufstieg und Fall der Deutschen Bank, 2018, 490.

338 Results of Broeksmit review: Justice Department Statement of Facts (draft), April 15, 2015, disclosed in USA v. Connolly, Exhibit 399-12.

338 Phone call about ignoring Justice Department: Justice Department Statement of Facts (draft).

338 FBI agents summoning Deutsche executives: Matthew Connolly, Teethmarks on My Chopsticks: A Knucklehead Goes to Wall Street, 2018, 331–34.

342 Risk group approved Paschi deal: Vernon Silver and Elisa Martinuzzi, "How Deutsche Bank Made a $462 Million Loss

Disappear," Bloomberg BusinessWeek, January 19, 2017.

第三十一章：西恩納

訪問了華爾、他的女朋友與其他朋友、他的治療師盧卡・戈拉奇，德意志銀行高層與董事會成員。

346 "mounting concerns": Evelyn Cheng, "Deutsche Bank Crisis: How We Got Here, and Where We Are," CNBC.com, September 28, 2016.

346 "the most important net contributor": International Monetary Fund, "Germany Financial Sector Assessment Program," June 2016.

349 Surveillance footage: Michael Gray, "Why Are So Many Bankers Committing Suicide?" New York Post, June 12, 2016.

350 returned to their car: Ibid.

352 Foundation's yearly distribution had shriveled: Rachel Sanderson, "Siena Faces Life after 500 Years of Monte dei Paschi Largesse," Financial Times, August 2, 2016.

第三十二章：羅絲瑪麗才是老闆

訪問了麥克・歐費特、譚美・麥費登與其他德意志銀行員工與高層，以及曾檢視過書中幾名角色（與相關電子郵件與紀錄副本）的記者。

353 Bannon's radicalization: Michael C. Bender, "Steve Bannon and the Making of an Economic Nationalist," Wall Street Journal, March 14, 2017.

355 Kushner's biggest lending facility: Kushner financial documents, reviewed by New York Times.

355 Kushner's loan for old New York Times building: Will Parker, "Jared Kushner Looks to Be Still Tied Up in 229 West 43rd Street Retail Condo," The Real Deal, March 6, 2017.

355 Clinton attacks: Glenn Kessler and Michelle Ye Hee Lee, "Fact-Checking Clinton's Speech on Trump's Business Practices," Washington Post, June 22, 2016.

356 Trump describing Vrablic as CEO: Susanne Craig, "Trump Boasts of Rapport with Wall St., but It's Not Mutual," New York Times, May 24, 2016; transcript of Susanne Craig interview with Donald Trump.

358 "These are guys that shift paper around": James B. Stewart, "A Tax Loophole for the Rich That Just Won't Die," New York Times, November 9, 2017.

359 Epstein at Deutsche: David Enrich and Jo Becker, "Jeffrey Epstein Moved Money Overseas in Transactions His Bank Flagged to U.S.," New York Times, July 23, 2019.

359 Tammy McFadden: David Enrich, "Deutsche Bank Staff Saw Suspicious Activity in Trump and Kushner Accounts," New York Times, May 19, 2019.

第三十三章：別說出「川普」這個名字

訪問了德意志銀行高層、董事會成員與顧問。也訪問了華爾與其熟人，並拍下照片與影像。

364 "we don't rely on American banks": Bill Littlefield, "A Day (and a Cheeseburger) With President Trump," WBUR, May 5, 2017.

367 Deutsche's sale of VTB loan: Jenny Strasburg and Rebecca Ballhaus, "Deutsche Bank in Late 2016 Raced to Shed Loan It Made to Russian Bank VTB," Wall Street Journal, February 2, 2019.

367 "It looks terrible": Keri Geiger, Greg Farrell, and Sarah Mulholland, "Trump May Have a $300 Million Conflict of Interest with Deutsche Bank," Bloomberg News, December 22, 2016.

369 Vrablic's attendance at Trump's Inaugural: David Enrich, "A Mar-a-Lago Weekend and an Act of God: Trump's History with Deutsche Bank," New York Times, March 18, 2019.

第三十四章：諜影幢幢

訪問了華爾以及與他有往來的人。參考了華爾的文字訊息、電子郵件、照片與收據。也訪問了德意志銀行高層。

373 Background on Simpson: Matt Flegenheimer, "Fusion GPS Founder Hauled from the Shadows for the Russia Election Investigation," New York Times, January 8, 2018.

381 "the mastermind of the scheme": Ed Caesar, "Deutsche Bank's $10-Billion Scandal," The New Yorker, August 29, 2016.

382 The Moscow-Simpson-Browder nexus: Marie Brenner, "The Mogul Who Came in from the Cold," Vanity Fair, Holiday 2018/19.

384 Fed deemed Deutsche "troubled": Jenny Strasburg and Ryan Tracy, "Deutsche Bank's U.S. Operations Deemed Troubled by Fed," Wall Street Journal, June 1, 2018.

第三十五章：總統來函

訪問了麥克・歐費特，並參考他提供的照片，也訪問了德意志銀行高層與員工。

386 Trump hotel details: Katie Rogers, "Trump Hotel at Night: Lobbyists, Cabinet Members, $60 Steaks," New York Times, August 25, 2017.

388 Trump's standing ovation: Glenn Thrush, Twitter post, October 29, 2018, https://twitter.com/GlennThrush/status/1056983892928970752.

389 Kennedy's work on restructuring Kushner debt: Eliot Brown, "Rescue for a Developer," Wall Street Journal, July 7, 2011.

390 Ivanka Trump at Supreme Court: Betsy Klein and Ariane de Vogue, "Ivanka Trump and Daughter Go to the Supreme Court," CNN, February 23, 2017.

390 Kennedy at St. Patrick's Day celebration: Shane Goldmacher, "Trump's Hidden Backchannel to Justice Kennedy: Their Kids," Politico, April 6, 2017.

391 Vekselberg: Andrew Higgins, Oleg Matsnev, and Ivan Nechepurenko, "Meet the 7 Russian Oligarchs Hit by the New U.S. Sanctions," New York Times, April 6, 2018.
393 Internal presentation shows management exposure: Luke Harding, "Deutsche Bank Faces Action over $20bn Russian Money-Laundering Scheme," The Guardian, April 17, 2019.
395 Trump suspicious activity reports: David Enrich, "Deutsche Bank Staff Saw Suspicious Activity in Trump and Kushner Accounts," New York Times, May 19, 2019.
395 German newspaper story on Mueller subpoena: Christopher Cermak, "Mueller's Trump-Russia Investigation Engulfs Deutsche," Handelsblatt, December 5, 2017.
396 Trump's explosion: Bob Woodward, Fear: Trump in the White House, 2018, 326–27.
396 Labor Department waiver: David Sirota and Josh Keefe, "Trump Administration Waives Punishment for Convicted Banks, Including Deutsche—Which Trump Owes Millions," International Business Times, January 9, 2018.
401 Renaissance bailing: Sonali Basak, Donal Griffin, and Katherine Burton, "RenTech Has Been Pulling Money from Deutsche Bank for Months," Bloomberg News, July 5, 2019.
402 "We lost our compass": Jack Ewing, "Deutsche Bank Layoffs Begin as Workers Feel Turnaround Plan's Impact First," New York Times, July 8, 2019.

後記

訪問了華爾、瑪麗、魔比、德意志銀行高層，以及政府官員。參考了由華爾與瑪麗所提供的照片、文字訊息與文件。

亞當斯密 005
黑暗巨塔：德意志銀行
——川普、納粹背後的金主，資本主義下的金融巨獸
Dark Towers: Deutsche Bank, Donald Trump, and An Epic Trail of Destruction

作　　者　大衛．恩里奇（David Enrich）
譯　　者　劉道捷
責任編輯　簡欣彥
封面設計　周家瑤

社　　長　郭重興
發行人兼出版總監　曾大福
出　　版　遠足文化事業股份有限公司　堡壘文化
地　　址　231新北市新店區民權路108-2號9樓
電　　話　02-22181417
傳　　真　02-22188057
Email　service@bookrep.com.tw
郵撥帳號　19504465
客服專線　0800-221-029
網　　址　http://www.bookrep.com.tw
法律顧問　華洋法律事務所　蘇文生律師
印　　製　呈靖彩印有限公司
初版一刷　2020年9月
初版二刷　2020年12月
定　　價　新臺幣620元

國家圖書館出版品預行編目（CIP）資料

黑暗巨塔：德意志銀行：川普、納粹背後的金主,資本主義下的金融巨獸／大衛．恩里奇（David Enrich）著；劉道捷譯. -- 初版. -- 新北市：堡壘文化, 2020.09
面；　公分. --（亞當斯密；5）
譯自：Dark towers : Deutsche Bank,Donald Trump,and an epic trail of destruction.
ISBN 978-986-99410-2-0（平裝）

1.川普（Trump, Donald, 1946- ）　2.德意志銀行　3.投資銀行　4.德國

562.5443　　109013912